国家社科基金
后期资助项目

经济增长目标约束对
高质量发展的影响研究

Research on the Impact of Economic Growth Target Constraints on High-quality Development

余泳泽　著

中国社会科学出版社

图书在版编目（CIP）数据

经济增长目标约束对高质量发展的影响研究/余泳泽著 . —北京：中国社会科学出版社，2023.1

ISBN 978-7-5227-1286-4

Ⅰ.①经…　Ⅱ.①余…　Ⅲ.①经济增长—影响—经济发展—研究—中国　Ⅳ.①F124

中国国家版本馆 CIP 数据核字（2023）第 021391 号

出 版 人	赵剑英
责任编辑	刘晓红
责任校对	周晓东
责任印制	李寡寡

出　　　版	中国社会科学出版社
社　　　址	北京鼓楼西大街甲 158 号
邮　　　编	100720
网　　　址	http：//www.csspw.cn
发 行 部	010-84083685
门 市 部	010-84029450
经　　　销	新华书店及其他书店

印刷装订	北京君升印刷有限公司
版　　　次	2023 年 1 月第 1 版
印　　　次	2023 年 1 月第 1 次印刷

开　　　本	710×1000　1/16
印　　　张	17
插　　　页	2
字　　　数	305 千字
定　　　价	98.00 元

凡购买中国社会科学出版社图书，如有质量问题请与本社营销中心联系调换
电话：010-84083683

国家社科基金后期资助项目

出 版 说 明

后期资助项目是国家社科基金设立的一类重要项目，旨在鼓励广大社科研究者潜心治学，支持基础研究多出优秀成果。它是经过严格评审，从接近完成的科研成果中遴选立项的。为扩大后期资助项目的影响，更好地推动学术发展，促进成果转化，全国哲学社会科学工作办公室按照"统一设计、统一标识、统一版式、形成系列"的总体要求，组织出版国家社科基金后期资助项目成果。

全国哲学社会科学工作办公室

前　　言

在过去 40 多年的改革开放中，中国的经济以平均每年 10% 的速度增长，创造了世界经济发展史上的"中国奇迹"。中国经济长期快速增长背后的驱动力是什么？无疑引起了众多学者的关注与思考。传统经济增长理论认为，人力资本、技术创新能力、物质资本、自然资源禀赋、地理条件等是一国经济增长的源泉。然而与其他发展中国家相比，中国似乎并不具备独特的优势条件。近年来，学者开始热衷于从制度角度寻找答案，人力资本、技术进步、物质资本等只是经济增长在经济层面的直接因素，不是增长的内在动力，制度安排和地方政府的行为是增长的深层原因。自改革开放以来，中央政府实施了政治上集权、经济上适度分权的行政体制。20 世纪 90 年代初以后，随着分税制的实施、干部任免制度的逐步完善，各地区的财政分权与政治激励的显性表现形式开始趋于"GDP 锦标赛"下的标尺竞争。一些学者将"财政分权""GDP 锦标赛"与"标尺竞争"纳入一个理论分析框架，提出"中国式分权"的理论框架。众多研究开始从"中国式分权"视角阐释"中国式经济增长"的制度性原因。

同时，在"中国式分权"制度的影响下，中国更多的经济增长是目标引领性经济增长，地方政府对经济增长目标的"干预"将对政府的经济行为产生重大影响。各级政府都制定了自上而下的目标激励制度，地方政府通常保持与上级政府相同的目标。在过去的地方经济发展过程中，许多地方政府在制定经济增长目标时都有一个典型的特点，就是对增长目标进行严格的限制。此外，大多数地方政府经济增长指标的设定都高于上级政府的经济增长目标。一般来说，同级政府经济绩效目标的设定往往受到上一级政府经济绩效目标加码的影响，也存在"自上而下的竞争"。确定经济增长目标，对于地方政府来说，不仅是一项经济活动，同时也是一种约束行为。

在经济增长目标的制约下，地方政府往往采取短期经济行动来实现既定的经济增长目标。地方政府为吸引资本流入而进行的竞次式竞争日趋激烈，随之带来的产业整体层次偏低、核心基础技术创新"空心化"、区域收入差距过大以及公共服务不均等化等问题日益严重。

目前，中国经济正处于新常态，是增长率变化期、结构调整阵痛期和过去刺激措施消化期的"三期叠加"，在这个阶段，一定程度上经济增长让位于改革，已经成为普遍共识。中国共产党第十九次全国代表大会得出结论："我国经济发展进入新时代，经济发展已由高速发展转向高质量发展。"改变经济结构，转变增长动力，建设现代经济体系，是我国超越发展极限和战略目标的迫切要求。高质量的发展充分体现了创新、协调、绿色、开放、共享新发展理念，涉及经济和社会发展的方方面面。经济高质量发展开始成为学者关注的焦点。

为此，本书将以"中国式分权"制度为背景，从地方经济增长目标约束视角出发系统研究中国经济高质量发展的问题。书稿共计九章，第一章将重点阐述中国式经济增长的制度基础，在此基础上对地方经济增长目标制定与约束性特征进行分析，并对经济高质量发展进行内涵界定与现实分析；第二章至第八章将分别从全要素生产率、产业高质量发展、高质量对外开放、环境污染治理、城乡收入差距以及公共服务均等化等经济高质量发展中的六个维度，论述地方经济增长目标约束对中国经济高质量发展的影响机制，并进行了实证检验。针对前八章得出的结论，第九章将从适宜性经济增长目标约束视角提出中国经济高质量发展的基本路径与相关政策建议。

本书的学术贡献大概可以归纳为以下几点：

第一，系统地提出了经济增长目标约束、经济高质量发展的概念与测度方法，还分析了中国经济高质量发展的时间和空间特征。已经出现了一些对经济增长目标和经济高质量发展关系进行研究的文献，但是很少涉及经济增长目标约束和经济高质量发展的概念与测算。为此，本书借鉴党的十九大报告中与经济高质量发展相关的论述，结合"质量、效率、动力"三大变革的界定，对经济高质量发展的内涵与外延进行界定并测度了中国地区高质量发展指数。关于经济增长目标约束的概念和计算，本书通过对各级地方政府的工作报告进行人工分类，从内部约束和外部约束两个维度对经济增长目标进行了量化定义和衡量认定。

第二，从经济增长目标约束这一独特视角来探讨"中国式分权"制度背景下经济高质量发展的影响因素，拓展了转型经济体的经济增长理论研究广度和深度。当前，对于经济高质量发展的影响因素的研究大部分是从政府的行为、制度设计等角度展开，鲜有研究能够在"中国式分权"的制度框架下，将经济增长目标纳入转型经济体的经济发展研究中，并从经济增长目标的制约因素出发，确定影响经济发展质量的因素。由于像中国这样的正处于转型中的经济体将主要干预作为管理的主要方法，因此，经济增长目标的"干预"将对地方当局的行为产生重大影响，继而影响到经济高质量发展。在研究视角上，本书将"中国式分权"、经济增长目标约束和经济高质量发展三个变量相结合，理论和实证考察了"中国式分权"制度背景下，地方经济增长目标约束对经济高质量发展的影响，拓展了经济增长理论的相关研究。

第三，采用省（市、区）和微观企业多维度经验数据，分别从产业高质量发展、高质量对外开放、全要素生产率、环境污染治理、城乡收入差距以及公共服务均等化六个维度，准确识别了地方经济增长目标约束对经济高质量发展的影响效应及中间机制。在研究数据上，既有文献对经济增长目标以及经济高质量发展的经验大多是对省级数据层级的研究，而对于地市级和企业层级的经济增长目标与经济高质量发展的研究并不多。本书手工收集了 2002—2016 年 230 个地级市政府工作报告中的经济增长目标数据，综合利用固定效应模型、结构方程模型、工具变量、DID 模型及中介效应模型等多维计量模型，研究了地级市层面经济增长目标约束对经济高质量发展中的产业高质量发展、高质量对外开放、全要素生产率、环境污染治理、城乡收入差距以及公共服务均等化六个维度的影响，有效地识别了因果关系和中间机制。

第四，站在地方政府绩效评价与经济增长目标管理视角系统性地对实现经济高质量发展提出基本路径，对于适宜性经济增长目标约束管理创新性地提出思路。本书从"经济高速增长与经济发展质量低下"的现实困境出发，通过理论与实证研究结论，落脚到如何通过制定适宜性的经济增长目标实现经济高质量发展的政策建议。在研究结论的应用上，结合本书研究的理论和实证结论，以进一步深化经济体制改革为重点，从地方政府绩效评价与经济增长目标管理视角系统性地提出在地方经济增长目标约束下如何实现经济高质量发展，创新性地提出适宜性经济增长目标约束管理的思路，这有助于全面认识中国经济发展质量不高的问题，从制度供给层面推动生产要素供给侧结构性改革，引导中国实现经济高质量发展。同时，它对中国共产党第十九次全国代表大会报告中提出的现代经济体系建设具有重要的具体参考意义。

目　　录

第一章　绪论

当前，我国经济进入新常态，牺牲部分经济增长速度、让位深化改革的思路得到普遍认同。为此，党的十九大做出了"我国经济发展进入新时代，经济发展由高速发展转向高质量发展"的论断，习近平总书记在党的十九大报告中指出，高质量发展全面体现了创新、协调、绿色、开放、共享新发展理念，涉及经济和社会发展的方方面面。经济高质量发展开始成为学者关注的焦点。本章将从研究制度背景出发，对于本书涉及的经济增长目标约束和经济高质量发展内涵和现实进行一个基本的分析，为后续的研究奠定一个事实基础。

第一节　中国式经济增长的制度基础

毋庸置疑，中国经济与中国式分权的制度安排密切相关，地方政府作为经济发展和政治稳定的双重参与者，其相关行为对中国经济产生了重要的影响。特别是在中国式分权的特色背景下，地方政府之间的竞争激励为中国经济转型期的经济增长和资源配置提供了源泉。但是，中国式分权制度在拉动经济增长的同时，也带来了一定的负面影响。本节将对中国式经济增长的制度基础以及所带来的可能问题进行一个简单的总结，进而为后续的研究奠定一个重要的制度和现实基础。

一　中国式分权制度演进

改革开放以来，中国经济增长创造了"中国奇迹"。推动中国经济保持长时间高速增长的动力是什么？无疑引起了众多学者的关注与思考。传统经济增长理论认为，一国经济增长的动力取决于物质资本、人力资本、技术创新能力、自然资源禀赋、地理条件等。然而与其他发展中国家相比，中国似乎并不具备独特的优势条件。近年来，人们开始热衷于从制度角度寻找答案，经济层面的物质资本、人力资本、技术进步等只是经济增长的直接影响因素，从政府层面出发，相关制度安排才是深层次影响因素（Li and Zhou，2007）。一些学者将"财政分权""GDP 锦标赛"与标尺竞争纳入了一个理论分析框架，提出了"中国式分权"的理论框架（傅勇、张晏，2007；王永钦等，2007）。

1956 年，Tiebout 在分析地方政府行为时开创性地引入了竞争性市场的概念，由此揭开财政分权理论的研究序幕。其假设居民可以在不同地区之间自由移动，"用脚投票"机制反映居民的偏好。在市场机制的作用下，公共物品的供给会逐渐趋向帕累托最优，政府运作的效率和资源配置的效率能够得到提高，实现削减预算赤字、防止权力滥用的治理有效性。Stigler（1957）指出，相比于中央政府，地方政府在本地居民的偏好和公共服务需求上具有明显的信息优势，更易得出准确判断。同样地，Oates（1972）也认为地方政府的信息优势更具效率。Gordon（1983）指出，政府之间的竞争会产生大量外部性成本，在此情况下，适度发挥中央政府的集权作用更能创造规模经济优势。Conyers（1990）认为，财政分权的负面影响可能来自地方政府与少数利益集团的勾结，产生腐败从而忽略当地居民的公共需求。

国内领域，钱颖一、Weingast 等率先对中国式分权的概念进行界定。其聚焦于软预算约束视角，提出了"中国特色的维护市场的经济联邦制"是促进市场化进程和效率改善的途径。我国财政税收体制的改革始于统收统支的财政集中体制，1978 年，国家发现过于集中的财政体制会导致资源成本过高，于是开始实行财政包干体制。在此背景下，地方政府获取了相对自主的经济决策权。1994 年，中央开始推行分税制改革。分税制改革下，中央政府的税收比重呈上升趋势，地方政府的财政支出比重也在大幅跃升，相比改革之前，地方政府拥有了更多的财政支配权（陈诗一、张军，2006）。财政支配权的提升使地方政府开始不断招商引资展开地区竞争，发展地方经济，但与此同时，这种竞争也给经济增长带来了负面影响。部分学者认为，财政分权所导致的市场分割阻碍了市场化进程，不利于国内统一大市场的构建（Young，2000；Poncet，2002），加之地方保护主义的存在，更容易引起城乡收入差距及地区收入差距的不断扩大（王永钦等，2007）。陈抗等（2002）研究发现，分税制改革使地方政府之间的竞争逐渐加剧恶化，为达到经济增长目标不惜降低税率甚至是环境监管标准（Oates and Schwab，1988；Oates，1999；Revesz，2001）。这些负面的影响给我国环境治理带来巨大挑战，严重制约了我国经济的长期可持续发展。

二 中国式分权制度对经济增长的正向影响

(一) 为招商引资而竞争

在分权体制下，中央政府对地方工作人员的主要考核指标为地区 GDP 增长或增长率。为赢得"政治锦标赛"，实现自身的政治晋升，地方政府工作人员往往会为"增长"展开激烈的竞争。资本积累是驱动中国经济高增长的重要引擎（张军，2002；吴敬琏，2006），因此，为实现短期内经济的快速增长，地方政府工作人员往往会依靠投资来增加资本存量。因为拉动经济增长的引擎中只有投资最具可操作性和短期收益性，招商引资成为影响资本存量的重要方式。同时，分税制改革所带来的"权责下放、财源上提"使地方政府的财政收支压力骤然增加，必须通过其他路径缓解收支压力。这两方面的因素促使政府工作人员致力于扩大投资，地方政府为招商引资而竞争的行为，给地方经济带来了发展所需的资本，推动了经济的快速增长。张晏等（2006）指出，为吸引外资，各地政府争相出台一系列优惠政策，如上海、浙江和江苏等沿海地区在自身地理优势基础上，均实行远低于成本的土地优惠政策、税收减免政策，以此吸引外商直接投资，保障其在地方政府之间竞争的优势地位。此外，陈刚（2009）通过实证研究证明，地方政府为更大程度地吸引外资进入，主动放松对本地区的环境监管力度，以至于在很长一段时间，中国沦为跨国公司的"污染避难所"。尽管中国式分权所导致的地方政府放松环境规制强度、吸引外商投资的竞争行为为中国经济的增长贡献了力量，但由此而产生的负面环境影响却给中国的可持续发展带来了巨大隐患。

(二) 加大基础设施建设

Qian 和 Roland（1998）证明财政分权带来的地方政府竞争使政府对国企补贴和救助的成本增加，对无效率的国企补助的减少使国企民营化步伐加快，开始对生产性基础设施建设进行大量投资。张军等（2007）的研究表明，这种基础设施的建立有利于吸引外资和非本地企业进入本地市场，带动本地经济加速发展。因此，在经济增长考核指标下，地方政府对外商投资的竞争性需求导致对地方基础设施建设的投入资金不断增大，从而派生出基础设施建设竞争激励。有目共睹的是，中国在改善基础设施和城市建设的问题上演绎出了一个成功的模式，给人们的生活带来了极大的便利和福祉，也为经济增长提供了重要的基础保证。基础设施水平的提升大大缩短了货物的运输成本，其中交通基础设施建设的影响作用尤为突出。铁路、高速公路的大量建设显著扩大了人员和商品的流动，降低了劳动力等生产要素的流通成本，对改善资源错配、提升规模效率均产生显著作用，大大促进了经济增长（刘秉镰等，2012）。

（三）支持企业出口、扩大对外开放

中国式分权的制度安排下，支持本地企业出口、扩大生产不仅可以为地方政府带来丰厚的税基，同时实现经济发展增长，创造晋升优势。因此，地方政府有足够的动力积极招商引资，通过加大对外开放程度推进本地市场与国际市场接轨。"三资企业"的出现使地方政府开始关注到更具活力的非国有经济，在出口退税等一系列出口激励政策的推动下，外向型非国有部门迅猛发展（孙景宇、何淳耀，2008）。任志成等（2015）通过实证研究证明了我国省级出口增长受到经济和政治两方面激励因素的影响，二者联合作用下，财政分权通过地方政府之间的竞争间接促进了出口增长。

中国式分权背景下所产生的地方政府竞争推动中国经济迅速发展，加之经济全球化所带来的分工变动使拥有丰富劳动力资源的中国在国际化分工生产中获得了巨大收益。通过吸引发达国家直接投资、引进设备和生产线等方式，我国非国有企业生产能力迅速提升，推动经济增长（孙景宇、何淳耀，2008）。

三　中国式分权制度对经济增长的扭曲成本

已有研究表明，地方政府"为增长而竞争"采取的"标尺竞争"手段扭曲了市场资源配置的基本属性。这种通过税收优惠的逐底竞争（race to bottom）（李永友、沈坤荣，2008）以及压低地价（张莉等，2010）进行招商引资的行为导致了企业容易忽略长远利益。此外，基础设施建设的标尺竞争也异常显著，由此造成过度的基础设施投资（Keen and Marchand，1997；王贤彬、徐现祥，2009）以及重复建设（周黎安，2004；陆铭、陈钊、严冀，2004）问题，进而产生的恶性竞争行为会使地方经济行为目标短期化。Bucovetsky（2005）指出，地方政府之间非合作竞争的纳什均衡可能是破坏性的。中国式分权下，地方政府的经济增长政绩考核压力在一定程度上抑制了地方公共支出，公共支出结构出现重基础设施建设、轻人力资本投资和公共服务的严重扭曲现象（傅勇、张晏，2007）。总体来看，"为增长而竞争"的"GDP 锦标赛制"会导致财政支出的扭曲，进而扭曲地方政府的"标尺竞争"行为，由此产生的标尺竞争手段会使地方政府迷茫于经济增长的短期增长，违背了可持续发展理念。而中国式分权强化了地方政府在经济中的主导地位，政府之间的竞争可能会导致地方政府工作人员的扭曲化政策实施，于是大量学者开始着手分析中国经济高速增长背后产生的一系列问题，研究政府主导型发展模式下经济增长的负面影响。通过对文献的阅读整理，本书认为中国式分权对经济增长的负面影响表现如下：

（一）地方保护、市场分割与社会产出损失

中国式分权背景下，地方政府与同级别政府工作人员之间的晋升博弈激励其不断发展地方经济，以期获得更好的晋升政绩，但同时也不可避免地产生损害对手利益的行为，如通过市场分割、加重税率等方式阻碍外地产品在本地市场的自由流通行为，这种竞争行为使地方政府工作人员的非合作倾向明显（周黎安，2004）。因此，采取市场分割的方式保护地方企业的竞争行为并不少见（林毅夫、刘培林，2003；陆铭等，2004）。尽管地方政府实施的地方保护政策有助于本土企业的发展，从而扩大市场份额产生丰厚税基，提供地方政府的财政收入水平，但从中国总体出发，地方保护主义不利于我国统一大市场的构建，经济增长难以发挥规模效应。

（二）资源禀赋、分权效应差别与地区增长差距

我国幅员辽阔，各地区初始资源禀赋差异巨大，表现为不同地区的地理位置、资本存量、劳动力水平、市场化程度、开放水平等差别较大。相对绩效评估可以使不同地区的经济绩效纳入同一考核体系，但仍需要考虑异质性问题，因此基于相对绩效考核的激励方案仍存在改进空间（王永钦等，2007）。由于地区资源禀赋存在差异，发达地区的地方政府具有晋升竞争的先天优势，他们有条件、有资源去大刀阔斧地实施地方经济增长政策，相对来讲，经济落后地区因先天弱势的地理位置和要素资源禀赋难以实现经济的快速追赶，在此情形下，寻租腐败可能成为他们的次优选择，最终导致"弱者更弱"的恶性循环。并且在收益递增效应下，即使不存在其他影响因素，也会出现发达地区更发达、落后地区更落后的局面，如此一来，地方政府工作人员的努力程度难以通过经济发展实现有效辨别（陆铭等，2004）。从政府工作人员交流的角度考察也是如此，地方政府工作人员被调动到资源禀赋不同的地区会出现极化效应：被调动到资源禀赋优势地区的政府工作人员有动力积极参与经济增长竞争，而被调动到资源禀赋劣势地区的政府工作人员难以受到激励作用，从而出现消极怠政的心理。在这种背景下，最终会导致优势地区和劣势地区之间的差距逐步加大（徐现祥、王贤彬，2009；杨海生、罗党论、陈少凌，2010）。

（三）投资冲动、重复建设与效率损失

分权晋升激励背景下，我国地区经济增长呈现高度依赖投资的现

象。各地区之间的投资竞争逐渐偏离本土的比较优势，造成资源错配、地区间产品同构化严重等问题（孙犇、宋艳伟，2012）。同时，地方政府自由决策权赋予其较大的资源配置权利，享受对企业融资、征用土地等要素资源的决策权（田伟，2007）。在此背景下，地方政府对金融机构的长期干预行为容易导致非理性投资的产生，使信贷机构的资金向迎合政府利益的相关的部门、行业或产业流动，从而形成地方政府推动型关系融资制度（徐涛，2003）。投资冲动给经济增长带来低效率问题，会对经济增长的可持续性不利。尽管这种政府干预金融机构资金流向的行为加快了资本积累速度，实现了经济的快速增长（张璟、沈坤荣，2008），但也存在不可忽略的弊端。一方面是出现资本深化现象，蔡昉（2004）证实了中国工业行业存在资本深化的趋势，即产业投资过快而劳动力未实现同步匹配。另一方面资本积累的迅速增加还会导致投资效率下降，由于投资边际效应递减的存在，最终会使经济增长逐渐趋缓（张军，2005）。另外，吴敬琏（2006）的研究表明，地方政府盲目的投资行为容易引致投资和消费的失衡，导致中国经济增长陷入严重依赖投资的低效模式。

中国式分权制度下，为实现经济增长获取晋升机遇，我国出现了大量更新过度、重复建设的现象，特别是在通信、交通等产业，基础设施过度建设现象尤为严重（Keen and Marchand，1997；严冀、陆铭，2003；周黎安，2004；陆铭、陈钊和严冀，2004；王贤彬、徐现祥，2009）。通常来讲，一个国家的基础设施水平是政府治理水平的典型体现（张军等，2007）。同时，由于通信、交通、能源等经济性公共品本身具有较强的外部性，地方政府有动力通过加大本地区的基础设施建设实现经济发展（傅勇，2010）。盲目的扩建和重建欠缺长期性考虑，很多项目面临建成即亏损的局面，给地方政府带来了巨额的债务压力，威胁整体宏观经济的稳定性和经济的可持续发展性（周黎安，2004；田伟，2011）。

（四）目标短期化、公共品供给缺失与增长可持续性

Tiebout 提出，当居民可以自由跨区域流动，"用脚投票"机制得以运行，地方政府可以有效提供公共物品，满足居民的特定偏好。即中央政府的适当放权有助于提高公共物品的供给效率。但这种预期的理论与中国的实际现实情况却不相一致。尽管我国流动人口数量巨大，但在户籍制度的约束下，较高的迁移成本使"用脚投票"的机制难以在我国发挥出应有的效果。众多学者提出我国在教育、科学、医疗卫生以及社会保障领域的财政支出难以满足需求（傅勇、张晏，2007；马光荣、杨恩艳，2010），主

要源于制度因素的影响。在中国式分权制度安排下，自上而下的标尺竞争使地方政府忽略了公共服务建设。一般来讲，地方政府工作人员的平均任期为 3—5 年，要想在较短的任期内做出成绩并作为向上表现的信号，地方政府工作人员往往选择放弃长期增长目标，转而把目光投向见效快的项目。科教文卫的属性使短期投资无法取得成效，因此尽管在居民十分关注的情况下，由于民众不能直接决定地方政府工作人员的任免，这种公共服务依旧面临投资不足的窘境。傅勇、张晏（2007）通过实证研究证明，晋升激励机制下，地方政府更倾向于投资见效快、成效显著的基础建设，减少甚至忽略人力资本及公共服务投资。这种扭曲的支出结构造成了公共物品的供给严重失衡。而公共品的长期供给缺乏将抑制地区的人力资本流入以及效率的提升（马光荣、杨恩艳，2010）。

第二节　地方经济增长目标制定与约束性特征分析

研究显示，"标尺竞争"行为主要归因于政府工作人员的任期制和异地交流的惯例。通常情况下，经济发展水平是地方政府工作人员在有限任期内治理成果的最显著展示方式，是其向中央传递个人能力信号、获得政治晋升机会的有效手段。于是，众多理论研究尝试从晋升的角度去检验不同层级政府之间的"纵向竞争"现象，密切关注现实社会中偏离于地方经济发展水平的工作绩效问题。中央政府在提出年度经济增长目标后，势必会自上而下逐级分配给各级地方政府（周黎安等，2015），然而地方政府拥有较大的自由裁量权，可以依据当地现状自行斟酌。当符合上级目标需求的情况时，地方政府工作人员为向上级传递积极而富有竞争性的信号，往往会制定一个能充分体现自身能力的经济增长目标，以获得政治晋升的有限"入场券"。为此，本章将重点对中国各级政府经济增长目标设定过程及典型特征进行分析，从而为本书后续研究奠定一个事实基础。

一　地方经济增长目标制定情况

表 1.1 描述了 230 个城市 2002—2014 年经济增长目标的设定情况。在表 1.1 中，按照经济增长目标高低，将 230 个城市 2002—2014 年经济增长目标分为了 8 个区间（见表 1.1 第一列，区间包含左边界），并统计了我国 230 个地级市在 2002—2014 年每年设定的经济增长目标所在区间

的次数以及占总次数的比重，同时做图 1.1。若 X 市在 2002—2014 年有 3 年设定为 11%、9 年设定为 8%、2 年设定为 4%，0—5% 组、5%—10% 组和 10%—15% 组分别累计 2 次、9 次和 3 次。从表和图中的统计来看，城市经济增长目标主要集中在 5%—15% 的区间，其中 10%—15% 组占比最多，占比为 66.42%，其次为 5%—10% 组，占比为 27.69%，排第三位的为 15%—20% 组，占比为 5.05%。增长目标在 10% 以上的样本数也占到了 70% 以上。0 以下目标值占比为 0，25% 以上占比为 0.03%，也接近于 0。也就是说，在 2002—2014 年各地级市大多都设置了较高的经济增长目标，且聚集在 10%—15% 附近。

除此之外，我们将各地级市设定的经济增长目标与其所在省设定的经济增长目标进行了比较，将其经济增长目标差值同样分为了 8 个区间（见表 1.1 第四列，区间包含左边界），并统计了 230 个地级市在 2002—2014 年设定的经济增长目标与其所在省设定经济增长目标差值在各个区间的次数和占比。若 X 市为 Y 省的一地级市，在某年 X 市的经济增长目标为 11%，Y 省的经济增长目标为 8%，则其差值为 3%，属于 2%—4% 分组，则 2%—4% 组累计次数 1。从表 1.1 中的统计来看，城市经济增长目标主要集中在 -10%—4% 的区间，不足 10%。-10% 以下差值占比为 0。通过地级市增长目标与所在省份增长目标的对比可以发现，大多数地级市的设定值都高于所在省份，呈现"逐级递增"的趋势。

表 1.1　　　　　按照市级经济增长目标高低分组统计情况

变量	市级经济增长目标		变量	市级目标相对省级目标制定情况	
分组	次数（次）	占比（%）	分组	次数（次）	占比（%）
−15%—0	0	0	小于-10%	0	0
0—5%	4	0.14	−10%—0	600	20.07
5%—10%	828	27.69	0—2%	1401	46.86
10%—15%	1986	66.42	2%—4%	708	23.68
15%—20%	151	5.05	4%—6%	180	6.02
20%—25%	20	0.67	6%—8%	52	1.74
25%—30%	0	0	8%—10%	34	1.14
大于30%	1	0.03	大于10%	15	0.50

注：由于四舍五入的原因，计算百分比之和有可能不完全等于 100%，下同。
资料来源：笔者计算整理。

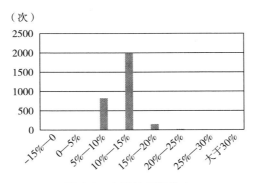

图 1.1　市经济目标约束

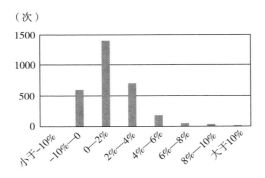

图 1.2　市与省级经济目标约束差值

二　地方经济增长目标完成情况

表 1.2 描述了 230 个地级市在 2002—2014 年设定的经济增长目标的完成情况。在表 1.2 中，对各地级市在 2002—2014 年实际经济增长率以及各地级市实际经济增长率相对所在省实际经济增长率的差值，进行了与表 1.1 同样的分组，并统计了其在各个区间次数和占比。从表 1.2 中可以看出，各市的实际经济增长率接近 80% 的样本在 5%—15%，实际增长率在 10% 以上的接近 80%。图 1.3 描述了以上数据。图 1.4 描述了地级市与省级经济增长率差值，可以看出差值大部分集中于-10%—4%，超过 92% 样本，和图 1.2 情况接近。其中占比最高的为 0—2% 组，占比为 52.01%，超过一半样本，占比第二的是-10%—0 组，占比为 26.02%，第三为 2%—4% 组，占比为 14.72%。4% 以上分组总占比为 6.80%，-10% 以下分组占比为 0.47%。与经济增长目标值对比来看，多数城市的经济增长目标如期完成，实际经济增长率比目标设定略高。此外，从各地级市经济增长

率与其所在省经济增长率之间的差值来看，73.51%的样本都超额完成了所在省份制定的经济增长目标。这在一定程度上对"层层加码"（周黎安，2015）给出了事实依据。

表 1.2　　按照市级经济增长目标完成情况高低分组的统计情况

变量	市级目标完成情况		变量	市级目标相对省级目标完成情况	
分组	次数（次）	占比（%）	分组	次数（次）	占比（%）
−15%—0	18	0.60	小于−10%	14	0.47
0—5%	58	1.94	−10%—0	778	26.02
5%—10%	487	16.29	0—2%	1555	52.01
10%—15%	1825	61.04	2%—4%	440	14.72
15%—20%	555	18.56	4%—6%	141	4.72
20%—25%	40	1.34	6%—8%	30	1.00
25%—30%	4	0.13	8%—10%	16	0.54
大于30%	3	0.10	大于10%	16	0.54

资料来源：笔者计算整理。

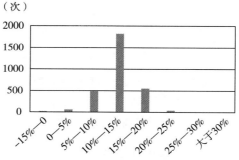

图 1.3　市经济增长率

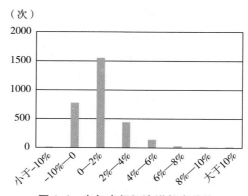

图 1.4　市与省级经济增长率差值

表 1.3 和图 1.5 给出了国家、省级和地市级 2002—2014 年经济增长目标完成情况的统计性描述。从表 1.3 可知，各层级政府的经济增长目标完成率较高，且都集中在 0—5% 分组。其中，国家经济增长目标完成情况最高，在 13 年的样本中，有 11 年超额完成了所制定的经济增长目标，完成率达到了 84.62%。省级增长目标完成情况略低（82.61%），市级增长目标完成率仅占样本总数的 68.90%，有 30% 以上的地级市未能如期完成制定的目标。另外，从样本的波动来看，市级经济增长目标完成情况的波动最大。

表 1.3　　　　　　按照经济增长目标完成情况高低分组统计情况

变量	市级经济增长目标完成情况		省级经济增长目标完成情况		国家经济增长目标完成情况	
与目标值差值	次数（次）	百分比（%）	次数（次）	百分比（%）	次数（次）	百分比（%）
小于 0	930	31.10	52	17.39	2	15.38
0—5%	1993	66.66	247	82.61	11	84.62
5%—10%	57	1.91	0	0	0	0
大于 10%	10	0.33	0	0	0	0

资料来源：笔者计算整理。

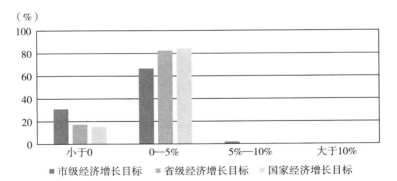

图 1.5　省（市、区）、国家经济增长目标完成情况

三　经济增长目标约束内涵与设定

（一）经济增长目标约束性特征内涵与设定

政府工作报告中对于经济增长目标的措辞大概可以分为以下三个方

面：第一，采用"确保（力争）达到 X% 之上"的表述。第二，采用"达到 X% 之上"的表述。第三，采用"左右""上下""之间"和等用词以及"区间"表述方式。当经济增长目标用语中出现"之上""确保""力争"等词汇时，本部分认为这是一个具有较强约束力的经济增长目标设定方式，将其设定为 1，其他经济增长目标设定方式设定为 0。当采用"左右""上下""之间"和等用词以及"区间"表述方式，本部分认为这是一个约束力较弱的经济增长目标设定方式，将其设定为 1，其他经济增长目标设定方式设定为 0。

从表 1.4 的地方政府软硬目标约束特征来看，地方政府经济增长目标硬约束特征明显，政府层级越低越会采用"确保"和"之上"等硬约束性用语。

表 1.4　　　　　各省份经济增长目标软硬约束特征分布情况

年份	31 个省份政府工作报告中关于经济增长指标的统计				
	国家经济增长目标	超过国家目标的省份	采用"左右"用语	采用"确保""以上"等用语	采用"区间"提法	采用"达到"等用语
2014	7.5%	29	20	2	0	20
2015	7%	24	23	1	0	23
2016	6.5%—7%	25	12	4	9	25
年份	230 个地级市政府工作报告中关于经济增长指标的统计				
	国家经济增长目标	超过国家目标的省份	采用"左右"用语	采用"确保""以上"等用语	采用"区间"提法	采用"达到"等用语
2010	8%	222	20	53	0	157
2011	8%	228	24	56	0	150
2012	7.5%	230	27	54	0	149
2013	7.5%	228	42	51	0	137
2014	7.5%	222	67	39	0	124
2015	7%	182	65	31	1	133
2016	6.5%—7%	197	62	35	24	109

资料来源：笔者根据 230 个城市政府工作报告数据计算整理。

（二）经济增长目标"层层加码"的内涵与设定

本部分对"层层加码"的度量采用地级市经济增长目标与所在省份增长目标的差额表示，采用这种度量方式的原因有以下两点：第一，在中国政府"垂直管理"的新政层级体系下，各级政府对中央政府的目标分解会出现"层层分包"和逐级加码现象。通常来讲，地级市政府工作人员要想实现政治晋升就必须在目标下达过程中承担比同级政府更重的责任，同级政府之间存在相互竞争。因此，辖区内经济增长作为地方政府工作人员显示自身执政能力的首选方式，在逐级分配过程中会出现地级市政府"自我施压""层层加码"的现状；第二，尽管各个省份和地级市之间在经济发展阶段和经济增长目标上存在异质性，但处于同一省份的地级市面临的经济现状和晋升压力大致相同，且各个地级市在经济增长目标的制定上主要参考省级目标，因此采用地级市经济增长目标与所在省份目标差额表示"层层加码"是从可度量角度下的最优方式。

从表1.5来看，差距大于2%的比重超过了50%。同时，地级市的经济增长目标也普遍高于所在省份的经济增长目标，表明地级市政府之间存在激烈的晋升竞争行为，并将经济增长目标作为向上表现的信号。但这种脱离实际现状的目标值会在一定程度上造成地方政府的行为扭曲，不利于资源的合理配置和经济转型升级。

表1.5 地级市经济增长目标与所在省份和国家经济增长目标差距分组情况

CPGDP	次数（次）	比重（%）	CNGDP	次数（次）	比重（%）
小于0	109	3.52	小于0	26	0.86
小于2%	1407	45.39	小于2%	352	11.67
2%—3%	702	22.65	2%—3%	509	16.87
3%—4%	435	14.03	3%—4%	539	17.86
4%—5%	195	6.29	4%—5%	608	20.15
5%以上	252	8.13	5%以上	983	32.58

资料来源：笔者根据230个城市政府工作报告数据计算整理。

第三节 中国经济高质量发展内涵与现实分析

党的十九大报告做出了我国经济已由高速增长阶段转向高质量发展阶段的战略性判断，建设现代化经济体系是跨越关口的迫切要求和我国发展的战略目标，在此基础上对我国经济高质量发展的现实与困境以及出路进行了总结和概述，从而为后续研究奠定事实基础。

一　中国经济高质量发展内涵

党的十九大报告中指出，坚持经济高质量发展就必须坚持质量第一，效益优先，以供给侧结构性改革为主线，推动经济发展质量变革，着力加快建设实体经济、科技创新、现代金融、人力资源协同发展的产业体系，着力构建市场机制有效、微观主体有活力、宏观调控有度的经济体制。实现高质量发展是解决我国当前社会主要矛盾的首要抓手，是我国完成21世纪中叶全面建成社会主义现代化强国的目标的必然选择，也是我国参与国际事务，为全球发展贡献出中国智慧、中国方案的重要途径。由高速增长阶段转向高质量发展阶段，使中国经济突破结构性矛盾和资源环境瓶颈，实现更高质量、更有效率。

众多学者也对高质量发展做出进一步解读。任保平（2018）认为，生产要素投入低、资源配置效率高的质量型发展，是实现经济内生性的有机发展（周振华，2018），是以"创新+绿色"作为经济增长新动力的发展（李四能，2018）。从理论上讲，高质量发展是中国经济发展的升级版（任保平，2018），至少可以从三个角度进行解读：一是宏观层面，二是中观层面，三是微观层面，主要是产品和服务的质量（赵华林，2018）。区别于高速增长，高质量发展要求量与质相协调的演进发展（赵华林，2018；任保平，2012；任保平、李禹墨，2018）。特殊情形下，量要让位于质。因此，高质量发展既体现了量的扩张，又体现了质的提升，是"质"和"量"统一（赵英才等，2006）。简单地说，就是发展能够很好地满足人民日益增长的美好生活需要，能够解决目前我国经济社会中发展不平衡不充分的问题（金碚，2018）。理论导向方面，不仅注重供给有效性和发展公平性，还要考虑生态文明建设；实践取向方面，要求遵循经济发展规律，探索文明发展道路（任保平，2018b）。

二　中国经济高质量发展的现实与困境

改革开放以来，随着我国经济的持续高速增长，各种增长的负面问题也逐渐产生并且不断积累。这些问题主要体现在粗放式增长问题、收入不平等问题、环境恶化问题与政府职能错位问题等。这些问题的长期存在会严重阻碍经济高质量发展，对经济结构的转型升级构成了挑战。本书将从产业、创新、对外开放以及人民生活四个维度展开分析。

（一）产业高质量发展的现实与困境

如图 1.6 所示，2017 年三大产业增加值分别为 6.5 万亿元、33.46 万亿元和42.70万亿元，经济实力大幅增强。产业结构不断优化，第二产业占比长期保持高水平，近年比重有所下滑，第三产业比重不断上升，2017年第三产业增加值占比为51.6%。目前，我国从农业国逐步发展成为现代化工业国家、世界第一制造大国，全面建立了现代化工业体系，然而，我国产业效率仍旧处于较低水平。经济呈现的高速增长更多的是资源投入的结果，与经济高质量发展的标准和要求仍有很大差距，主要表现在以下四个方面：产业结构仍有待提升，产能过剩和僵尸企业仍然大量存在，产业效率不高、产业创新水平低以及产业产品长期处在价值链低端、利润空间窄。

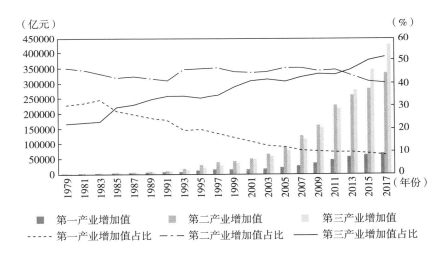

图1.6　改革开放以来我国三大产业增加值和占比变化情况

第一，目前我国产业整体层次偏低，产业结构有待升级。其一，我国服务业占比偏低，全要素生产率水平增长滞后。江小涓、李辉（2004）认为，中国服务业发展不仅比重偏低且增长缓慢。通过对比，我国服务业发展呈现"三低"现象：服务业增加值比重偏低、就业比重偏低和人均增加值偏低（华尔诚，2001；程大中，2003）。其中，华尔诚（2001）指出，一些发展潜力较大的行业存在的限制进入和垄断现象，抑制了服务业的发展和最终需求。王恕立、胡宗彪（2012）研究发现，相对来说，我国服务业全要素生产率明显滞后于工业行业。我国东部地区凭借地理优势深度参与国际分工，承接的大量国际制造业外包业务造成整体"制造业偏好"，由此出现经济发达地区服务业比重反而偏低的怪象（刘志彪，2011）。其二，制造业内部结构不合理。石明明、张小军（2009）研究发现，长期以工业化为中心的非均衡发展战略一方面使国民经济制造业内部出现了重型化趋势，生产资料制造业比重持续增加；另一方面使生活资料制造业比重持续下降（宋则等，2010），造成工业结构明显偏重。2012 年我国重工业产出占比为 67%，轻工业产出占比为 33%。低廉的劳动力和优越的地理位置是我国加工产业迅速发展的主要原因，并且目前来看，我国主要承担的是技术含量较低的零部件加工装配，这在一定程度上导致我国高加工度较少。其三，服务业内部结构升级缓慢。众多学者的研究表明，我国服务业结构失衡严重，低端服务业竞争激烈，高端服务业供给不足（黄莉芳、杨向阳，2015；唐保庆等，2018），带有较高技术、知识与人力资本含量的生产者服务业在整个服务业部门中的占比不足（程大中，2008；李江帆、朱胜勇，2008）。与发达国家相比，中国呈现生产者服务业超越其他类型服务业的过程相对迟缓、发展水平严重滞后的特征（刘书瀚等，2011；倪洪福、夏杰长，2015），而且中国生产者服务业的增长主要源于金融业和房地产业。相比于流通服务业，中国公共服务业占比明显较低（谭洪波，2017）。

第二，产能过剩和"僵尸企业"长期存在。自 20 世纪 90 年代后半期开始，大量国有企业出现低效率亏损并逐渐发展成为"僵尸企业"（王万珺、刘小玄，2018）。2016 年《中国僵尸企业研究报告——现状、原因和对策》数据显示，"僵尸企业"比例最高的行业是钢铁、房地产、建筑装饰等。更有研究结果显示，自 1998 年以来，中国一直处于严重的产能过剩状态（纪志宏，2015）。目前，多数传统行业如电解铝、水泥、钢铁和光伏等均存在产能严重过剩问题。分地区来看，我国西南、西北地区"僵尸企业"比例较高。分所有制来看，国有和集体企业中"僵尸企业"的比例最高。从成立时间来看，成立超过三十年的"老"企业中很大比例都是"僵尸企业"（申广军，2016；黄少卿、陈彦，2017；聂辉华等，2016）。

第三，产业创新水平低，产业效率低下。我国沦为跨国公司廉价代工制造者主要源于自主创新能力缺失、创新产品稀缺（郭熙保、文礼朋，2008）。在技术领域，我国大多数企业创新水平整体不高且一直处于模仿阶段，在科技项目技术开发方面缺乏超前性。这种模仿创新模式使中国企业易受出让技术的发达国家的技术控制和市场壁垒的制约，特别是在近年以来，这种制约使中国企业处于十分被动的地位。近年来，逐渐缩小的先进技术引进空间使本土制造业在技术路线、市场定位等方面形成了低端"路径依赖"等一系列问题，严重阻碍了我国的产业创新进程。

第四，产品长期处在价值链低端，利润空间狭小。在世界 500 强制造业利润率排行榜中，我国始终处于低位。2011 年以来制造业企业利润低下的程度更加严重，2014 年中国制造业企业 500 强的利润率仅为 2.7%，中国企业普遍陷入了价值的洼地。尽管我国享有世界第一制造大国的美誉，但长期以来我国在世界分工生产中一直处在价值链低端环节，产品附加值整体不高且大多数行业集中在加工组装领域（徐建荣、陈圻，2007；张杰、刘志彪，2007）。

（二）创新高质量发展的现实和困境

近年来，我国政府高度重视技术进步和创新发展，通过建立健全相关制度、加速催化科技投入向创新成果转化等方式使国家自主创新能力得到较大提升。图 1.7 将中、日、美三国专利受理量和研发强度进行对比。由图 1.7 可知，与美日发达国家相比，我国研发投入占 GDP 的比重始终较低，但却一直处于不断攀升状态。2014 年，我国研发投入占 GDP 比重超过 2%。2015 年中国研发经费投入总量迈上 1.4 万亿元新台阶。巨额的研发投入带来的是丰硕的科技研发成果。中国专利申请受理量迅速增加并超过美日两国。《2017 年全球创新指数》报告显示，中国成为唯一进入前 25 名集团的中等收入国家。然而，2014 年国家知识产权局发布的研究报告指出，中国还不是真正意义上的知识产权强国，距离创新型强国还有很长的路要走。创新的高质量发展仍面临很多困难和有待改进的环节。

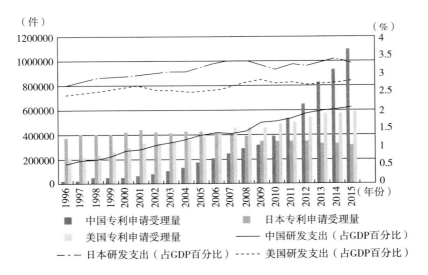

图 1.7　中国、日本和美国三国专利申请受理量和研发强度的对比

第一，关键零件受制于人，核心基础技术创新"空心化"。János Kornai（2003）研究发现，在近百年来塑造人类现代生活的 87 项革命性创新中超过 85%产生在美国，而在所有这些发明中都没有中国人（也许有中国人参与其中，但没有中国人作为发明创新的主体）的贡献。目前来看，我国制造业核心技术受制于人的局面仍未发生根本性转变，核心技术"空心化"依然大量存在（苗圩，2018；孟东晖等，2018；徐建荣、陈圻，2007）。中国产业技术对外依存度居高不下，核心技术的缺失以及关键零部件制造能力不强等问题已经严重制约了中国企业和产业的国际竞争力（毛蕴诗，2014）。

第二，专利轻质重量，创新转化率不高。在中国式分权背景下，各地政府竞相通过创新发展经济，以期完成考核目标获取晋升机遇，于是上演一场"专利竞赛"（袁真富，2006），试图通过大量的专利补贴和创新激励刺激企业创新行为。但这种盲目的创新激励使部分企业的创新动机偏离真正的轨道，反而导致各地大量涌现"重专利数量、轻专利质量"扭曲现象（张杰、郑卫平，2018）。同时，由于地方政府在项目的招标和验收上拥有较大的自主决策权（廖树育，2017），大量企业萌生出"寻租"行为，通过以次充好的发明创新实现"骗补"的目的。在这种情况下，专利的质量难以保证，大量专利申请成为一纸空文，只有少数高质量的专利能转化为实际创新成果。杨以文等（2017）研究发现，在弱企业家精神情况下，企业拥有专利越多，创新水平越低，企业绩效越差，从而陷入"专利陷阱"和"创新困境"。

第三，合作效率低，产学研结合有待提升。当前，我国产学研合作机构单一、各区域创新发展不平衡问题仍比较突出（黄明东等，2017），"点对链式"和产学研合作研究很少，并且现存的少数合作机构也面临激励机制长期缺乏的窘境（周训胜，2012；申纪云，2010）。同时，高校和企业价值取向和思想观念的差距使产学研合作意识不强（孟令权，2012；南志涛，2014），成果转化效率低。相关法律制度和顶层设计的缺位（钱敏、芮振，2013）同样也需要改进之处。

第四，科研保障薄弱，科研环境有待改善。高校青年教师作为重要的创新主体，应进一步提升其科研基础设施条件，破除科研障碍。特别是处于发达地区的青年教师，生活成本高昂、经济压力大使科研人员长期难以正常进行科研活动。此外，目前我国科研院所、大专院校等科研事业单位仍然实行行政化管理模式，容易造成创新资源的不公平分配等问题（孟庆金，2010）。

（三）对外开放高质量发展的现实和困境

图1.8反映的是1983—2017年中美日三国货物进出口总额走势。1983—2017年，除少数特殊年份外我国货物进出口总额总体保持持续高速增长状态，并于2013年超越美国，成为世界第一的货物贸易大国。从对外投资结构看，2015—2017年，我国装备制造业对外投资351亿美元。最近5年，"一带一路"建设成果丰硕，与沿线25个国家建立长期贸易伙伴关系。尽管从数量上来看，我国已是世界贸易大国，但从贸易质量上看，我国远远达不到贸易强国的标准。与发达经济体相比，我国在出口产品质量、出口产品结构和进口结构三个方面仍然任重道远。

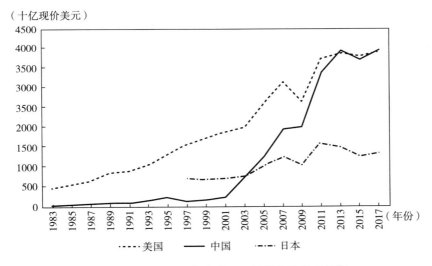

（十亿现价美元）

图1.8 1983—2017年中美日三国货物进出口总额

首先，出口产品质量低下，附加值不高。尽管我国是"全球价值链"和"全球生产网络"中的重要组成部分，但这种地位主要源于我国相对廉价的劳动力成本和优惠的投资环境（Gereffi and Frederick，2010）。相比于劳动密集型产品，我国在资本和技术密集型产品上同发达国家仍存在较大差距，出口产品低端、出口品质较低依旧是难以改变的事实（施炳展等，2013）。同时在国际碎片化的生产中，我国处于微笑曲线底端（何树全，2018；李坤望等，2014）。

其次，以加工贸易为主，出口结构有待调整。苗长青、张满林（2014）的研究结果显示，我国出口贸易目前仍主要采用两头在外的加工贸易结构，以及以低附加值的初级加工制成品支撑的商品结构，这种结构方式难以实现自主创新和技术进步（张二震，2014），势必导致我国出口贸易竞争力不强。同时，出口商品结构低级化现象严重，出口效益差（张曙霄、孙莉莉，2003；曾卫锋，1998）。具体来讲，我国出口产品质量不高，大多数属于劳动密集型产品，技术含量低，附加值不高（张小蒂、李晓钟，2002）。

最后，创新水平低，大量核心技术依赖进口。研究发现，2000—2014年非农业型初级产品、高技术产品在中国进口份额中所占份额大幅度增加（魏浩等，2016）。研究表明，我国进口商品由低技术制成品逐渐向高技术制成品转变（祝树金、奉晓丽，2011），进口份额中，低技术制成品占比明显下降，取而代之的是逐步上升的中高技术制成品（魏浩，2014）。

（四）人民生活高质量发展的现实和困境

获益于长期以来我国经济的持续高速增长，我国 13 亿人的生活整体上已经达到小康水平，不久还将全面建成小康社会。如图 1.9 所示，1980—2012 年城乡居民人均可支配收入持续上升，城镇从 477.6 元增加至 24564.7元，农村从 191.3 元增加至 7916.6 元。城乡居民恩格尔系数也在不断下降，城镇家庭从 56.9%下降至 36.2%，农村家庭从 61.8%下降至 39.3%，城乡居民消费水平持续提高。此外，我国基本公共服务进程显著。

在教育领域，我国目前已普及九年义务教育，2016 年九年义务教育巩固率 93.4%，超过高等收入国家平均水平。在医疗卫生领域，1978—2014 年，我国医疗卫生机构总数、病床床位数以及卫生人员数均实现跨越式增长，人均期望寿命高于全球平均水平，处于发展中国家的前列，有些地区已达到中等发达国家水平。

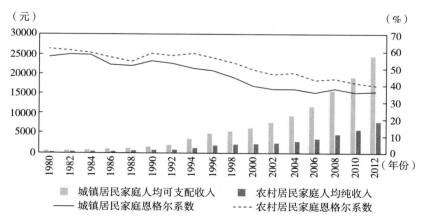

图 1.9　城乡居民家庭人均可支配收入和恩格尔系数变化

党的十九大报告中指出，我国社会主要矛盾已经转化为人民日益增长的美好生活需要和不平衡不充分的发展之间的矛盾。经济高质量发展，尤其是人民生活高质量发展仍旧面临着诸多障碍和困境。

首先，生态环境恶化，污染问题亟待解决。2011 年世界卫生组织发布《世界近 1100 城市空气质量水平》，2009 年全球城市 PM10 统计中，中国在 410 名之后。近年来，随着政府环境治理强度的提升和人民环保意识的觉醒，我国环境污染问题出现一定程度的好转，但积重难返问题依旧严重，节能减排依旧任重道远。

其次，公共服务不均等化日益严重。长期以来我国"经济建设为主"的发展理念使各级政府将大量财力、物力主要投入经济发展上，忽略了公共服务领域的建设发展，导致我国公共服务的发展严重滞后于经济发展水平（邓剑伟，2018）。不仅如此，多年存在的城乡二元结构以及非均衡发展战略的推行使我国地区之间、城乡之间出现严重的基本公共服务均等化分配不平衡现象（陈聚芳等，2018；玲梅，2018）。李实等（2013）的研究指出，我国已建立的覆盖全社会的养老保险制度和医疗保障制度在不同人群和区域之间并未实现均衡分配，地区间的差异化问题难以解决。公共服务的失衡主要表现在教育资源和医疗卫生条件上。特别是在乡村公共服务领域，覆盖广度不够、供给效率低等问题长期存在（杜春林、张新文，2015）。教育发展在地区、城乡、校际、人群之间存在较大差距。在医疗资源配置上，城乡差距也非常明显。调查显示，城市占据了我国医疗资源的 70% 以上，无论是在医疗机构数量还是医疗水平方面均与农村拉开大幅差距。

最后，地区、城乡收入差距拉大，收入分配制度亟待改善。现有研究发现，我国居民收入差距仍呈现快速扩大趋势（韩海燕，2018）。根据《中国统计年鉴》数据，中国收入分配结构不再是"金字塔"，低收入群体扩大（陈宗胜、高玉伟，2015）。总体来看，受长期僵化的城乡二元经济结构改革的影响，目前我国的城乡收入差距形式最为严峻，城乡经济不协调问题突出，从而导致了农村农业劳动生产率低，农村和农业的发展仍然很弱（Molero-Simarro，2016；史乐陶，2018；彭镇华等，2018）。

第二章　经济增长目标约束对全要素生产率的影响研究

近年来，中国的经济发展迈向了增长速度换挡期、结构调整阵痛期和前期刺激政策消化期"三期叠加"的新常态阶段。党的十九大报告明确提出，目前我国的经济发展已然从高速增长阶段过渡到高质量发展阶段，经济发展方式、经济结构、经济增长动力也在潜移默化的转变。就新常态的中国经济而言，如何提高经济效率是目前阶段中国经济发展关注的核心问题。本部分将从"中国经济高速增长与全要素生产率低下长期背离"的现实困境出发，以"中国式分权"制度为背景，在全面分析地方经济目标约束对经济绩效的影响机制的基础上，实证检验地方经济目标约束对全要素生产率的影响，为寻找"中国经济高速增长与全要素生产率低下长期背离"的体制性原因提供一个新的视角。

第一节　中国全要素生产率测度与现实分析

一　中国全要素生产率现实分析

改革开放以来，中国经济保持了近 10%的高速增长，创造了举世瞩目的"中国奇迹"，并引起了经济学家的浓厚兴趣。基于新古典经济增长的理论框架，主流经济增长理论提出，受制于要素投入的边际递减规律，资源要素投入不可能保持永久性的经济高速增长，却只能通过提高全要素生产率（TFP）来实现。因此，当"中国奇迹"的解释中缺少足够的 TFP 内容，主流的经济增长理论将面临一场严重的现实危机（武鹏，2012）。所以，准确识别和认识中国经济增长的动力来源有助于制定长期可持续增长政策（郭庆旺和贾俊雪，2005）。

基于此，国内外学者聚焦于不同的研究方法和样本，对中国经济增长动力展开了全面研究。主流方法分为三种：①增长核算法（Wang and Yao，2003；李宾、曾志雄，2009；蔡晓陈，2012）。②非参数方法（郑京海、胡鞍钢，2005；颜鹏飞、王兵，2004）。③参数法（Chow，2002；张军、施少华，2003；郭庆旺、贾俊雪，2005；张健华、王鹏，2012）。应用的参数方法分为三类：一是 SFA 方法。二是 OLS、FE、GMM 等方法。三是半参数方法，例如 OP、LP 方法等。目前的文献主要总结出以下两种结论：一方面，部分学者认为中国经济的高速增长大多得益于要素贡献，而全要素生产率的贡献不足。比如，在早期的文献中，舒元（1993）计算出中国 1952—1990 年全要素生产率的增长率仅有 0.02%，对产出增长的贡献率也只有 0.3%；同时，1953—1978 年，王小鲁（2000）计算的全要素生产率只有-0.17%，而 1979—1999 年却达到 1.46%，对经济增长的贡献率有 14.9%；近期，郭庆旺、贾俊雪（2005）计算的 1979—2004 年中国全要素生产率年均增长为 0.891%；颜鹏飞、王兵（2004）计算的 1978—2001 年中国全要素生产率年均增长为 0.2478%。岳书敬、刘朝明（2006）计算的 1996—2003 年 TFP 增长率为 1.35%。现有文献发现，由于投资主导型经济，资本投入是中国经济持续增长的稳定来源，TFP 贡献率却逐年下降（余泳泽，2015）。综上所述，中国全要素生产率及对经济增长的贡献较低，经济增长主要源于资本贡献。另一方面，经研究中国的全要素生产率的贡献却较为乐观。在 Chow（2002）文献中，1978 年以后中国 TFP 以每年 2.7%的速度增长，其对经济增长的贡献为 28%；而 Wang 和 Yao（2003）融入了人力资本因素，发现 1978—1999 年 TFP 对经济增长的贡献达到了 25.4%；而张军等（2003）经计算发现，改革后的平均 TFP 增长率大约为 2.81%，其对产出增长的贡献为 28.9%；随后，相关文献的中国 TFP 数值更高，例如 1982—2002 年中国 TFP 平均增长率为 5.9%（彭国华，2005）；王志刚等（2006）通过计算发现 1978—2003 年的 TFP 年均增长率达到 4.3%以上；李宾、曾志雄（2009）通过计算发现 1978—2007 年的 TFP 年均增长速度为 3.62%；1979—2010 年，张健华、王鹏（2012）通过计算发现中国全要素生产率的平均增长率为 2.48%，对经济增长的贡献达到 24.9%，而李平等（2013）应用索洛余值法和纯要素生产率法进行测算，发现全要素生产率分别为 4.18%和 4.11%，相应贡献率也高达 40.81%和 40.09%。

虽然中国经济高速增长中的 TFP 因素一直没有一致的结论。但大部分研究测度出的 TFP 对经济增长贡献维持在 10%—30%（王小鲁，2000；Chow，2002；张军、施少华，2003；张健华、王鹏；2012）。显然，无论何种方法测度的结果都表明中国经济增长中的 TFP 因素尚没有成为主要推动力量。与发达国家相比，中国 TFP 对经济增长的贡献远远不足。深入剖析中国"经济的高速增长与全要素生产率水平低下并存"的体制之谜，需要我们正确识别"中国式分权"制度对中国经济增长绩效的影响。

二　中国城市层面全要素生产率测度

（一）TFP 核算方法的设计

核算经济增长的方法如下：一种可以查询统计资料估测生产函数的要素产出弹性参数，进一步测算出产出与投入间的 TFP 余值；另一种是选择截面的样本集进行回归等统计方法，估算生产函数的参数从而求得 TFP。前一种方法存在参数设置的可靠性问题，通过探讨间接的统计资料获得的弹性值，在很大程度上难以直接验证其准确性。于此，理论上的可行方法是通过资本、劳动收入占总产出的比重来验证，但是排除相关统计资料可得性的限制①，由于中国的市场经济还处于发育过程中，基于真空世界的一般均衡结论很难套用于中国，尤其是不能运用于改革之初计划经济仍占据重要地位的时期。后一种方法一般基于分省份数据展开，就测算方法而言，早期的研究主要采用索洛增长核算法。但是，这种方法自问世以来便饱受诟病②，尤其是其假定所有生产者在技术上都是充分有效的这一点，明显不符合经济活动的实际情况。

如前文所述，一些学者研究生产前沿面的相关概念，认为在现实中只有部分生产者能处于生产前沿面上，其余生产者的效率都达不到前沿面所示的最优生产效率水平。具体的测定方法有两种：一是数学规划方法，目前的应用中主要是数据包络分析法（Data Envelopment Analysis，DEA）；二是参数方法，即统计方法，以随机前沿分析法（Stochastic Frontier Analysis，SFA）最为典型。DEA 方法在运用上存在三个问题：一是该方法假设模型涵盖了所有的效率影响因素，即不存在环境影响因素，这将导致计算结果产生偏误；二是作为一种数学规划方法，不能检验计算模型的适宜性；三是在经济意义上，多产出 DEA 形式的生产函数估算违背了原有原则。为此，本书采用了 SFA 的方法对我国省际生产函数进行了估算，在生产函数设定上，应用超越对数的生产函数形式，对模型的形式进行了检验，从而保证估计系数的显著性。

---

① 生产税净额难以分清多少是来自资本、多少是来自劳动。
② 关于此方面的具体介绍可参见易纲等（2003）。

（二）生产函数估计及 TFP 分解

本书应用随机前沿分析法（Stochastic Frontier Analysis，SFA）对 TFP 进行核算。本书将我国地区生产函数定义为超越对数形式，有利于检验对比。其具体形式如式（2.1）所示：

$$\ln Y_{it} = \beta_0 + \beta_1 \ln L_{it} + \beta_2 \ln K_{it} + \beta_3 t + 1/2\beta_4 \left(\ln K_{it}\right)^2 +$$

$$1/2\beta_5 \left(\ln L_{it}\right)^2 + 1/2\beta_6 t^2 + \beta_7 \ln K_{it} \ln L_{it} + \beta_8 t \ln L_{it} + \beta_9 t \ln K_{it} + v_{it} - u_{it}$$

$$u_{it} = \left\{ u_{it} \exp\left[\eta(t-T)\right]\right\} \sim iidN^+\left(\mu, \ \sigma_u^2\right) \tag{2.1}$$

在式（2.1）中，K、L 分别指代物质资本和劳动力数量；v_i 表示随机干扰项；u_i 是技术无效率项；η 表示技术效率水平的时变参数。LR 单边似然比检验显示，相比于对其施加 0 约束，参数 μ 和 η 自由取值更合适，因此允许 μ 和 η 自由取值。为检验式（2.1）的适宜性，本书提出假设如下：①H_0：$\beta_4 = \beta_5 = \beta_6 = \beta_7 = \beta_8 = \beta_9 = 0$，即生产前沿函数应用 Cobb-Douglas 生产函数形式；②H_0：$\beta_3 = \beta_6 = \beta_8 = \beta_9 = 0$，即不存在中性技术进步；③$H_0$：初选模型中不显著项的系数是 0。根据研究，SFA 模型设定中所涉及的所有假设都可以使用广义似然率统计量（LR）来检验，$\lambda = -2\ln\left[L\left(H_0\right)/L\left(H_1\right)\right]$，$L\left(H_0\right)$、$L\left(H_1\right)$ 分别是零假设 H_0 和被择假设 H_1 前沿模型的似然函数值。要是零假设成立，检验统计量 λ 则服从混合卡方分布，受约束变量的数目就是自由度①。

分解上述估计结果，对生产函数的 t 求导，且省略下标 it。

$$\frac{\dot{Y}}{Y} = \frac{\partial \ln Y}{\partial t} = \frac{\partial \ln f(X, \ t)}{\partial t} + \sum_j \frac{\partial \ln f(X, \ t)}{\partial \ln X_j} \frac{\partial \ln X_j}{\partial X_j} \frac{dX_j}{dt} - \frac{\partial U}{\partial t}$$

$$= \frac{\partial \ln f(X, \ t)}{\partial t} + \sum_j \varepsilon_j \frac{\dot{X}_j}{X_j} - \frac{\partial U}{\partial t} \tag{2.2}$$

$$\dot{TFP} = SE + TP + \dot{TE} \tag{2.3}$$

根据上述对 $\dot{TFP}$ 的分解公式，计算得：

$$TP_{it} = \frac{\partial \ln Y_{it}}{\partial t} = \beta_t + \beta_{tt} t + \sum_j^m \beta_{tj} \ln X_{jit} \quad (j=1, \ 2) \tag{2.4}$$

$$TE_i = E\left[\exp(-u_i) \mid v_i - u_i\right] \tag{2.5}$$

① 很多研究在进行 SFA 模型的 LR 检验时都采用了普通的 χ^2 检验临界值，严格地来讲这种做法是错误的。Kodde 和 Palm（1986）曾给出了各自由度对应的单边广义似然比检验的临界值，本书在检验过程中将采用其所提供的临界值。

$$SE = (E-1) \sum_j \frac{E_j}{E} \dot{X}_{jj} \quad (j=1, 2) \tag{2.6}$$

$$E_j = \beta_j + \sum_{k \geq j} \beta_{jk} k + \beta_{tj} t \quad (j=1, 2) \tag{2.7}$$

其中，$\dot{TFP}$、$\dot{TE}_{it}$、$\dot{TP}_{it}$ 同上。$\dot{X}_j$ 指第 j 种投入要素的增长率。E_j 表示要素的产出弹性，$E = \sum_j E_j$ 代表规模弹性。

（三）数据和指标选取

本书选择 2003—2018 年我国 230 个地级市的数据作为研究样本。参考相关年份的《中国统计年鉴》，部分数据源于《中国城市统计年鉴》和《中国区域经济统计年鉴》。

1. 投入指标方面

选取的投入指标主要是资本、劳动两大要素。投入指标中选择全社会从业人员数据测度劳动，参考《中国城市统计年鉴》采用单位从业人员和私营个体从业人员之和进行回归。资本存量的计算方法却选择永续盘存法，具体公式如下：

$$K_t = I_t + (1-\delta_t) K_{t-1} \tag{2.8}$$

计算过程中包括基期资本存量、价格指数和折旧率三个指标。考虑到计算的精确性和数据的可得性，本部分准确识别 1991 年作为基期，原因如下：城市层面数据不够完善。本部分根据城市规模将省级数据折算到市级层面，时间跨度是 2003—2018 年，以 1991 年计算的市级基期资本存量对 2003 年的影响较小，省际 1991 年资本存量借鉴张军等（2004）的数据。折旧率借鉴张军等（2004）的 9.6% 的折旧率。

2. 产出指标

由于地区经济发展状况，本书选择 2003—2016 年地级市的生产总值（亿元）测度期望产出，在获取城市所在省份 GDP 的平减指数后，根据 2000 年不变价对城市的 GDP 进行平减处理。

第二节　经济增长目标约束对全要素生产率影响的内在机制

在此部分的分析之中，本书将利用逻辑推理和理论模型相结合的方式，尝试从经济增长目标带来的资源错配视角论述对全要素生产率的影响。

一　经济增长目标约束对全要素生产率的影响：逻辑机制

本部分将从以下五个机制阐述经济增长目标约束如何通过影响资源配置进而影响全要素生产率。

（一）投资潮涌效应

受中央政府政治激励的影响，地方政府工作人员积极向中央政府传递强烈的个人信号，而制定较高的经济增长目标并超额完成是最为直接的一种方式。为此，地方政府工作人员利用投资做出各种政绩。一方面投资潮涌效应会挤占创新进而导致生产率下降，另一方面这种效应势必会导致投资效率低下，而投资效率低下必然会抑制生产率提升。

（二）投资结构扭曲

投资的影响因素，除了受制于经济增长目标约束及"层层加码"现象，还受到投资结构的影响。有学者认为，在税制集中财权的情况下，地方政府逐渐走向土地征用、开发和出让的发展模式，促成了推动地方经济高速增长的新模式（孙秀林、周飞舟，2013）。为了推动经济增长，政府紧紧围绕以下两个重要抓手：一是采用税收政策进行工业化的招商引资。二是抓住地方政府在土地市场的垄断权限制商住用地的供给（范建勇等，2015）。地方政府的经济增长方式是房地产市场的过度发展对实体经济投资产生挤出效应，导致信贷资源的错配（罗知、张川川，2015），进而不利于提升城市整体的全要素生产率。

（三）公共支出结构扭曲

在经济增长目标"锦标赛"体制下，地方政府工作人员过度关注短期目标，往往偏向于基础设施投资，从而忽视有利于长期增长的公共服务的投资。在唯 GDP 论的机制设计中，非生产性公共服务并不是激励相容的（马光荣、杨恩艳，2010）。地方政府的这种偏向行为会造成地方政府"重基本建设、轻人力资本投资和公共服务"的结构扭曲，既不利于长期技术进步要素的积累，又可能形成技术进步要素的拥挤效应，进而会降低效率，不利于技术进步。

（四）产业结构升级钝化

受地方的经济增长目标约束，政府往往会阻碍产业结构高级化，导致产业结构升级钝化的现象。主要由于经济增长压力的逐级放大直接干预目标选择行为，使地方政府在制定政策时"紧盯"短期目标，忽视结构调整。经济增长目标加码越重，为完成较高的经济增长，地方政府则吸引更多的资本密集型行业（陆铭、欧海军，2011），造成部分行业产能过剩，这进一步导致要素资源错配。此外，郭志勇和顾乃华（2013）在研究中发现，土地财政刺激了以房地产为代表的消费性服务业的发展，大大超前于研发、金融和物流等生产性服务业，致使"产业结构虚高"和第二、第三产业互动不足的现象。

（五）企业间资源要素错配

借鉴于国内外文献，发现当资源从低效率的企业配置到高效率的企业，使经济的整体全要素生产率水平明显提升（Hall and Jones，1999）。如前分析，投资结构和公共支出结构的扭曲，以及对技术创新资源的挤占效应都是从地区之间、产业之间或者投入要素之间的空间资源错配角度开展研究。但是，经济增长目标的约束还会对微观企业产生不可避免的影响，主要体现在地方政府通过对国有企业垄断行为的保护，会在一定程度上降低资源配置效率。

二　经济增长目标约束对全要素生产率的影响：理论模型

基于新增长理论的分析框架，本部分的理论模型分别考虑"存在研发"与"不进行研发（干中学）"的两种条件，研究政府经济增长目标制定对技术进步的影响。借鉴 Romer（1990）、Grossman 和 Helpman（1991）的研究，设定研发投入与技术进步的变化关系。Arrow（1962）假设资本增量带来了技术水平变化，设定以下变量：劳动（L）、资本（K）、技术（A）、产出（Y）和政府制定的经济增长目标（G）。

（一）研发条件下的作用机制：研发投入边际报酬递减时情况

当经济体存在两个部门，劳动力在两部门之间进行分配，劳动力中 a_L 的比例投入研发部门，$1-a_L$ 的比例用于生产部门，现有技术水平为 $A(t)$。经济体的生产函数为：

$$Y(t)=A(t)(1-a_L)L(t) \tag{2.9}$$

当规模报酬不变，新技术的产生决定于研发的劳动力数量及现有的技术水平，如下所示：

$$A(t)'=B[a_L \cdot L(t)]^\gamma A(t)^\theta \tag{2.10}$$

其中，参考 Romer（1990），θ 代表现有技术水平对研发成功率的影响，B 表示转换参数。借鉴 Li 和 Ji（2010）对研发与成本下降关系的研究，考虑研发投入边际报酬递减时的情况下，设定研发投入带来技术进步程度提升的边际效果是下降的，因此假设 $\gamma=0.5$（$\gamma<1$）。为了简化计算，假设人口增长率为 0，θ 为 1，即现有技术水平与技术进步水平成正比，则技术进步程度为：

$$A(t)' = B\sqrt{a_L \cdot L(t)} A(t) \tag{2.11}$$

在经济体中考虑连续两个时期（比如两年）的经济总产量，可以得出总产出 Y_l，结合式（2.1），得到式（2.12）。

$$\begin{aligned} Y_l &= Y(t) + Y(t+\Delta t) \\ &= A(t)(1-a_L)L(t) + [A(t)+A'(t)] \cdot (1-a_L) \cdot L(t) \end{aligned} \tag{2.12}$$

式（2.12）显示生产者进行决策的时候不仅会依据当期产量，而且会考虑未来预计产量。可以由此得出实现连续时期总产量最大时的最优研发投入比例 a_L^*，计算可得：

$$a_L^* = \frac{8+3B^2L(t)-4\sqrt{4+3B^2L(t)}}{9B^2L(t)} \quad (0 < a_L^* < 1) \tag{2.13}$$

式（2.13）求出在最优研发投入比例 a_L^* 下的技术进步率 $A^*(t)'$，以及这时期的产量 $Y^*(t)$ 与下一时期的产量 $Y^*(t+\Delta t)$，得出：

$$A^*(t)' = \frac{1}{3}A(t)\sqrt{8+3B^2L(t)-4\sqrt{4+3B^2L(t)}} \tag{2.14}$$

本部分加入政府的经济增长目标为 $G(t)$，研发投入的比例 a_L 与 a_L^* 和 $G(t)$ 有关：

$$a_L = a_L^* + \left[\frac{\left(\dfrac{Y^*(t+\Delta t)}{Y^*(t)}-1\right)-G(t)}{G(t)}\right]^{\varepsilon} \tag{2.15}$$

式（2.15）中，$\dfrac{Y^*(t+\Delta t)}{Y^*(t)}$ 表示长期最优条件下的理想增长率，如果政府对经济增长目标 $G(t)$ 的制定接近理想增长率，则实际的研发投入接近 a_L^*；而 $G(t)$ 超过理想增长率，则经济体会减少研发投入 a_L 进而提升当前的总产出 $Y(t)$。其中，ε 为政策反应系数，为方便计算，假设 $\varepsilon = 1$。整理式（2.15）得出：

$$\begin{aligned} a_L &= a_L^* + \left[\frac{\left(\dfrac{A^*(t)'+A(t)}{A(t)}-1\right)-G(t)}{G(t)}\right]^{\varepsilon} \\ &= a_L^* + \left[\frac{\dfrac{A^*(t)'}{A(t)}-G(t)}{G(t)}\right]^{\varepsilon} \quad (0 < a_L < 1) \end{aligned} \tag{2.16}$$

将式（2.16）代入式（2.14），得出：

$$A(t)' = B\left[\left(a_L^* + \frac{\dfrac{A^*(t)'}{A(t)}-G(t)}{G(t)}\right)^{0.5} \cdot L(t)\right]^{0.5} A(t) \tag{2.17}$$

进一步描述技术进步率与经济增长目标的关系，将式（2.13）和式（2.15）代入式（2.17），可得：

$$A'(t) = B \cdot A(t) \cdot \left\{ \frac{8+3B^2L(t)-4\sqrt{4+3B^2L(t)}}{9B^2} + \right.$$

$$\left. \frac{\frac{1}{3}L(t)[8+3B^2L(t)-4\sqrt{4+3B^2L(t)}]^{0.5}-G(t)L(t)}{G(t)} \right\}^{0.5} \quad (2.18)$$

由式（2.18）可知，当经济增长目标 $G(t)$ 增大，技术进步率 $A'(t)$ 会出现下降。因此，得出如下结论：

定理 2-1： 当研发投入为边际报酬递减时，研发行为使政府经济增长目标的增大降低技术进步率。

为便于刻画经济增长目标 $G(t)$ 与技术进步率 $A'(t)$ 的变化，本部分利用一些系数得出变量间的变化趋势。考虑到指标取值范围，设定如下条件：劳动力数量 $L(t) = 4$，初始的技术水平 $A(t) = 1$，转换参数 $B = 0.85$。因此，我们可以分别观察技术基础 $A(t)$ 为 1 和 1.5 时的关系图2.1。当政府制定过高的经济增长目标，经济体可能会降低长期增长的研发投入，进而降低技术进步率。由此得出命题 2-1。

命题 2-1： 经济增长目标约束越"紧"（比如"确保达到某个增长率以上"），则可能进一步降低技术进步率。如果各级政府制定"层层加码"的经济增长目标，则技术进步率便落入了"低区间"。

（二）研发条件下的作用机制：研发投入边际报酬递增时情况

在研发投入边际报酬递增的情况下，假设 $\gamma = 2$（$\gamma > 1$），由式（2.10）得到：

$$A_2(t)' = B[a_L \cdot L(t)]^2 A(t) \quad (2.19)$$

基于式（2.12）和式（2.19）得到：

$$a_{L2}^* = \frac{BL(t)-\sqrt{B^2L^2(t)-6B}}{3BL(t)} \quad (2.20)$$

由式（2.20）得出对应的技术进步率 $A_2^*(t)'$，以及这时期的产量 $Y_2^*(t)$ 与下一时期的产量 $Y_2^*(t+\Delta t)$：

$$A_2^*(t)' = \left[\frac{2}{9}BL^2(t)-\frac{2}{3}-\frac{2}{9}L(t)\sqrt{B^2L^2(t)-6B} \right] \cdot A(t) \quad (2.21)$$

考虑政府制定的目标增长率 $G(t)$，假设满足条件：

$$a_L = a_{L2}^* + \left[\frac{\left(\dfrac{Y_2^*\ (t+\Delta t)}{Y_2^*\ (t)} - 1 \right) - G\ (t)}{G\ (t)} \right]^{\varepsilon} \tag{2.22}$$

其中，ε 为政策反应系数，为方便计算，假设 $\varepsilon = 1$。结合式（2.22）、式（2.20），对式（2.22）进一步整理，可得：

$$a_L = a_{L2}^* + \frac{\dfrac{A_2^*(t)'}{A(t)} - G(t)}{G(t)} \quad (0 < a_L < 1) \tag{2.23}$$

我们将式（2.20）、式（2.21）和式（2.23）代入式（2.18），得出：

$$A_2(t)' = B \cdot A(t) \cdot \left[\frac{B \cdot L(t) - \sqrt{B^2 L^2 - 6B}}{3B} + \right.$$

$$\left. \frac{\left(\dfrac{2}{9} B \cdot L^3(t) - \dfrac{2}{3} L(t) - \dfrac{2}{9} L^2(t) \sqrt{B^2 L^2(t) - 6B} \right) - G(t) L(t)}{G(t)} \right]^2 \tag{2.24}$$

由式（2.24）可知，经济增长目标 $G\ (t)$ 与技术进步率 $A_2\ (t)'$ 不是单调变化的。为便于刻画经济增长目标 $G\ (t)$ 与技术进步率 $A'\ (t)$ 的变化，本部分利用一些系数得出变量间的变化趋势。考虑到指标取值范围，设定如下条件：劳动力数量 $L\ (t) = 2.5$，初始的技术水平 $A\ (t) = 1$，转换参数 $B = 1$。由此观察技术水平 $A\ (t)$ 为 1 和 1.5 时的关系，如图 2.1 所示。综上，总结出定理 2-2 和命题 2-2：

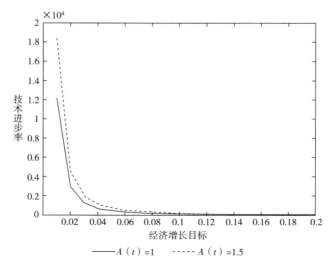

图 2.1　边际报酬递减 $G\ (t)$ 与 $A\ (t)$ 关系

定理 2-2：在研发投入为边际报酬递增时，研发行为使政府经济增长目标增大，也会降低技术进步率。同时，在技术水平 $[A(t)]$ 较高的地区，这种影响依然存在。

命题 2-2：各级政府对增长目标的制定"层层加码"并不断"推高"，使技术进步率可能落入"下降区间"。

（三）没有研发投入时的作用机制：存在"干中学"的情况

在不存在研发的情况下，"干中学"是促进知识积累及创新的动力之一（Arrow，1962）。因此，我们给定存在"干中学"条件下的增长方程：

$$Y_3(t) = bK(t), \quad b \equiv B^{1-a}L^{1-a} \tag{2.25}$$

给定资本积累：

$$K'(t) = sbK(t) \tag{2.26}$$

其中，s 是储蓄率（企业投资比例），b 是资本产出比的倒数。式（2.26）可知储蓄率影响增长的程度。在"干中学"条件下，设定技术水平：

$$A(t) = BK(t)^{\Phi} (B>0; \Phi>0) \tag{2.27}$$

式（2.27）得出技术进步率：

$$A'(t) = B\Phi[K(t)]^{\Phi-1}K'(t) = B\Phi[K(t)]^{\Phi-1}sbK(t) \tag{2.28}$$

如下公式：

$$Y_{l3} = Y_3(t) + Y_3(t+1) = (1-s)bK(t) + b[K(t) + sbK(t)] \tag{2.29}$$

简化得出：

$$Y_{l3} = [(b^2-b)s + 2b]K(t) \tag{2.30}$$

式（2.30）表明，$K(t)$ 为 t 时刻企业的资本存量，视作定值。依据 s 的系数发现在 $b>1$ 的时候，要使 Y_{l3} 最大，则 s 应该为 1，即产出全部用作下一期的投资；当 $b<1$ 的时候，要使 Y_{l3} 最大，则 s 应该为 0，即下期生产不再追加资本投资。因此 b 的值会直接影响到最优储蓄率。我们假设 b 符合 $\mu=1$ 的正态分布函数。根据 b 取值的不同，s 取值也发生变化，用符号函数表示。

$$\begin{cases} s=0(b<1) \\ s=1(b>1) \end{cases}$$

由此，计算出最优储蓄率的期望值 S^*：

$$S^* = \int_{-\infty}^{+\infty} sf(b)db(0<S^*<1), \quad f(b) = \frac{1}{\delta\sqrt{2\pi}}e^{-\frac{(b-1)^2}{2\delta}} \tag{2.31}$$

其中，δ 为正态分布方差，可以根据实际情况设定。可以算出最优储蓄率条件下的资本增长比例，此时的 b 为均值 1，满足：

$$\frac{K'(t)}{K(t)} = S^* = \frac{Y'(t)}{Y(t)} \tag{2.32}$$

式（2.32）显示，产量的增长率等于资本增长率，同时知识的增加量是资本增加量的函数。

在模型中，我们引入变量政府设定增长率 $G(t)$ 表示储蓄率和目标增长率的关系。

$$S = S^* + \frac{S^* - G(t)}{G(t)} \tag{2.33}$$

当政府制定目标高于最优储蓄率下的产量增长率，企业一定程度上会增加资本投入，即储蓄率来提高未来产量。相反则会减少未来资本投入，降低储蓄率。将式（2.33）代入式（2.28），进一步得出技术进步与政府目标的关系：

$$A'(t) = B\Phi[K(t)]^{\Phi-1}K'(t)$$

$$= B\Phi[K(t)]^{\Phi-1}\left[S^* + \left(\frac{G(t)-S^*}{G(t)}\right)^{\theta}\right]bK(t)$$

$$= Mb[K(t)]^{\Phi}\left[S^* + \left(\frac{G(t)-S^*}{G(t)}\right)\right] (M = B\Phi) \tag{2.34}$$

其中，$K(t)$ 为 t 时刻企业的资本存量，视为已知常量，b 为资本产出比的倒数，可以根据实际测量。S^* 为已知最优储蓄率，M 为参数。模型简化为 $A'(t)$ 与 $G(t)$ 的函数。为了直观地刻画政府制定增长率目标对技术进步率的影响，我们画出对应图像，具体参数设定如下：

概率密度函数 $f(b) = \dfrac{1}{\delta\sqrt{2\pi}}e^{-\frac{(b-1)^2}{2\delta}}$ 中 $\delta = 1$，进而得到 $S^* = 0.5$。

此外，我们设定：$\phi = 1$，$b = 1$（t 时刻的资本产出比，可以根据数据得出，在这里假设为 1），$a = 0.5$（生产函数中资本对产量的贡献程度假设为 0.5），$L(t) = 1$（t 时刻的人力资本），$B = 1$（衡量研发成功概率的一个参数），$M = 1$（由 B 以及 ϕ 推出）。依据 $A'(t)$ 与 $G(t)$ 的关系，观察 $K(t)$（t 时刻的资本存量）为 0.5 和 1 时候的关系，如图 2.2 所示。

如前分析，我们得出命题 2-3：

命题 2-3：受资本投资带动技术进步的影响，地方经济增长目标会影响全要素生产率的变化，使经济增长目标的约束越"紧"（确保实现高增长率），则全要素生产率越可能落在比较低的区间。

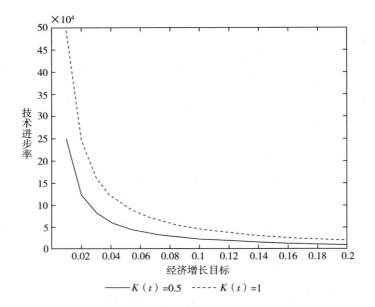

图 2.2　"干中学"条件下经济增长目标与技术进步率的变化关系

第三节　经济增长目标约束对全要素
生产率影响的经验分析

一　模型设定与变量选取

本部分基于城市经济增长目标设定的情况，检验其对全要素生产率的影响，结合上述三个命题，参考第一章经济增长目标的设定，得出计量回归模型如下：

命题 2-1 认为，越紧的经济增长目标约束（比如"确保达到某个增长率以上"），可能降低技术进步率。如果各级政府制定"层层加码"的经济增长目标，则技术进步率就落入"低区间"。本部分设置如下实证模型进行检验，其中 *FGDP* 代表经济增长目标约束性特征，这里采用了经济增长目标硬约束性特征（*FHGDP*）以及经济增长目标软约束性特征（*FS-GDP*）进行度量。

$$TFP_{it} = \alpha_0 + \alpha_1 FGDP_{it} + \lambda_j \sum_{j=1}^{n} Z_{jit} + \mu_i + \delta_t + \varepsilon_{it} \qquad (2.35)$$

命题 2-2 认为，各级政府制定"层层加码"的增长目标并不断"推高"，则技术进步率可能进一步落入"下降区间"。本部分设置如下实证模型进行检验，其中 CPGDP（地级市经济增长目标与所在省份经济增长目标的差额）用于度量经济目标"层层加码"现象。

$$TFP_{it} = \alpha_0 + \alpha_1 CPGDP_{it} + \lambda_j \sum_{j=1}^{n} Z_{jit} + \mu_i + \delta_t + \varepsilon_{it} \qquad (2.36)$$

命题 2-2 认为，受资本投资带动技术进步的影响，地方经济增长目标会影响全要素生产率的变化。本部分设置了如下实证模型进行检验，CTGDP（经济增长实际完成值与目标值的差额）表示经济增长目标完成情况。

$$TFP_{it} = \alpha_0 + \alpha_1 CTGDP_{it} + \lambda_j \sum_{j=1}^{n} Z_{jit} + \mu_i + \delta_t + \varepsilon_{it} \qquad (2.37)$$

其中，i 表示城市，t 表示年份。TFP 代表全要素生产率。Z 代表其他一些控制变量集合。μ 表示各个省不随时间变化的未观察因素，用来控制地区固定效应；δ 则控制时间固定效应；ε 表示随机扰动项。

本部分利用 2002—2014 年中国 230 个地级市的数据样本，参考各地级市政府网站的政府工作报告、地方年鉴以及公开网站。就控制变量而言，国内外针对技术进步（TFP）影响因素的研究主要有三个角度：一是从制度环境和政府行为角度（范子英、张军，2009）；二是从创新基础设施角度（Porter and Stern，2002；刘秉镰等，2010）；三是从创新模式角度（余泳泽、张先轸，2015）。由于城市层面缺少 R&D 指标，本部分选择教育科技投入占 GDP 比重。从制度环境和政府行为角度，本部分考虑到财政自主权度量制度因素，选择一般预算内财政收入占预算内财政支出的比重。此外，本部分还考虑了人均 GDP、城市的产业结构等控制变量，用以控制经济发展程度、产业结构变化对全要素生产率的影响。具体的变量的描述性统计如表 2.1 所示。

表 2.1　　　　　　　　　　模型变量统计性描述

	变量符号	变量名称	处理方法	均值	最大值	最小值
因变量	TFP_i	城市全要素生产率（%）	SFA	1.632	35.210	−59.426
自变量	FHGDP	经济增长目标硬约束性特征	当经济增长目标用语中出现"之上""确保""力争"等词汇时，设为1。当采用其他用词时设定为0	0.234	1	0

	变量符号	变量名称	处理方法	均值	最大值	最小值
自变量	*FSGDP*	经济增长目标软约束性特征	当经济增长目标用语中"左右""上下"和区间等词汇时，设为1。当采用其他用词时设定为0	0.110	1	0
	CTGDP	经济增长目标实际完成情况（%）	经济增长实际值与目标值的差额	0.694	14.90	−14.64
	CPGDP	市级经济增长目标与所在省份差距（%）	市级经济增长目标与所在省份差额	1.978	15	−7.1
控制变量	*FDI*	外商投资（%）	外商投资工业企业总产值/地区工业总产值	0.910	32.741	0.000
	R&D	教育科技投入（%）	教育科技投入占GDP比重	3.271	11.587	0.323
	FD	财政自主权	财政预算内收入/财政预算内支出	0.547	1.739	0.055
	AGDP	人均GDP（对数）	人均GDP	11.333	13.965	4.595
	Industry	产业结构（%）	第二产业比重	48.261	89.700	14.990

二　经验分析的基本回归结果与讨论

表2.2显示，在经济增长目标中使用"之上""确保""力争"等硬约束词汇时，地级市的全要素生产率水平低下，且系数通过15%的显著性检验，这在一定程度上体现采取经济增长目标硬约束不利于全要素生产率的提升。原因如下：在"GDP锦标赛制"的短期目标硬约束下，重复建设和政绩工程等会降低经济效率。甚者，考虑到本地财政收入，地方政府会限制资源和产品的充分流动，而采取市场分割是一个理性的选择（陆铭等，2004）。

（一）经济增长目标约束性特征对全要素生产率的影响结果

表2.2　　　　经济增长目标约束性特征对全要素生产率的影响结果

	（1）	（2）	（3）	（4）	（5）
FHGDP	$-0.567^{\#}$ （-1.520）	$-0.621^{\#}$ （-1.618）			$-0.281^{\#}$ （-1.494）
FSGDP			1.945^{***} （2.683）	2.116^{***} （2.910）	2.035^{***} （2.730）
FD		3.427 （1.296）		3.372 （1.277）	3.351 （1.269）
AGDP		0.462^{**} （1.994）		0.469^{**} （2.025）	0.472^{**} （2.036）
$AGDP^2$		-0.010 （-1.568）		-0.010 （-1.560）	-0.011 （-1.574）
Industry		0.108^{**} （2.064）		0.117^{**} （2.236）	0.118^{**} （2.246）
FDI		0.695^{**} （2.035）		0.681^{**} （1.994）	0.680^{**} （1.992）
R&D		-0.025 （-0.168）		-0.044 （-0.297）	-0.044 （-0.297）
地区固定	YES	YES	YES	YES	YES
时间固定	YES	YES	YES	YES	YES
Observations	2990	2990	2990	2990	2990
R-squared	0.063	0.069	0.065	0.071	0.071
Number of id	230	230	230	230	230

注：***、**、*分别代表在1%、5%和10%的显著性水平下通过了系数显著性检验，#通过了15%的显著性检验。括号内为t值，下同。

（二）经济增长目标"层层加码"对全要素生产率的影响结果

表2.3显示地级市经济增长目标与省级增长目标整体上差距越大，其对全要素生产率产生抑制作用，但影响不明显。2002—2005年地级市经济增长目标平均高于所在省份经济增长目标，而在2005年以后则平均高于所在省份经济增长目标达2.3%左右。所以，依托2005年的时间节点，将2006—2014年经济增长目标"层层加码"现象对全要素生产率的影响进行计量回归。实证发现地级市和所在省份经济增长目标偏向性越大，城市的全要素生产率水平也就越低，在5%的检验水平下显著为负。表明在经

济增长目标的设定过程中，地方与上一级政府讨价还价的空间越小，越有可能制定一个较高的经济增长目标，而这种经济增长目标往往与实际情况相违背。

表 2.3   经济增长目标"层层加码"对全要素生产率的影响结果

变量	（1） 2002—2014 年	（2） 2002—2014 年	（3） 2006—2014 年	（4） 2006—2014 年
CPGDP	−0.087 （−0.289）	−0.057 （−0.185）	−0.587 ** （−2.189）	−0.661 ** （−2.435）
FD		3.643 （1.368）		0.926 （0.331）
AGDP		0.430 * （1.833）		0.107 （0.417）
AGDP^2		−0.010 （−1.431）		−0.002 （−0.211）
Industry		0.093 * （1.700）		−0.135 ** （−2.149）
FDI		0.719 ** （2.095）		0.337 （0.611）
R&D		−0.023 （−0.157）		−0.087 （−0.844）
地区固定	YES	YES	YES	YES
时间固定	YES	YES	YES	YES
Observations	2990	2990	1840	1840
R−squared	0.063	0.069	0.094	0.098

（三）经济增长目标完成情况对全要素生产率的影响结果

表 2.4 显示经济增长目标实际超额完成情况与全要素生产率的关系不大，但当对经济增长目标设置软约束时，经济增长目标软约束变量与实际完成差值的交互项在 5% 的检验水平下显著为正。如果对经济增长采取硬约束时，其对经济效率的影响不仅不显著，甚至出现负影响。原因在于城市对经济增长目标设定"留有余地"时，其对地方政府行为的约束性就较弱，政府更加致力于对民生和效率的关注，从而可能会导致经济的高效率。

表 2.4 　　　　　经济增长目标完成情况对全要素生产率的影响结果

变量	（1）	（2）	（3）	（4）	（5）	（6）
CTGDP	0.081 （0.809）	0.084 （0.777）				
FHGDP×CTGDP			−0.066 （−0.400）	−0.074 （−0.450）		
FSGDP×CTGDP					0.197* （1.794）	0.235** （2.028）
FD		3.653 （0.966）		3.496 （1.322）		0.447 （0.262）
AGDP		0.461* （1.694）		0.456** （1.968）		0.171 （0.649）
$AGDP^2$		−0.010 （−1.589）		−0.010 （−1.539）		−0.003 （−0.451）
Industry		0.101 （0.871）		0.106** （2.028）		−0.097 （−1.386）
FDI		0.703** （2.117）		0.698** （2.042）		0.472 （0.399）
R&D		−0.024 （−0.931）		−0.023 （−0.153）		−0.086 （−1.288）
地区固定	YES	YES	YES	YES	YES	YES
时间固定	YES	YES	YES	YES	YES	YES
Observations	2990	2990	2990	2990	2990	2990
R−squared	0.063	0.069	0.063	0.068	0.091	0.093

（四）经济增长目标对全要素生产率各组成部分的影响

表 2.5 显示经济目标硬约束对全要素生产率中的技术效率（TE）产生抑制作用，对于技术进步和规模效率的影响却不够明显。相反，经济目标软约束对全要素生产率的正向作用更多地体现在技术进步（TP）和技术效率（TE）上。表明经济目标硬约束注重"急功近利"，有损于整体经济技术效率的提升。而经济目标软约束更多地考虑投入产出关系和长期投入，强调效率的经济投入可以有效提升技术效率，进一步提升全要素生产率。

表 2.5　　　　　　　经济增长目标约束性特征对全要素生产率
组成部分的影响结果

变量	SE		TP		TE	
FHGDP	0.099 (0.911)	0.087 (0.827)	−0.004 (−0.357)	−0.007 (−0.957)	−0.350[#] (−1.586)	−0.375[#] (−1.630)
FSGDP	−0.125 (−0.889)	−0.099 (−0.715)	0.040*** (2.904)	0.024** (2.456)	1.959** (2.512)	2.110*** (2.706)
控制变量	NO	YES	NO	YES	NO	YES
地区固定	YES	YES	YES	YES	YES	YES
时间固定	YES	YES	YES	YES	YES	YES
Observations	2990	2990	2990	2990	2990	2990
R-squared	0.042	0.094	0.970	0.986	0.032	0.043

表 2.6 显示，地级市经济增长目标与省级增长目标差距越大，全要素生产率中的规模效率（*SE*）、技术进步（*TP*）和技术效率（*TE*）就越低。实证发现 2005 年以后，经济增长目标"层层加码"对全要素生产率产生抑制作用更加严重。

表 2.6　　　　　　经济增长目标"层层加码"对全要素生产率
各组成部分的影响结果

变量	*SE* 2002— 2014 年	*SE* 2006— 2014 年	*TP* 2002— 2014 年	*TP* 2006— 2014 年	*TE* 2002— 2014 年	*TE* 2006— 2014 年
CPGDP	−0.120 (−1.572)	−0.301*** (−5.317)	−0.006 (−1.396)	−0.008* (−1.693)	0.249 (0.771)	−0.533* (−1.728)
控制变量	NO	YES	NO	YES	NO	YES
地区固定	YES	YES	YES	YES	YES	YES
时间固定	YES	YES	YES	YES	YES	YES
Observations	2990	1840	2990	1840	2990	1840
R-squared	0.112	0.124	0.986	0.968	0.040	0.065

（五）东中西部差异性讨论

考虑到中国地区间城市的经济发展存在较大差异，使经济增长目标的制定策略与约束特征不同，从而政府工作人员在晋升压力与晋升动力方面相去甚远。表2.7显示，相比于中西部，东部地区经济增长目标硬约束严重阻碍了全要素生产率的提升，而中西部地区经济增长软约束显著影响全要素生产率水平。

表2.7 分地区经济增长目标约束特征对全要素生产率的影响结果

变量	东部城市			中西部城市		
	（1）	（2）	（3）	（4）	（5）	（6）
FHGDP	−0.799* (−1.678)		−0.768 (−1.579)	−0.357 (−0.421)		0.072 (0.083)
FSGDP		0.352 (0.643)	0.172 (0.308)		2.705** (2.251)	2.728** (2.211)
控制变量	YES	YES	YES	YES	YES	YES
地区固定	YES	YES	YES	YES	YES	YES
时间固定	YES	YES	YES	YES	YES	YES
Observations	1274	1274	1274	1716	1716	1716
R-squared	0.111	0.109	0.111	0.085	0.088	0.088

表2.8显示，2006年以后中西部地区经济增长目标"层层加码"更加严重，全要素生产率损失巨大，估计系数在5%的检验水平下显著为负。

表2.8 分地区经济增长目标"层层加码"对全要素生产率的影响结果

变量	东部城市		中西部城市	
	2002—2014年	2006—2014年	2002—2014年	2006—2014年
CPGDP	0.352 (1.231)	−0.361 (−1.626)	−0.792 (−1.574)	−0.856** (−2.396)
控制变量	YES	YES	YES	YES
地区固定	YES	YES	YES	YES
时间固定	YES	YES	YES	YES
R-squared	0.110	0.094	0.087	0.120
Number of id	98	98	132	132

表2.9显示，东部地区经济增长目标完成情况越好，其全要素生产率水平越高，但是当硬约束制定经济增长目标后，经济增长目标超额完成不利于提升全要素生产率。以上情况在中西部地区并不明显。

表 2.9   分地区经济增长目标完成情况对全要素生产率的影响结果

变量	东部城市			中西部城市		
	（1）	（2）	（3）	（4）	（5）	（6）
CTGDP	0.264***			0.225		
	(3.284)			(1.126)		
FHGDP×CTGDP		-0.346**			0.014	
		(-2.201)			(0.058)	
FSGDP×CTGDP			0.208			-0.146
			(1.051)			(-0.430)
控制变量	YES	YES	YES	YES	YES	YES
地区固定	YES	YES	YES	YES	YES	YES
时间固定	YES	YES	YES	YES	YES	YES
Observations	1274	1274	1274	1716	1716	1716
R-squared	0.117	0.113	0.110	0.085	0.085	0.085

（六）内生性问题探讨

由于中国存在独特的"标尺竞争"现象以及经济系统变量内部受到空间外溢的影响，部分学者考虑采用邻近区域的均值作为工具变量（郑世林等，2014）。一方面，邻近地区的经济系统变量的变化借助"传染（或竞争）效应"和"外溢效应"影响本地区的经济系统变量，符合相关性要求。另一方面，本部分还在回归模型中引入地级市所在省份的地级市数量。有关处理及合理性如下：

（1）选择省份的地级市数量作为工具变量。当所在省份的地级市数量越多，地级市 GDP 竞赛越激烈，从而导致对经济增长目标的竞争压力越大，越有可能产生经济增长目标的"层层加码"现象。同时，就排他性而言，各省份地级市数量短期内固定不变。同时，为了固定时间效应，选择构造所在省份地级市数量（与个体变化有关）与未来两年国家经济增长目标的均值（与时间有关）的交互项，作为地级市经济增长目标"层层加码"的工具变量。

（2）选择地级市所在省份的均值作为工具变量。基于"层层加码"的经济增长指标，选择了剔除样本城市的目标差额均值。由于地级市所在省份经济增长目标完成均值和地级市经济增长目标完成情况密切相关，但是地级市的全要素生产率与所在省份经济增长目标完成额的均值相关性不大。因此，在经济增长目标完成情况中，剔除样本地级市本身所在省份经济增长目标完成情况均值。

表 2.10 的回归结果显示，一方面，模型中 Durbin-Wu-Hausman（简称 DWH）的检验结果均在 1% 的显著水平下拒绝了原假设。另一方面，在第一阶段的 Kleibergen-Paap rk Wald F（简称 RKF 检验）统计量明显大于 Stock 和 Yogo（2002）审定的 F 值，说明不存在弱工具变量问题。

表 2.10　　　　　　　　　　　工具变量结果

变量	（1）	（2）	（3）	（4）	（5）	（6）
方法	固定效应	IV	固定效应	IV	固定效应	IV
$FHGDP \times CTGDP$	-0.063 (-0.401)	-0.208 (-0.550)				
$FSGDP \times CTGDP$			0.190* (1.709)	2.220* (1.810)		
$CPGDP$					-0.660** (-2.412)	-0.997* (-1.909)
控制变量	YES	YES	YES	YES	YES	YES
地区固定	YES	YES	YES	YES	YES	YES
时间固定	YES	YES	YES	YES	YES	YES
RKF 检验		89.327		151.965		271.765
DWH Chi²/值 （p-value）		97.04 (0.000)		100.07 (0.000)		187.30 (0.000)
Sargan statistic （p-value）		0.226		0.179		0.317
Observations	2990	2990	2990	2990	1840	1840
R-squared	0.062	0.068	0.092	0.035	0.094	0.098
Number of id	230	230	230	230	230	230

工具变量回归结果显示当经济增长目标"层层加码"越严重，全要素生产率水平就越低，并且估计系数在 10% 的检验水平下显著为负，略大于不采用工具变量的结果。同时，如果经济增长目标采取软约束时，实际完成情况越好会进一步提升全要素生产率。工具变量的回归结果显示经济增长目标软约束变量与实际完成差值的交互项系数在 10% 的检验水平下显著性为正，大于不采用工具结果。表明当一个城市设置了"左右""上下"或者"区间"等具有软约束特征的经济增长目标，其经济效率也相

对较好。

三　经济增长目标约束对全要素生产率影响的内在机制检验

本部分将具体检验本章第二节所论述的五个内在机制。其中的替代变量如下：①投资潮涌（*IF*）。选择分城市的 2002—2014 年消除价格指数的固定资产投资实际增长率与全国各年固定资产投资实际增长率的比重来表示潮涌现象。②投资结构（*reality*）。作为城市固定资产投资中最为重要的组成部分，房地产投资也是影响投资结构的重要变量。本部分选择房地产投资占固定资产投资比重进行度量。③公共支出结构（*scedu*）。本部分选择城市财政预算支出中的教育和科技支出比重测度公共支出结构。④产业结构升级钝化。借鉴干春晖等（2011）的做法，利用第三产业与第二产业产值之比来测度产业结构高级化（*service*），同时利用生产性服务业从业人员占服务业从业人员比重来衡量服务业高质量发展（*proser*）。⑤企业间资源配置效率（*alloeff*）。参考 *Olley* 和 *Pakes*（1992）提出的企业间资源配置效率方法，城市 c 行业 j 按企业要素份额进行加权的生产率 Ω_{cj} 分解如下：

$$\Omega_{cj} = \sum_i \theta_{cji}\omega_{cji} = \overline{\omega_{cj}} + \sum_i (\theta_{cji} - \overline{\theta_{cj}})(\omega_{cji} - \overline{\omega_{cj}})$$

其中，ω_{cji} 是企业 i 的生产率，θ_{cji} 是企业 i 在城市 c 产业 j 中所占的要素份额，$\overline{\omega_{cj}}$ 代表城市 c 行业 j 内各个企业的简单平均生产率，$\overline{\theta_{cj}}$ 代表城市 c 行业 j 内各个企业的简单平均要素份额。上式中的第一项反映了城市 j 行业平均生产率，第二项是企业要素份额和生产率之间协方差（OP 协方差）。借鉴 Bartelsman 等（2013）的研究，它反映了城市中各行业内企业间的资源配置效率。依据 2003—2007 年中国工业企业数据库的数据，可以计算得到本部分城市—行业层面的资源配置效率指标 Y_{cj}：

$$Y_{cj} = \sum_i (\theta_{cji} - \overline{\theta_{cj}})(\omega_{cji} - \overline{\omega_{cj}})$$

基于此，我们得到度量各城市企业间资源配置效率的指标 Y_c，$Y_c = \sum_j \phi_{cj}Y_{cj}$，其中，权重 ϕ_{cj} 是城市 c 行业 j 员工人数占 c 城市所有工业企业员工总人数的比重。

表 2.11 显示，首先地级市经济增长目标与所在省份经济增长目标的差额变量会出现投资潮涌现象，且 *IF* 指标系数在 1% 的检验水平下显著为正，同时经济目标"层层加码"也会提高房地产投资比重，但不利于教育、科技等长期公共投资，*scedu* 估计系数显著为负。此外，经济增长目标"层层加码"会导致产业结构升级钝化、抑制技术创新，并且还会导致

企业间资源要素错配，进而不利于城市整体全要素生产率的提升，其估计系数分别在1%和5%的检验水平下显著为负。

表 2.11　　　　　　　　经济增长目标"层层加码"对全要素
生产率影响的中间机制检验

变量	IF	reality	scedu	service	proser	alloeff
CPGDP	0.221***	0.001	-0.251***	-0.006**	-0.002***	-0.018***
	(3.069)	(0.013)	(-4.404)	(-2.001)	(-2.110)	(-2.978)
控制变量	YES	YES	YES	YES	YES	YES
地区固定	YES	YES	YES	YES	YES	YES
时间固定	YES	YES	YES	YES	YES	YES
Observations	2990	2990	2990	2990	2985	1346
R-squared	0.107	0.174	0.274	0.296	0.360	0.029
Number of id	230	230	230	230	230	230

表 2.12 结果显示，软约束目标一定程度上有利于地方技术创新，回归系数在5%的检验水平下显著为正，同时经济增长目标软约束有利于产业结构升级，且分别在5%和10%的检验水平下显著为正。经济增长目标软约束在一定程度上促进企业间资源配置，系数在5%的检验水平下显著为正。这表明经济增长目标软约束通过提升产业高级化水平以及改善企业间资源配置效率进而有利于全要素生产率提升。

表 2.12　　　　　　　　经济增长目标约束性特征对全要素
生产率影响的中间机制检验

变量	IF	reality	scedu	service	proser	alloeff
HCGDP	0.411	0.020	-0.090	0.002	0.001	0.008
	(1.087)	(0.087)	(0.476)	(0.345)	(1.087)	(0.421)
SCGDP	0.570**	-0.162	0.172	0.013*	0.004**	0.019**
	(2.211)	(-0.484)	(0.705)	(1.857)	(2.012)	(2.375)
控制变量	YES	YES	YES	YES	YES	YES
地区固定	YES	YES	YES	YES	YES	YES
时间固定	YES	YES	YES	YES	YES	YES
Observations	2990	2990	2990	2990	2985	1346

变量	IF	reality	scedu	service	proser	alloeff
R-squared	0.105	0.174	0.264	0.295	0.354	0.026
Number of id	230	230	230	230	230	230

表 2.13   中间变量与 TFP 回归结果

	TFP	TFP	TFP	TFP	TFP
IF	-0.001^{**} (-2.226)				-0.001^{**} (-1.910)
reality		-0.060^{*} (-1.806)			-0.062^{*} (-1.706)
scedu			0.027 (0.690)		0.025 (0.578)
service				0.253^{*} (1.774)	0.201 (1.652)
proser				0.012^{**} (2.214)	0.014^{*} (1.822)
控制变量	YES	YES	YES	YES	YES
地区固定	YES	YES	YES	YES	YES
时间固定	YES	YES	YES	YES	YES
R^2	0.050	0.051	0.047	0.047	0.048
Observations	2990	2990	2990	2985	2985

第四节　主要结论与政策启示

本章将经济效率嵌入地方经济增长目标的制定中，基于理论模型分析地方经济增长目标制定与经济效率的因果关系，选择中国 230 个地级市的经济增长目标数据，检验地方经济增长目标制定对全要素生产率的影响。结果显示：

（1）当采用"之上""确保""力争"等硬约束词汇描述经济增长时，地级市的全要素生产率水平低下。同时，当采用"左右""上下"和区间等软约束词汇时，地级市的全要素生产率水平较高。在抑制作用上，经济目标硬约束对全要素生产率的作用主要体现在技术效率（TE）上，然而正向作用更多地体现在技术进步（TP）和技术效率（TE）上。

（2）经济增长目标的"层层加码"不利于全要素生产率的提升，这种阻碍作用在 2006 年后显著恶化。如果一个地级市的经济增长目标离所在省份经济增长目标越大，那么其全要素生产率水平也就越低。从影响结果的角度来看，当地级市和省级的经济增长目标差距越大，无论是全要素生产率中的规模效率（SE）还是技术进步（TP）和技术效率（TE）都会越低。

（3）从经济增长目标完成情况对全要素生产率的影响结果来看，虽然最终的影响效果不够明显，但是当地级市采取软约束方式，其经济增长目标实际完成的情况则会更好，并且全要素生产率会进一步提升。这突出强调在城市采取了"左右"、"上下"或者"区间"等具有软约束特征的方式时，能较好地完成设定的经济增长目标的效率。

基于以上研究结论，提出如下政策启示：

（1）因地制宜发展经济，平衡增长目标约束与 TFP 的关系。首先，中国政府在制定经济增长目标约束时，不应一味追求高 GDP 增速，而是要结合中国经济发展的特定阶段和不同地区，以防经济增长目标过高不利于提升全要素生产率。其次，当地政府应依据中央政府的目标，科学制定符合地方发展的经济增长目标，避免出现非理性"加码"。最后，政府工作人员考核机制中应适当弱化 GDP 指标的权重，建立多元化政府工作人员考核体系，依托地方发展实际和特色优势，构建新时代政府工作人员考核体制。

（2）深入探究经济增长目标，拓展 TFP 提升的多维途径。在新的历史时期，政府需要做到以下几点：第一，加大对教育和科技等方面的投入，努力提高人力资本水平和科技创新水平；第二，坚持以发展高端产业和新兴产业为主，全面提高产业结构的水平；第三，使用集约化土地，减少对土地财政产生过高依赖，注重环境保护的同时大力建设基础设施。

（3）完善经济增长目标的约束机制，进一步推动全要素高质量发展水平。首先，要着重弱化地方经济增长目标对政府工作人员的硬约束，使地方政府能将关注点从经济发展规模转移到营商环境、自然环境、社会福利等高质量发展要素上来。其次，需要着重扭转部分地方政府过往的以 GDP 总量为工作重心的偏向，强化有利于创新驱动的战略转移，将企业乃至地区的全要素生产率产出绩效作为一个更为重要的考核指标，从体制上给予

"唯 GDP"的干预政策和行为一定的政治代价。最后，对经济增长目标的完成，应更关注有利于生产要素有效流动的"软"制度环境建设和完善，以更好地推动产业结构优化，从而在提高经济增长目标管理的科学性和有效性时，提升地级市的全要素生产率。

第三章 经济增长目标约束对产业转型升级的影响研究

在经历高速增长"奇迹"之后，中国经济所面临的"结构性矛盾"正愈加突出。国际贸易摩擦的不确定性冲击、实体经济资源配置效益降低和生产能力过剩等问题亟待解决，我国制造业产品技术创新能力不足、缺乏国际竞争力的缺陷越发显著。一方面，制造业被压制，大部分出口商品缺乏竞争力（Fontagné，2008；施炳展，2010；汪建新等，2015）。由于各项反映国民经济发展的指标不断降低，中国经济发展的焦点必然要从粗放式发展向高质量发展转变，要求产业转型升级。另一方面，由于长期资源错配导致的产业间的结构失衡，进一步导致了实体经济产能过剩、"僵尸企业"长期"僵而不倒"，资源配置效率低下等问题日益严峻。为此，改革开放40多年来，中国经济发展一直存在"经济高速增长与产业发展质量低端锁定长期并存"的现实困境。随着经济下行压力的加大，经济发展的重心势必要从粗放式增长向追求提质增效转移。产业转型升级这一路径对环境保护和经济高质量发展有重要意义（金碚，2018）。由此可见，在积极推进供给侧改革的大背景下，推动产业高质量发展无疑是中国当前经济增长动能转换的关键措施。因此，本书提出了如下问题：在中国传统的"为增长而竞争"的格局下，背离地区潜在增长率设定的经济增长目标如何影响地方政府的资源配置行为，进而影响产业的高质量发展？在促进高质量产业发展的过程中，地方政府应该如何应对经济增长目标的制约？本章重点在理论和实证上探讨经济增长如何影响产业高质量发展。

第一节 中国产业高质量发展的现实困境与外在约束

一 改革开放以来中国产业发展取得的成就

在农业方面，我国由原先粗放式生产转变为如今较高水平的集约化生产，其中科技发挥了重要作用。乡镇企业成为农业发展的一支重要力量，农产品加工业蓬勃发展，农村劳动力有条不紊地向大中小城市转移。在工业方面，我国现代工业体系已经全面形成，中国正逐渐发展成为全球第一大制造国。在服务业方面，在 2001 年加入世界贸易组织后，我国逐步放开了大部分服务业外贸准入限制，服务业获得了快速增长，逐步发展成为第一大产业和经济增长的主要动力，对稳就业也做出了突出贡献。

二　中国产业高质量发展的现实困境

改革开放以来，中国的工业化进程高速推进，从起飞阶段走向成熟期，但"大而不强"一直是我国最基本的经济国情。各种产业高速发展带来的负面问题也日渐凸显，传统增长方式成为阻碍我国当前产业高质量发展的重要原因。本章从供给、需求和制度三个层面入手，根据我国当前产业发展的现状，总结并剖析了产业高质量发展面临的现实困境与原因。

（一）产业高质量发展要素供给层面的现实与困境

已有的经济理论指出，自然资源和土地、资本、劳动力、创新以及制度是支持经济和产业发展的主要要素。在经济体进入中等收入之后，创新和制度的贡献将超越其他三项，成为发展的关键（贾康、苏京春，2016）。中国的产业发展在经历了改革开放的 40 多年后实现了深厚的底蕴积累，但直到现如今依然没有摆脱数量型增长方式，要素面临着明显的供给约束与错配，主要表现出以下问题。

1. 创新驱动尚未成为产业发展新动能

新增长理论在模型中加入内生技术进步以解释经济的增长。随着要素成本的上升，依赖低成本要素驱动难以为继，依靠引进和模仿的技术发展模式在发达国家的控制与壁垒下难以实现关键领域的突破。因此，创新作为产业发展的新动能，在推动产业转型的过程中越发重要。但我国在寻求新旧动能转化过程中尚未顺利发挥创新驱动对产业发展的主要助推作用，主要表现在以下问题。

第一，中国自主创新能力不足，企业基础研究薄弱难以支撑产业共性技术突破。首先，中国大多数产业的关键技术都源于成熟经济体的技术扩散，而模仿创新的最大问题在于极少企业做到真正吸收前沿和核心技术，反而常常被发达国家与世界上主要跨国公司"卡脖子"。其次，虽然我国的基础研究在"十三五"时期取得了一定成就，但在规模和结构上仍存在不足。从投入规模来看，基础研究投入不到美国的 1/3；从投入强度来看，"十三五"时期中央财政对基础研究经费投入仅占我国 GDP 的 0.1% 左右，而创新型发达国家则多为 0.3%—0.5%；基础研究投入比例一直滞后于发达国家的投入比例（张先恩等，2017）。基础研究投入大、周期久、风险高的特征导致企业更愿意投资符合市场需求的"短平快"应用型研究，基础研究则严重依赖高校和科研院所等公共部门，但是这些部门内部科研活动的整体投入结构也倾向于应用研究。

第二，创新效率低下，科学技术成果难以转化成产品的实际竞争力。我国科技"大而不强"问题依然突出，2018 年我国第三方专利数量占世界的 9.3%，仅次于日本和美国，2020 年十年国际科技论文累计数量和被引用次数上升到全球第二位。但 SCI 论文平均每篇被引次数远不及一些科技强国。我国发明专利严重脱离市场，科技成果和实体经济"两层皮"以及企业、高校和科研机构未能有效协同（刘英基等，2015）等问题，使大部分专利沉睡，科研成果无法再转化成实际竞争优势，造成社会资源的浪费。

第三，价值链中低端锁定，国际分工地位提高任重道远。全球化背景下，生产碎片化和贸易整合化的特征日益突出，中国借低成本优势和"入世"的东风从全球价值链的中低端开始嵌入。而随着全球分工体系更加细化和价值链增值环节的逐渐增多，占据了价值链关键位置的经济体掌握了产业竞争优势（费洪平，2017）。但由于中国"高 GVC 参与"和"低GVC 地位"问题并存，产业发展深受"低端锁定效应"的影响。与欧美等制造强国相比，中国无论是在产品质量、生产效率还是附加值方面都存在很大差距。同时，我国制造业大部分采用原始设备制造商模式，在创新、科技和资本等方面缺乏比较优势，加工制造为主的生产使产业被俘获在"微笑曲线"所描述的低附加值、高污染排放的中间环节（郭俊华等，2018）。凭借技术引进发展起来的产业在核心环节依赖进口并受制于人，向高端价值链环节攀升时一旦触及发达国家的核心利益，就会遭遇重重阻碍与限制，带来"低端锁定"风险（周勤、周绍东，2009）。处于价值链的边缘位置不利于中国在新一轮科技和产业革命中把握主动权和控制权。

2. 资本要素错配制约实体经济和创新型产业发展

资本是支撑产业发展的重要因素，可以分为货币资本和实物资本。货币资本由资金、股票、债券等组成，实物资本包括厂房、设备、原材料等。现阶段我国产业发展过程中，存在明显的资本错配、金融市场不完善和"脱实向虚"问题。

第一，资本要素错配抑制自主创新。考虑到投资的风险与回报，银行等金融机构在投资的选择上违背创新驱动的需要。创新型企业和最具活力的中小微企业缺乏足够的资金支持，投融资在实体经济升级中"缺位"，想要落实创新驱动发展战略和创新创业的融资约束问题仍然突出（楚明钦，2016）。资本要素从工业产业转向了利润更高、回报更快的金融市场。同时，实体经济内部的投资领域存在低端行业严重过剩而高端产业投资由于关键技术滞后而严重不足的问题，阻碍了产业结构的优化升级。

第二，资本市场发展不完善降低资源配置效率。我国以间接融资模式为主，没有形成多层次资本市场的直接融资体系，中小型企业受到融资约束和上市门槛的影响，无法快速有效地获得足够的资金支持。资本市场的信息披露机制不健全，内幕交易、虚假信息、股价操纵等现象使投资者的利益难以得到有效的保护。金融系统的垄断、行业进入的高门槛以及市场化改革的滞后，降低了资源配置效率，导致产业发展出现较大程度的资本配置扭曲，进而使全要素生产率下降（王林辉、袁礼，2014）。

第三，"脱实向虚"使资本过多流向虚拟市场。货币资金过多用于"僵尸企业"、偿还地方政府投融资平台的债务等方面，虚拟经济泡沫化进一步推高了房地产市场（刘志彪，2015）。部分实体企业在经济下行压力和虚拟经济泡沫的吸引下，放弃了在实体经济活动中的深钻，反而选择进入金融和房地产等泡沫经济领域获取短期的高额利润。

3. 人力资本的结构性矛盾制约产业新旧动能转换

劳动力是产业发展的重要生产要素，我国长期依赖廉价劳动力的比较优势，凭借出口外需和规模扩张拉动加工制造业飞速发展。但作为人口大国，我国却出现人口红利下降、人力资本积累不足与错配等问题，成为现阶段产业发展新旧动能转换的重要制约因素。

第一，人口红利逐渐减弱，用工成本优势消失。改革开放以来，我国廉价的劳动力带来的人口红利为"中国制造"和"世界工厂"的打造做出了巨大贡献。但2011年前后，"刘易斯拐点"已经出现，计划生育政策带来的生育率下降使我国的劳动年龄人口于2012年首次出现了绝对值的减少（贾康和苏京春，2016）。劳动力有效供给的减少、成本的上升以及"未富先老"的现状不足以支撑长久以来占主要地位的劳动力密集型产业继续维持其低成本优势。各地频繁出现民工荒、招工难和工资水平上升的情况，制约我国传统制造业的发展。

第二，高素质人才缺失与错配，结构性问题严重抑制产业发展和创新。现阶段，我国正致力于将产业发展模式从以出口导向的加工制造业向资本和技术密集型转变，更加重视人才质量对产业发展的带动作用，相应地会增加高素质人才的需求（楚明钦，2016）。一方面，高素质人才供给总量不足。我国大学（大专及以上）人数占 15.5%，劳动力受教育水平仍然偏低，高素质人才积累不足已经成为制约产业转型的关键因素。同时，在化解制造业产能过剩的过程中，结构性失业的增加加剧了劳动力要素的供需矛盾。加之受到经济下行压力和新冠肺炎疫情的冲击，人力资源需求呈现下降趋势，低素质劳动力就业困难问题亟待解决。另一方面，我国人力资本在部门间存在严重的错配问题。同时存在"塔尖"领军大师和"塔基"技能人才的双重缺失，创新型和高素质人才供给不足，人力资源的供需错配满足不了从制造大国向制造强国转变过程中所需要的人才支撑。《制造业人才发展规划指南》预计 2025 年，我国制造业十大重点领域的人才缺口率将接近 50%。研发人员在行业间也存在错配，电子计算机和制药行业研发人员占劳动力的 4.66% 和 2.67%，是占比最高的技术产业，但同时期美国相应比重为 11.37% 和 13.23%，制造业研发人员更是不足美国的 1/6，科技创新人才供应不足（李静等，2017）。虚拟经济和金融行业的发展带来的人才错配问题成为制约实体经济发展的又一大障碍，大量高素质人才进入经济和管理等专业学习而非在基础研究领域深造，而具有创新潜力的毕业生受到薪酬激励选择进入高收入金融行业就业。这种低效率人才配置带来的创新动力不足抑制了中国产业发展方式转变和结构调整。

4. 土地要素错配和自然资源制约提高产业发展成本

土地是产业活动的载体，而产业发展必然伴随大量的资源消耗。产业发展必须付出更高的代价获得经济活动所需的土地和资源，提高产业发展成本（石奇，2010）。

一方面，土地制度"僵化"和土地错配造成土地投入的有偏和资源配置效率的低下。农村土地和城市土地不能自由流转，临近城市的农村土地的征用没有按照市场化程序进行招标拍卖，征地拆迁补偿成本抬升造成的一系列问题制约了富余土地向工业用地转变。同时，土地资源配置扭曲严重阻碍了产业结构的转型升级，土地错配问题的根源在于政府主导的土地供给策略（李勇刚和罗海艳，2017）。地方政府为了获得更多的土地财政，过多将土地投向房地产市场，造成房价虚高和房地产泡沫；或出于增加地区生产总值的晋升竞争目的，通过降低土地价格招商引资，工艺落后、发展前景暗淡、具有重复建设性质的中低端制造业占用了大量工业用地，使中国成为中低端制造中心（杨其静等，2014）。低价出让工业用地带来的制造业快速发展在一定程度上挤占了高新技术和新兴产业的发展资源，阻碍了地方产业结构的优化升级。

另一方面，自然资源的供给制约和粗放式使用降低了产业发展效率和可持续发展能力。自然资源作为必不可少的生产要素投入产业发展当中，存在市场机制不完善、价格扭曲、粗放和低效使用等问题（贾康和苏京春，2016）。我国是人均资源量严重不足的国家，而 70 余年的工业化进程都是凭借资源和劳动力的廉价优势发展加工制造业，高耗能、低效的粗放型生产方式造成自然资源的过度开发和环境污染的日益严重。虽然近些年在日渐严格的环境规制下国内环境有所改善，但彻底摆脱传统的生产方式、实现绿色转型依旧任重道远，进而阻碍了产业的高质量和可持续发展进程。

（二）产业高质量发展需求层面的现实与困境

消费是生产的最终目的和归宿，需求拉动是产业高质量发展的不竭动力。2020 年以来，我国致力于构建以国内大循环为主体，国内国际双循环相互促进的新发展格局，充分利用国内国外两个市场两种资源，明确了产业发展的重点和方向。但我国产业高质量发展所面临的国内和国外市场均存在一定需求抑制问题。

1. 国内有效需求不足难以实现超大规模市场优势

在新冠肺炎疫情冲击下将国内经济的平稳发展寄托于国际循环的畅通势必会给产业链和供应链带来不确定性。因此，依赖我国超大市场规模，充分发挥我国的市场优势和内需潜力是发展的关键。但是，作为增长的决定性力量，内需对产业发展的拉动作用还存在一定的问题，主要表现在以下几个方面。

第一，居民收入增长不足，消费能力和消费意愿受到抑制。随着社会经济的发展和国民收入的增加，中国进入了消费对经济贡献率提升的阶段。但作为有效需求的决定性因素，居民收入却增长缓慢。2013 年以来，居民人均可支配收入同比增长率持续下降，居民平均消费意愿不足。2019年我国最终消费率为 55.4%，达到 2005 年以来的峰值，却低于世界上绝大多数国家和经济体。同时，我国高收入人群收入增长快、贫富差距过大拉低了社会的平均消费倾向，加之社会保障体系的不健全带来的预防性储蓄等问题（赖雄麟、于彦宾，2021），支撑产业发展的国内需求还有着相当大的扩容空间。

第二，居民消费结构严重失衡，消费层次上升受阻。自改革开放以来，我国城乡居民的恩格尔系数持续下降，但生活必需品支出的减少并没有完全用于教育、旅游、通信等生活性消费，反而大量流向房地产市场。房地产市场的繁荣使住房性消费在总消费中的比重居高不下，2019 年人均住房性消费支出占人均总消费的 23.45%，在构成我国居民消费结构的 8 种消费类型之中始终居第二位且整体保持上升态势，挤占了文化、医疗、旅游等消费空间，造成高层次消费支出比重过低。

第三，供需不匹配制约消费增长，部分高质量需求难以得到满足。我国中等收入群体规模巨大，中国已经成为奢侈品的主要消费国，但中高端需求的增加却没有有效增加国内需求。高收入人群的高端消费由于供需的结构性偏差难以得到满足，高品质、个性化的产品和服务供给不足使中高收入的消费人群转向在国外消费，一度出现在国外"疯狂扫货"的现象。国内传统中低端产业产能过剩而自主品牌中高端产品供给不足共存的结构性矛盾严重阻碍了国内需求的扩大与升级。

第四，高端自主品牌培育不足，产业发展国际竞争力弱。中国自主品牌在发展过程中主要存在以下两大问题。一方面，自主品牌建设能力较弱。代工生产发展起来的制造业使我国缺乏具有自主知识产权的知名品牌，走资源消耗型的发展道路，成为典型的"制造大国、品牌小国"。企业缺乏资金进行技术改造和品牌建设，常常被锁定在价值链下游环节。一些中国制造的产品形象较差、行业标准低，新产品开发能力不足，加之各种掺假售假的恶性事件导致一部分国内需求外流（郭俊华等，2018）。另一方面，国内消费者对自主品牌的认知存在偏差。新一代信息技术的快速发展改变消费者的偏好诉求和需求特征，而国内中高端和新兴产业的产品和服务起步较晚，想要做到快速响应，得到国内消费者的认可需要一个很长的过程。例如，格力等先进制造企业在家电方面的生产技术已经较为精湛，却没有得到像国内消费者对日本、德国等国的著名品牌那样的认可。

2. 国际市场不稳定使外需拉动难以为继

近年来，尤其是国际金融危机之后，全球市场低迷，经济内生增长动力不足。在新冠肺炎疫情冲击下，世界市场发展面临诸多潜在风险，加之逆全球化思潮的兴起和贸易保护主义的抬头，我国面临的国际市场环境复杂多变，主要存在如下几种挑战。

首先，全球经济持续低迷，国际贸易需求大幅下跌。数据显示 2019 年全球经济增速已经下调至 3% 以下，放缓态势明显且在短期内难以逆转。新冠肺炎疫情的进一步冲击使本处于缓慢复苏进程的全球经济继续下探，2020 年全球经济下降 4.3%，下降程度是金融危机的 2.5 倍多，国际贸易和旅游业大规模萎缩。全球经济下行压力加大直接冲击了我国的外需市场，疫情反复使货物贸易反弹微弱的同时服务贸易仍然低迷，外需对产业发展的拉动力量减弱。

其次，发达国家对我国产业链的压制效应更加明显，带来更多的不确定和不稳定性因素。我国受益于较为宽松的国际贸易环境和经济全球化的浪潮实现了大国崛起，但近年来，逆全球化、单边主义和大国博弈兴起，主要经济体之间贸易摩擦频发，贸易关系紧张。同时，随着中国在国际分工与世界贸易中的地位越来越重要，以美国为首的发达国家极力压制我国经济与产业的飞速发展。通过一系列贸易投资限制、反垄断反倾销制裁和进出口管制等手段，设置贸易壁垒和技术封锁，维护其上游分工地位，给我国产业链升级带来抑制。1978年以来，美国对我国贸易补贴调查超260件，尤其是华为和中兴事件加剧了中美之间的贸易摩擦，对我国产业拓展国外市场形成障碍。

最后，新兴经济体基于低要素成本的比较优势，对我国中低端传统产业带来替代压力。原先助推我国经济发展的人口资源红利逐年减弱，随着劳动年龄人口数量降低的是不断上涨的工资水平，能源、土地、自然资源以及工业化带来的环境治理等成本明显高于发达国家。和中国相比，新兴经济体的低成本优势逐渐凸显，在出口优惠等一系列政策的加持下打造了新一批的加工制造工厂，逐渐挤占了我国传统产业的需求市场。

（三）产业高质量发展制度层面的现实与困境

工业化进程离不开市场化经济体制的日渐完善，改革开放前，我国实行高度集中的计划经济体制，通过行政指令的方式快速集中优势资源，在一穷二白的农业国建起了一套完整的工业体系。但计划经济已经无法满足多元化市场的需要，发挥市场在资源配置中的决定性作用成为必然选择。制度层面长期积累的问题成为阻碍我国产业高质量发展的重要障碍。主要体现在以下两大方面：

1. 体制机制改革滞后带来价格扭曲和资源错配

有效的制度供给是推动产业高质量发展的支撑，而产业竞争力不强的根源在于尚未理顺的体制机制带来的资源错配（余东华，2018）。

首先，市场在资源配置中的决定性作用面临阻碍，产业发展环境有待改善。我国基本建立了社会主义市场经济体制，但市场环境尚未真正达到公平竞争，市场化程度不高，市场经济发展不平衡。生产要素的自由流动和配置受到制度障碍和壁垒的限制，进而造成要素价格扭曲和资源配置效率的低下。市场竞争机制下企业的创新投入对技术和效益的正向影响更大，而我国科技发展的体制机制瓶颈阻碍了市场主体科技创新活力的释放。科技成果转化机制、创新的市场激励和效益分配机制不健全，现有的创新能力无法支撑产业结构的调整升级。市场准入退出和监管机制不完善，竞争政策的基础地位并没有真正确立，限制了市场竞争对产业发展效率的提升，妨碍了企业对市场需求的变化做出及时准确的反应，抑制了市场自发协调能力的发挥。

其次，政府行政体制改革不足，服务型政府建设仍需完善。我国没有建立起与社会主义市场经济相适应的政府架构与政府职能（白永秀、王颂吉，2013），政府在资源配置中的定位并没有随着市场经济的快速发展同步更新，新中国成立以来高度集中的计划经济体制在改革开放后还深刻影响着经济和产业发展。技术创新资源的配置过度行政化，公平竞争的科技进步政策尚未实现。同时，地方政府的保护行为造成的壁垒、市场分割和产能过剩问题阻碍了地方产业的调整升级和可持续发展。出于保护本地企业和维持财政收入稳定的目的，通过低价提供土地和资金等生产要素或直接进行财政补贴等方式帮扶本地企业，不仅严重破坏了公平的市场竞争机制，也使企业自主创新和效率提升动力不足。地方政府在晋升激励下过度干预微观经济活动，带来部分行业严重的产能过剩问题和"僵尸企业"长期存在，造成低水平的重复竞争，影响了市场机制的正常运行。

最后，国有企业改革滞后降低其运营效率，阻碍国企转型升级。由于历史原因与现实性质，国有企业面临着更强的路径依赖、制度依赖和社会依赖（黄速建等，2018），国有企业实现高质量发展是产业高质量发展过程中的重要问题之一。政府通过实际控股和直接管理的方式影响国有企业的发展，虽然国有企业现代化改革取得了一定的成效，但仍然存在改革方式有待创新、效率有待提升的问题（陶长琪等，2019）。据2019年《中国财政统计年鉴》，2009年以来国有企业总资产报酬率呈持续下降态势，2018年降为2.7%，政府希望通过制度创新提高国有企业运营效率还有很大的进步空间。

2. 功能性竞争性产业政策暂时缺位阻碍产业升级

我国过多强调和使用产业政策，并延续了计划经济的浓重色彩。一直以来多是以实现产业结构转型和经济赶超为目的，通过补贴、税收和规制等形式直接支持、扶持、保护或限制某一产业的发展（黄群慧，2018），以期实现以速度和数量为核心的快速增长，却成为现阶段阻碍高质量发展的又一重要原因。

首先，对微观市场的直接干预仍是产业政策最重要的手段，功能性和竞争性产业政策没有充分发挥引领作用。随着市场经济的深入发展，在产业政策手段的选择上越来越强调发挥市场的作用，用政府选择代替市场机制的过度行政干预不利于产业的发展。而中国产业政策的特点依然是用政府干预来代替市场选择，需要向弥补市场不足的竞争性和功能性产业政策转型（江飞涛、李晓萍，2010）。以政府管制、选择替代和直接干预为特征的选择性产业政策会带来严重的寻租和腐败行为（江飞涛、李晓萍，2015），政府的有限理性和机会主义也常常造成产业政策的低效（易杏花、卢现祥，2017），甚至已经成为产业结构转型升级的严重阻碍。例如，日韩两国的汽车产业政策对其汽车行业的崛起至关重要，而我国的汽车政策的作用效果却不尽如人意。究其原因，最主要的问题是用行政手段代替了市场竞争，以限制进入和扼杀竞争的手段长期保护定点企业的垄断地位。不仅抑制了相关企业的学习动力和自主创新能力，也诱发了相关利益主体的寻租行为，使汽车产业陷入了低生产效率和高价格水平的困境。

其次，我国出台的产业政策中，对重点产业和大型企业的扶持政策是重点。1987—2017 年，中央出台的各类产业政策中对重点产业的支持政策占 38.46%。地方政府为了获得更多的政策资源紧跟中央重点扶持对象，违背自身的比较优势（赵婷、陈钊，2019），不利于产业发展效率的提升。由于各地区发展基础和条件差异较大，中央产业政策在执行过程中出现不同程度的扭曲与走形，没有达到政策设计的初衷。同时，我国的产业政策倾向于保护和扶持大型企业尤其是国有企业，对中小型企业的保护力度不够。部分政策希望通过扩大规模和提高市场集中度来避免过度竞争，打造具有国际竞争力的大型集团（江飞涛、李晓萍，2010）。而非公有制企业往往没有强有力的扶持政策，常遭遇融资难和贷款难等一系列问题。

最后，对高新技术和新兴产业的扶持方式老套、扶持力度不够。新一轮科技革命和产业革命带来多个领域和产业的迅速发展，将传统的"选马"型政策手段应用于高新技术和新兴产业的发展，会造成新兴产业产能急剧扩张而生产技术效率低下的双重问题，一哄而上和扎堆低端的现象层出不穷。高科技和战略性产业等未来产业具有高度不确定性，相对于企业来说，政府在技术和市场方面缺乏信息优势，难以引导生产效率的倾斜性配置（李晓华、王怡帆，2021）。依然采用选择性产业政策会通过加剧资本错配的方式抑制价值链升级（唐荣、黄抒田，2021），不再符合产业的高质量发展的要求。

三 中美贸易摩擦对中国产业高质量发展的影响

2019 年 5 月 9 日，美国政府宣布对清单产品加征关税，表明中美贸易摩擦升级。任靓（2017）认为，试图缩减贸易逆差、遏制我国产业升级是美方启动"301"调查的重要原因。在中美贸易摩擦这一背景下，美国对我国高科技企业的技术封锁与限制将主要通过促使中国调整产业政策、加大技术研发投入和促进全面深化改革三个层面来影响我国产业高质量发展。中美贸易摩擦对中国产业高质量发展的影响既有不利因素，同时也可以倒逼中国产业进行转型升级，提升产业发展质量。

中美贸易摩擦倒逼中国产业高质量发展主要表现如下：

第一，贸易摩擦有助于倒逼政府转换经济发展动力，推动全面深化改革进程。自改革开放以来，货物和服务出口对拉动我国经济增长发挥着不容忽视的作用，出口导向型发展战略取得了巨大的成效。而在服务业领域的改革进程则处于相对滞后的阶段。因此，在中美贸易增长暂时受阻、货物出口渠道减少的短期内，对内全面深化改革、摒弃阻碍经济增长的落后体制将成为推动持续经济增长的切实可行的手段。

第二，贸易摩擦倒逼政府优化调整产业政策，更好地发挥市场的资源配置作用。我国与美国经贸关系摩擦将会集中在产业政策领域。与美国和欧盟国家相比，中国多利用产业政策来激励创新。任靓（2017）提出，在中国产业升级的关键时期，应该重新审视自己的责任，营造公平竞争的市场环境。

第三，中美贸易摩擦迫使我国企业提高技术研发重视程度，有助于打破美国的技术封锁。美国加强了对中国重要技术的出口管制，这对中国现有的一些技术和市场占据优势地位的高科技企业产生了很大影响。以通信领域为例，中国两大通信设备制造商的市场份额从 2014 年的 21.2% 上升到 2017 年的 30.1%。由于中美两国在通信设备和电子制造技术水平上存在巨大差距，美国禁止向中国通信企业出售芯片。芯片禁售事件发生后，政府、行业联盟、相关公司等各方将加大对电子行业的研发投入，尽快建立国内芯片供应体系。更多的通信企业将采用"自主研发+国别替代"的方式，减少对美国供应芯片的依赖，进而摆脱对美国技术的依赖。同时，中美贸易摩擦，尤其是美国对我国高科技企业的技术封锁与限制对于我国产业高质量发展既是短期威胁也是长期挑战。中美贸易摩擦对中国产业高质量发展的不利影响主要体现在以下几个方面：

第一，贸易摩擦会导致企业利润下降，削弱企业的国际竞争力。由于美国实行单边贸易，在国际贸易中保护知识产权，以及对一些技术的严格控制，一些企业缺乏内部核心技术，而国内自给率严重不足，导致高新技术企业受损。2018 年中兴通讯更是受到美国商务部制裁被处罚数 10 亿美元，损失惨重。一些企业一直以来在美国采购农产品，关税的增加将加重企业成本负担，导致企业总利润减少。一些企业转而从其他国家收购，以降低投资成本，但短期内亏损不可避免。

第二，短期而言，贸易摩擦造成的产品核心零部件被限制进口可能导致部分企业产品退出市场。中美贸易摩擦的本质是国际产业分工地位之争。目前，世界上大部分高科技核心技术仍掌握在美国手中。为了打断中国制造业与信息化融合的进程，美国的关税清单侧重于高科技核心技术和核心零部件。在这种情况下，如果中国企业短期内无法创造替代品，可能会导致企业产品"僵化"甚至退出市场。

第二节　经济增长目标约束对产业高质量发展的影响机制分析

本节将从要素供给视角分析经济增长目标约束对产业高质量发展的影响机制，根据产业发展对要素需求的异质性，我们将从制造业高质量发展和服务业高质量发展两个维度进行理论机制分析。

一　经济增长目标约束对制造业高质量发展的影响机制

（一）地方政府在"经济增长"与"结构调整"双重目标下的策略性选择

改革开放早期，各级地方政府十分重视经济增长。与市场机制强调最优资源配置不同，地方政府工作人员作为有限任期内实现快速经济增长的决策主体，其根本目的是提高晋升概率以实现利益最大化，在谋求升迁的过程中，热衷经济增长的短期目标。然而，中国目前正处在经济高速增长向高质量发展转变的重要时期，地方政府既面临经济持续稳步增长的要求，也承担着经济结构调整的压力。在经济增长目标约束下，地方政府为实现预期目标，不可避免地会忽视结构调整。

同时，地方政府工作人员为了保持在有限晋升机会中处于领先地位，存在调动资源参与地方间横向竞争的动力。最显著的特征是过度依赖于投资驱动的发展模式，而地方政府和地方国有企业关系密切，政府投资大多依靠国有企业来进行（褚敏、靳涛，2013；马草原、李成，2013），地方国有企业的发展也离不开政府的政策扶持。由于政府设置的特殊壁垒，提高了新兴产业的进入门槛。加上地方政府赋予本地企业各种优惠政策，导致地方企业进行低价竞争，利润低下，从而过度依赖政府补贴，制约了出口产品质量的提升。此外，为实现任期内地区经济的快速增长，地方政府通过降低地区要素成本，特别是劳动力价格来作为招商引资的手段，吸引更多外来的劳动密集型行业，以此满足当地就业和经济增长的短期目标。相比传统劳动或资本密集型行业而言，高新技术行业需要高投入、高技术，同时具备极高的风险，在短期内可能很难见效，经济增长目标约束性越强的情形下，地方政府则更倾向于短期经济增长总量的提升，忽视结构升级。

（二）地方政府再投资过程中创新研发要素流动的"阻滞效应"

在经济增长目标较强约束下，地方财政大部分用于再投资，增加诸如道路、桥梁和机场建设等偏向的公共基础设施。这种"重基建、轻民生"的财政支出结构引发了地区整体投资结构的扭曲，产生了对创新研发要素流动的"阻滞效应"，不利于制造业企业升级。

一方面，从私人投资角度来看，地方政府公共投资会挤出私人投资（Wang，2005）。从企业融资角度来看，强烈的投资意愿推动地方政府通过融资平台获得大量金融资源，限制民营企业的融资。金融机构融资是融资最主要的方式，占总融资比例的80%。基于政府的公信力，银行也偏好为地方政府发放贷款，从而导致信贷资源配置扭曲。研发对企业内部现金流更敏感，负债率高的企业会减少研发投入（Himmelberg and Petersen，1994）。企业考虑投资收益情况下则相应地减少企业长期研发投资。

另一方面，地方政府追求短期经济增长，通过房地产开发活动带动城市基建，依靠发展房地产业、建筑业等粗放式、高税收的行业，以保证稳定的土地收入进行经济发展，由此推动了城市房价的上涨，企业发现在房地产业存在高利润，在此吸引下将一部分用于创新研发的资本投入房地产部门，阻碍了制造业企业的技术创新水平提升（Miao and Wang，2014；余泳泽、张少辉，2017）。加上政府工作人员政绩考核体制下缺乏对公共服务的考量，地方政府支出结构扭曲导致政府在科技、教育等非生产性公共服务上投入不足（傅勇、张晏，2007；马光荣、杨恩艳，2010）。地方政府在科技和教育等方面财税政策的缺失，一定程度上增加了创新要素流动和技术成果转换的制度壁垒，抑制了技术外溢效应、制约企业和社会增加研发投入的积极性。

（三）地方政府过度的行政化干预导致产业集聚的无效性

地方政府除了完成事先设定较高的经济增长目标外，还会超额完成设定目标的"兑现"竞争。在追求超额完成既定目标的过程中，地方政府会采用行政化手段干预产业集聚。由于地方政府可以自由制定土地出让价格，加上土地可抵押贷款使地方举借债的渠道放宽，地方在追逐完成经济增长目标的刺激下投资冲动愈加严重，并造成了地方以储备土地为抵押资产向银行贷款，然后以土地出让收入偿还贷款的循环模式。这种模式造成土地资源配置扭曲和大量低效率制造业企业的进入（李力行等，2016）。在过强的约束下，地方政府会干预各种产业的集聚，而产业集聚作为一种自发的过程（周世军、周勤，2012），与直接行政化干预不匹配。土地资源倾向工业用地配置模式会更加限制地区制造业升级的空间。另外，过度依赖以土地出让为中心的发展方式，导致商服用地的价格上涨，不利于生产性服务业的发展。生产性服务业对实现中间投入规模经济、共享劳动力有重要作用，会将新技术知识提升生产力的影响传导到下游产业（Simon and Nardinelli，2002；Bosworth and Triplett，2007），是推动制造业升级的重要因素。但是，经济增长目标约束越强的情况下，地方政府将土地资源配置向工业用地的过度倾斜，致使商服用地的供给不足以及相对价格的扭曲，生产性服务业的要素难以集聚，阻碍生产性服务业发展。

（四）经济增长目标与土地财政互动对制造业高质量发展的影响机制

经济增长目标约束下，地方政府除了事先设定较高的经济增长目标的竞争外，还会进行超额完成设定目标的"兑现"竞争，以此对上级政府传递更强的信号，获得更高的晋升机会。在追求超额完成既定增长目标过程中，地方政府为寻求财政收入最大化以满足短期经济发展的需求，固化了地方政府对土地财政的依赖路径。自分权制改革后，中央政府事权则逐级下移，财权相对集中。相关研究显示，这种财权与事权的不匹配，正是地方政府寻求财政"突围"的动力源泉（周业安，2000；王文剑、覃成林，2008；梁若冰，2010）。但是，从地方财政状况来看，土地财政收入的增长并未改善地方政府的财政收支状况，地方政府的债务水平日益加重。土地财政收入的增加与地方债务加剧的矛盾事实，引发学界的广泛思考：土地财政的根源并非完全来自财政压力，而更多地归结于地方政府的"投资冲动"（范子英，2015）。同时，土地可抵押贷款使地方举借债的渠道放宽，地方在追逐完成经济增长目标的刺激下投资冲动愈加严重，并造成了地方以储备土地为抵押资产向银行贷款，然后以土地出让收入偿还贷款的循环模式。加之地方政府的预算管理体系不尽完善，土地财政收入属于一般预算收入外的"第二财政"（周飞舟，2006），因为地方政府可以较为自由地支配土地，长此以往，地方政府在寻求短期经济增长的刺激下，越倾向于发展房地产业、建筑业等粗放式、高税收的行业，以保证稳定的土地收入进行经济发展。

地方政府工作人员基于政治激励及 GDP 锦标赛，在设定较高的经济增长目标之后，便追求尽力完成既定的增长目标以获得"向上晋升"的正反馈。在追求完成既定目标的过程中，以出让土地为中心的发展模式成为地方政府的最优选择。这种低价出让工业用地、推高商业用地价格的模式，不仅可以吸引外资进入，还可以带动房价上涨，从而促进房地产上下游相关产业的发展。邵朝等（2016）研究认为，土地财政加剧了产业结构的刚性，抑制了城市的多元化发展。土地财政会刺激消费性服务业发展超前于生产性服务业，从而导致"产业结构虚高"（郭志勇、顾乃华，2013）。由此可见，在地方政府的策略选择中，地方政府对于土地财政的依赖加重了制造业结构的刚性特征。土地财政的依赖度越高越强化了制造业发展的路径依赖，从而阻碍了制造业结构优化，图 3.1 给出了相应的理论机制分析。

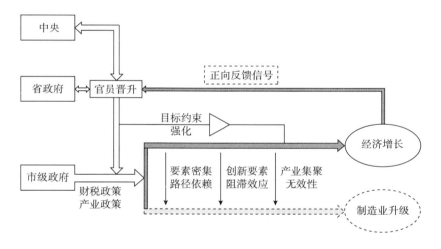

图 3.1　经济增长目标约束影响制造业升级的逻辑机制

二　经济增长目标约束对服务业高质量发展的影响机制

本部分主要以经济增长目标特征为出发点，建立基础理论框架，梳理经济增长目标约束与服务业高质量发展的关系，图 3.2 给出了相应的理论机制分析。

（一）服务业内部结构异质性特征

由于服务业内部结构复杂，国际上对服务业的分类方法也各式各样。例如，就服务的职能而言，服务业可分为消费者服务、生产者服务和政府

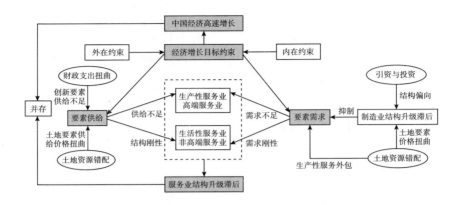

图 3.2   经济增长目标约束对服务业高质量发展的影响的理论机制分析

服务三类；就服务对象而言，服务业可分为生产性服务业和生活性服务业。根据本部分研究目的，将服务业分为生产性服务业和生活性服务业。考虑到生产性服务业中也有一些生活服务业不能外包、生产与消费同步的特点，因此特将服务业分为高端服务业和非高端服务业。下面将从要素错配视角研究服务业与经济目标约束的关系。

（二）经济增长目标约束、要素错配与服务业高质量发展

如上文所述，外部和内部的两重约束可以较为有效地刺激地方政府实现经济高速增长，但如今经济重心已经从追求 GDP 转向结构性改革，在此情况下这种约束方式是否可取仍存在争议。面对双重压力，地方政府将分别从要素供给和需求配置扭曲来影响服务业的高质量发展。

1. 经济增长目标约束、要素供给与服务业高质量发展

（1）经济增长目标约束下，地方政府财政支出比例失调，引发创新要素供给不足，对服务业产生异质性影响。政府财政支出比例失调，主要会从两方面影响本地服务业的发展。一方面，政府工作人员出于短期提升经济绩效和自身晋升的考量，更愿意增加基础设施投资，而财政资源是有限的，短期内难以收获成效的教育和科技投资就势必减少，也就形成了对教育和科技财政支出的挤出（傅勇、张燕，2007）。科教支出不足无法维持对创新要素的有效供给，从而影响生产性（高端）服务业的发展。另一方面，地方基础设施建设将导致房地产业的比重不断上升（陈志永、陈丽丽，2011）。房地产业产值的增长将导致现阶段生活服务业的发展远远领先于生产性服务业（郭志勇、顾乃华，2013），不利于地方服务业高质量发展。

（2）在经济增长目标的约束下，由于土地资源错配，出现了土地要素供给不足的情况，这对服务业发展又产生了异质性影响。为实现经济目标，地方政府需要通过吸引企业进入来积累财政收入。许多地方政府采取降低地价的方式吸引投资（曹广忠等，2007）。降低工业用地售价吸引生产性投资，提高商业和服务业用地价格，弥补工业用地出让损失。这一措施最终导致服务业用地成本上升，阻碍了服务业发展。生活性（非高端）服务业由于具有结构刚性，所受到的冲击程度相对较小。

2. 经济增长目标约束、要素需求与服务业高质量发展

（1）经济增长目标约束下，地方政府的引资政策和投资倾向将对服务业需求产生异质性影响。一方面，地方政府需要依靠国有企业进行投资（褚敏、靳涛，2013）。而国有企业在投资对象的选择上更倾向于重工业企业，导致生产性服务业和高端服务业需求不足，从而抑制了服务业的高质量发展。另一方面，地方政府更倾向于引进制造业企业，这些企业通常是资本密集型的。依靠资本密集型企业的长期经济增长模式将导致本地高端制造业发展滞后。低端制造业对生产性服务业的需求不够，从而影响生产性服务业的发展。

（2）经济增长目标约束下，地方政府土地资源错配对服务业需求的异质性影响。生活性（非高端）服务业中的相关产品的价格需求弹性较小，且对要素价格不太敏感。在成本上涨时，生活（非高端）服务业可以通过提高产品价格来弥补。而生产性服务业对要素价格比较敏感，因此提高成本将挤压相关行业发展，从而造成生产性服务业规模减小。

综上所述，当地产业的发展与服务业的发展一样，受要素供给和要素需求的影响。从要素供给的角度来看，政府支出的不平衡和土地资源配置的扭曲将导致生产性服务业发展所需的创新要素和土地要素的缺乏，进而抑制服务业的高质量发展。从要素需求的角度来看，一方面，面对过高的经济增长目标，地方政府必须引进能够在短期内带来区域经济增长的低端制造业企业，而低端制造业对生产性服务业没有过度需求；另一方面，商业用地的高价会增加服务业的生产成本，进而提高相关行业的产品价格。由于生产性服务产品的规模经济和外包特点，本地高端制造企业将优先通过外包获取生产性服务产品，这将导致本地生产性服务业收缩。然而，生活性（非高端）服务业对商品的需求通常是刚性的，相关行业商品价格的上涨对其整体影响很小。以上机制的存在将导致政府经济增长目标约束制约服务业的高质量发展。

第三节 经济增长目标约束对产业高质量
发展影响的经验分析

一 经济增长目标约束对制造业高质量发展影响的经验分析

（一）模型设定

本部分所要检验的是地方政府经济增长目标设定行为对制造业高质量的影响，本部分设定的基本计量回归模型如下：

$$Industry_{it} = \alpha_0 + \alpha_1 FGDP_{it-1} + \lambda_j \sum_{j=1}^{n} Z_{jit} + \varepsilon_{it} \qquad (3.1)$$

$$Industry_{it} = \alpha_0 + \alpha_1 CPGDP_{it-1} + \alpha_2 CNGDP_{it-1} + \lambda_j \sum_{j=1}^{n} Z_{jit} + \varepsilon_{it} \qquad (3.2)$$

$$Industry_{it} = \alpha_0 + \alpha_1 CTGDP_{it-1} + \lambda_j \sum_{j=1}^{n} Z_{jit} + \varepsilon_{it} \qquad (3.3)$$

其中，i 和 t 分别代表城市和年份。$Industry$ 代表制造业的高质量发展，$FGDP$ 代表经济增长目标约束性特征，本部分选择了经济增长目标硬约束性特征（$FHGDP$）以及经济增长目标软约束性特征（$FSGDP$）进行度量。$CPGDP$ 和 $CNGDP$ 分别代表地级市经济增长目标与所在省份经济增长目标的差额以及与国家经济增长目标的差额，用来衡量"层层加码"。$CTGDP$ 代表经济增长目标超额完成情况，具体变量设定方式在后续变量设置部分进行详尽说明。Z 代表其他的一些具体控制变量的集合。为了避免模型内生性问题，将经济增长目标变量进行滞后一期处理。

本部分的核心被解释变量是用来度量制造业高质量发展的指标。用不同城市制造业的生产技术要素密集度作为制造业高质量发展的代理指标，即劳动密集型、资本密集型和技术密集型企业工业产值分别所占比重。参考陈丰龙和徐康宁（2012）对不同生产要素密集度行业的划分，以此得到各个城市的劳动、资本和技术要素密集度。在经济增长目标约束度量上参考本书第二章的度量方法，在此不再赘述。

从城市宏观变量来看，国内外有关产业结构高级化影响因素的研究主要沿着以下三个思路进行：一是从对外开放视角（刘志彪，2011；张捷，2013）；二是从城市化视角（Kolko，2010；辜胜阻、刘江日，2012；魏后凯、张燕，2011）；三是从外商直接投资视角（江小涓，1999；Kippenberg，2005；李雪，2005；陆长平、聂爱玉，2012）。根据上述思路，本部分选取了 FDI 的比例代理 FDI 技术外溢效应，用外商投资工业企业总产值与该地区工业总产值的比值作为代理变量。从城市化角度，采用非农人口占城市常住人口的比重来度量城市化率。另外，本部分还选择了人均GDP、人口密度等控制变量，用以控制经济发展程度、人口集聚程度对产业结构高级化的影响。此外，我们还增加了年份和城市虚拟变量来控制时间和城市的外部冲击。描述性统计情况如表 3.1 所示。

表 3.1　　　　　　　　　　模型变量描述性统计

	变量符号	变量名称	处理方法	均值	最小值	最大值
因变量	Tech	技术密集型产业比重（%）	技术密集型产业产值/总制造业产值	34.569	0.428	93.765
	Capital	资本密集型产业比重（%）	资本密集型产业产值/总制造业产值	38.770	3.495	98.883
	Labor	劳动密集型产业比重（%）	劳动密集型产业产值/总制造业产值	26.659	0.366	90.739
中间变量	Land	土地财政依赖度	土地成交价款/财政预算收入	1.369	0	110.507
	Scedu	科教支出比重（%）	科技、教育事业支出/财政预算支出	20.386	1.581	49.740
	Innovation	创新活动指标	发明专利授权量/从业人员数	1.781	0	107.837
控制变量	FDI	外商投资（%）	外商投资工业企业总产值/地区工业总产值	0.642	0	4.930
	Pdens	人口密度（对数）	常住人口数/城市土地面积	5.760	3.258	7.887
	Urb	城市化（%）	非农人口/常住人口	59.666	7.618	99.975
	AGDP	人均 GDP（对数）	人均 GDP	2.356	-0.257	3.858
	Infra	基础设施水平（对数）	货运总量/总人口	2.916	-1.482	7.979

资料来源：笔者计算整理。

（二）实证结果与分析

表 3.2 则报告了在宏观经济增长目标约束下对制造业要素密集度的回

归结果。结果显示，地级市经济增长目标的硬约束或软约束特征对制造业高质量发展均没有通过显著性检验。但是，"加码"明显抑制了制造业的技术密集度提升，影响系数显著为负值；同时，经济增长目标"加码"的程度越高，地区制造业内部劳动密集度水平也越高。这也意味着在对经济增长目标"加码"程度越高的地方，越容易形成依赖劳动和资本密集型行业的发展模式，阻碍制造业转型升级。

表 3.2　　　　　经济增长目标约束对劳动密集、技术密集和
资本密集产业的影响结果

	被解释变量：要素密集度					
	Tech	*Tech*	*Labor*	*Labor*	*Capital*	*Capital*
FHGDP	−0.2374 (−0.6810)	−0.2639 (−0.7605)	0.0481 (0.1579)	0.0751 (0.2473)	0.1884 (0.4829)	0.1881 (0.4801)
FSGDP	−0.0221 (−0.0356)	0.0269 (0.0426)	−0.3288 (−0.7657)	−0.3393 (−0.7923)	0.3519 (0.5766)	0.3132 (0.5096)
CHARGE	−0.0246 ** (−2.1771)	−0.0222 ** (−1.9746)	0.0180 ** (2.4742)	0.0160 ** (2.1802)	0.0065 (0.4891)	0.0062 (0.4662)
PGDP		0.0393 (0.3361)		0.2222 *** (3.3994)		−0.2615 ** (−2.0532)
Urban		−1.8338 (−1.1662)		−3.8862 *** (−3.8713)		5.7224 *** (3.2730)
FDI		−0.0088 (−0.0143)		0.6065 (1.5708)		−0.6076 (−1.0739)
Information		0.0066 (0.0144)		0.1038 (0.3112)		−0.1063 (−0.1881)
Infrastructure		0.0469 ** (2.0982)		−0.0165 (−1.1859)		−0.0305 (−1.1841)
城市固定	YES	YES	YES	YES	YES	YES
时间固定	YES	YES	YES	YES	YES	YES
样本量	2275	2274	2275	2274	2275	2274
R−squared	0.123	0.128	0.034	0.048	0.098	0.114

注：***、**、*分别代表在1%、5%和10%的显著性水平下通过了系数显著性检验。括号内为 t 值。下同。

（三）中间机制检验

回归结果表明，中国经济增长目标硬约束和"层层加码"现象，对城市产业结构高级化产生了更为突出的负作用。同时在上文中，我们也探讨了地方对土地财政的依赖加剧了经济增长目标超额完成情况对产业结构高级化的抑制作用。但是并不能反映地方土地财政依赖在其中的中间传导作用。这里我们需要进一步地引入中介效应检验方法来探究地区的经济目标约束对产业结构高级化影响的内在机制。为此，依据上述内在机制部分的分析，并且限于数据的可得性，本部分将重点验证以下三个中间机制：①公共支出结构；②技术创新水平；③土地财政依赖。

以上三个中间变量测度方法如下：①公共支出结构（Scedu）。本部分以城市财政预算支出中的教育和科技支出比重来代理。②技术创新水平（Innovation）。采用创新专利产出来度量。为了消除不同城市规模的影响，我们采用人均发明专利授权量来度量技术创新活动的水平。③土地财政依赖（Land）。选取土地出让收入作为近似反映地方土地财政收入的指标。本书采用《中国国土资源年鉴》数据，参考李郇（2013）的方法，选取土地出让成交价来度量土地出让收入。除此之外，本部分进一步地用土地成交价与地方财政预算内收入之比作为衡量土地财政的最终指标，这样做的原因有两个：一是可以消除各地区由于经济发展程度不同、财政规模差异所带来的不可比因素；二是反映了地方政府在预算内收入的基础上追求土地财政的积极程度。

从表3.3中间机制检验结果来看，第一，经济增长目标"层层加码"对教育科技等长期公共投资产生抑制作用，表现为系数显著为负。其中，教育科技等长期公共投资比例的提高会在一定程度上提升产业结构的高级化水平，表现为系数显著为正且通过了1%的显著性检验。第二，在经济增长目标"层层加码"的地级市，经济增长目标与所在省份经济增长目标的差额变量明显抑制了创新活动水平，表现为系数为负且通过了1%的显著性检验。同时，技术创新水平的提高也带动产业结构高级化水平的提高，表现为系数显著为正且通过了10%的显著性检验。不过值得注意的是，经济增长目标"层层加码"对土地财政依赖程度的影响系数并不显著，说明土地财政行为对产业结构高级化的作用更多地体现在与经济增长目标的交互影响。

表 3.3   经济增长目标"层层加码"对制造业高质量
发展影响的中间机制检验

模型	（1）	（2）	（3）	（4）
被解释变量	*Scedu*	*Innovation*	*Land*	*Industry*
CPGAP	−0.314*** （−3.94）	−0.216*** （−3.58）	0.014 （0.44）	
Scedu				0.015*** （4.16）
Innovation				0.006* （1.81）
Land				−0.043*** （−2.95）
Agdp	−0.614 （−1.41）	−3.112*** （−3.81）	0.881* （1.70）	−0.047 （−1.12）
FDI	−0.605** （−2.55）	−1.044** （−2.26）	−0.046 （−0.46）	−0.008 （−0.56）
Pdens	−0.052 （−0.33）	−0.726 （−1.30）	0.058 （0.80）	0.024*** （2.83）
Urb	−0.029*** （−3.83）	−0.081*** （−4.71）	0.006 （1.54）	−0.001* （−1.65）
Infra	0.034 （0.22）	0.669 （0.78）	−0.661*** （−3.01）	−0.034** （−2.33）
地区固定	YES	YES	YES	YES
时间固定	YES	YES	YES	YES
Observations	2061	2061	1807	1806
R-squared	0.267	0.231	0.023	0.337
Number of id	230	230	230	230

（四）稳健性检验

本部分选取经济增长目标差额所在省份的平均值，作为经济增长目标"层层加码"指标的工具变量。由于政府工作人员"锦标赛"的内在激励，同省管辖内地级市政府间标尺竞争造成经济增长目标的"层层加码"，而所在省份经济增长目标"加码"的平均值则反映了地级市政府间的竞争程度。所以，本部分认为采用所在省份经济增长目标差额平均值，符合了工具变量选择的"相关性"和"排他性"的假设。类似地，在经济增长目标完成情况下的工具变量也选择了地级市所在省份经济增长目标完成情况均值。

表3.4报告了工具变量法的回归结论，一方面，模型中Durbin-Wu-Hausman（简称DWH）的检验结论均明确否定了不存在内生性问题的原假定。因而能够肯定计量模型中，经济增长目标"层层加码"和完成情况与制造业高质量发展之间具有内生问题。另一方面，在第一阶段的Kleibergen-Paap rk Wald F（简称RKF检验）统计量明显大于Stock和Yogo（2002）审定的F值在10%偏误水平下的16.39的临界值，说明不存在弱工具变量问题。工具变量回归结果也表明了经济增长目标"层层加码"越严重，技术密集型产业占比越低，系数通过了1%的显著性检验。同时，随着经济增长目标实际完成情况越高，制造业高质量的水平也会得到一定的抑制。

表3.4　　技术密集型产业占比为被解释变量的工具变量法结果

模型	(1)	(2)	(3)
$CPGAP$	-0.334^{**} (-2.11)		
$CNGAP$		-0.116^{***} (-2.50)	
$CTGDP$			-0.112^{***} (-2.77)
控制变量	YES	YES	YES
地区固定	YES	YES	YES
时间固定	YES	YES	YES
RKF检验	221.61	129.42	167.33
DWH Chi^2/值 （p-value）	12.022 (0.000)	16.520 (0.000)	6.990 (0.009)
Observations	2065	2059	2295
R-squared	0.125	0.105	0.098
Number of id	230	230	230

二　经济增长目标约束对服务业高质量发展影响的经验分析

(一) 模型设定

为验证经济增长目标约束与服务业高质量发展之间的联系，本部分设立时间、地区双固定效应模型进行刻画，模型内容如下：

$$upgrade_{it} = \alpha_1 + \alpha_1 gapg_{it} + \lambda_j \sum_{i=1}^{n} z_{jit} + \delta_i + \mu_t + \varepsilon_{it} \tag{3.4}$$

$$upgrade_{it} = \alpha_0 + \alpha_1 fgdp_{it} + \lambda_j \sum_{i=1}^{n} z_{jit} + \delta_i + \mu_t + \varepsilon_{it} \tag{3.5}$$

$$upgrade_{it} = \alpha_0 + \alpha_1 ctgdp_{it} \times fgdp_{it} \lambda_j \sum_{i=1}^{n} z_{jit} + \delta_i + \mu_t + \varepsilon_{it} \tag{3.6}$$

其中，i 表示城市，t 表示年份。$upgrade_{it}$ 代表服务业结构高级化程度，本部分使用了生产性服务业占服务业比重（pro_ser_{it}）和高端服务业占服务业比重（$high\_end_{it}$）作为指标加以衡量。gap_{it} 代表"层层加码"，本部分以市与省（$cpgap_{it}$）、省与国家（$pngap_{it}$）和市与国家（$cngap_{it}$）经济增长目标的差额进行度量。$fgdp_{it}$ 代表经济增长目标的约束特征，本部分采用了经济增长目标硬约束特征（$fhgdp_{it}$）以及经济增长目标软约束特征（$fsgdp_{it}$）加以衡量。$ctgd$ 代表经济增长目标完成情况，具体表现为经济增长的实际完成值与经济增长目标的差额。Z_{jit} 代表控制变量的集合。δ_i 代表时间固定效应，μ_t 代表地区固定效应。

关于对我国服务业高质量发展水平的衡量，本部分将考虑从生产性服务业发展水平和高端服务业发展水平两个层面，对我国服务业结构高级化水平进行衡量。在指标的选取上，本部分实证研究主要对生产性服务工作者与高端服务业从业工作者占服务业从业工作者的比例，分别加以刻画。

除了上述变量之外，为解决一部分因为遗漏变量所形成的内生性问题，本部分还在模型中加入城市规模、城市经济水平等城市特征变量进行控制，这些控制变量主要有：①教育科技投入，考虑到生产性（高端）服务业多是知识密集型产业，而地区教育科技投入水平对其影响又很大，因此本部分还在模型中控制了地区的教育科技投入，并具体选择了地区财政支出中的教育、科技支出比重进行度量。②地区经济发展状况。考虑到服务业高质量发展与地区经济发展状况密切相关，本部分在模型中控制了城市经济发展水平变量，具体采用城市 GDP 进行测度；③财政自主权，由理论机制分析可知，地方财权和事权的不对等将导致土地资源错配进而影响服务业高质量发展，故在模型中控制地方的财政自主权是很有必要的，本部分使用城市财政预算内收入与财政预算内支出的比值作为主要指标进行刻画。④城市化水平。顾乃华（2011）的研究表明，城市化进程也会影响城市服务业，所以本部分还控制了城市化水平变量，采用城镇人口占城市总人口比例作为主要指标。⑤城市规模。据陈建军等（2009）的研究发现，城市规模是影响生产性服务业集聚的重要因素，所以本部分在控制变量中加入城市总人口数作为主要指标对城市规模变量进行控制。⑥城市经济活力。本部分主要选择城市的货运总量作为主要指标刻画城市经济活力，主要考虑到城市的货运总量越高说明城市的贸易越活跃，城市经济活力越强。⑦城市人力资本水平。考虑到服务业发展需要一定的人力资本支持，故本部分还在模型中加入了能够反映地区人力资本丰沛程度的高等学校数量指标进行控制。统计性描述结果具体如表 3.5 所示。

表 3.5 模型变量统计性描述

	变量符号	变量名称	处理方法	均值	最小值	最大值
因变量	pro_ser	服务业结构高级化（%）	生产性服务业从业人员占服务业从业人员比重	21.984	9.454	50.640
	$high\_end$	高端服务业（%）	高端服务业从业人员占服务业从业人员比重	14.501	5.654	42.792
	$match$	生产性服务业与制造业匹配度（%）	生产性服务业从业人员与制造业从业人员比重	57.376	16.14	145.238
控制变量	rd	教育科技投入（%）	教育科技投入占 GDP 比重	0.910	0.107	8.894
	fd	财政自主权	财政预算内收入/财政预算内支出	0.513	0.065	1.174
	$agdp$	人均 GDP（万元）	人均 GDP	11.243	5.480	19.762
	$urban$	城市化水平（%）	城镇人口占城市总人口比重	64.812	21.636	89.964
	$scale$	城市规模	城市总人口的对数	5.999	3.900	7.271
	car_vol	城市经济活力	货物运输总量的对数	8.873	4.663	13.226
	$university$	城市人力资本积累水平	城市高校数的对数	1.359	0	4.489
中间变量	$patent$	财政支出行为（百件/万人）	地级市发明专利申请数	1.845	0.0569	11.971
	fdi_ind	引资行为（%）	限额以上外商投资工业企业工业总产值与地区 GDP 的比值	12.851	0.184	58.496
	$state\_owned$	投资行为（个）	地级市国有企业数量	1.619	0	86
	$create$	创新（百件/万人）	地级市专利申请数	0.107	0	17.002
	$land$	土地资源错配	商服用地价格与工业用地价格之比	1.657	0.171	5.561

本部分采用了工具变量法应对内生性问题。越是有升迁动力的地级市政府工作人员，越可能对经济目标进行"加码"。在地级市数量较少的省份，政府工作人员升迁的概率也将因为对手的减少而大大提升，晋升竞争相对缓和，对经济目标加码的程度也就相应较少。以样本区间内东部地区为例，表 3.6 报告了 2004—2014 年，东部各省份地级市"层层加码"的均值。在本部分所需选取的地级市样本中，如表 3.6 从左至右，所在省份的地级市数量越来越多。因此可以看出，相比于包含地级市总量较少的福建、浙江、河北，拥有较多地级市的辽宁、山东、广东其经济增长目标"加码"现象相较而言更严重，其均值由 1.960、1.523、1.583 变为3.734、2.719、3.555。表明所在省份地级市数量越多，同省内部地级市之间竞争更加激烈，所以有着较强升迁动力的目标制定者往往更愿意加码制定较高的目标任务，借以向上级传达"利好"信号并获取升迁机遇。

表 3.6   东部各省内部经济增长目标"层层加码"均值

年份	福建	浙江	河北	江苏	辽宁	山东	广东
2004	1.889	2.100	1.682	2.269	2.964	4.000	3.262
2005	1.911	1.400	1.636	1.577	4.536	3.941	2.238
2006	2.278	3.150	1.545	2.462	4.000	4.676	3.738
2007	2.778	2.100	1.545	2.854	4.143	4.176	4.824
2008	3.011	2.200	2.409	2.238	4.786	3.647	5.333
2009	1.911	0.550	1.182	1.846	4.071	1.412	2.248
2010	2.333	0.500	1.409	2.731	5.143	1.765	3.238
2011	1.889	1.500	2.545	2.462	5.429	2.176	4.571
2012	1.889	1.700	1.773	1.923	3.536	1.853	3.952
2013	0.889	1.100	0.909	1.462	1.929	1.412	2.795
2014	0.778	0.450	0.773	1.385	0.536	0.853	2.905
04—14 均值	1.960	1.523	1.583	2.110	3.734	2.719	3.555
地级市数量	9	10	11	13	14	17	21

此外，由于各省份的地级市数量是一个固定值，满足外生性要求。本部分样本时间为 2004—2014 年，而在此期间，各省份的地级市数量基本维持恒定，并没有因为时间变化而发生改变。各省份地级市的划分属于政治层面，直接取决于中央，并不会受各地级市经济变量的影响。因此，可以选取地级市所在省份的地级市数量作为工具变量。本部分参照 Nunn 和

Qian（2014）的研究中工具变量的设置方法，通过构造所在省份地级市数量（与个体变化有关）与未来两期国家经济增长目标的平均值（与时间有关）的交互项，作为地级市经济增长目标"层层加码"的工具变量，避免工具变量会因固定效应而无法衡量。

（二）实证结果与分析

1. 经济增长目标约束强度对服务业高质量发展的影响

本部分首先考察了经济增长目标约束强度对于服务业高质量发展的影响。充分考虑到在各种加码幅度范围内，同一约束特征的约束强度也可能会具有一些差异，因此在这部分，在控制变量里最终还加入了"层层加码"变量。表3.7和表3.8提供了经济增长目标的约束强度对服务业发展水平影响的基本实证结论，以及相关工具变量检验结果①。

结果表明，虽然当政府采取硬约束设定经济增长目标时，对我国服务业高质量发展的影响并不明显，但当政府采用软约束时，却对我国服务业高质量发展有明显的正向影响。本部分认为，约束力度直接关系到各地地方政府部门制定经济增长目标的态度。硬约束通过给各级政府部门压力，导致各级政府在重压下，为了保证实现总体目标而必须打乱要素配置，造成生产性服务业发展的要素供给和要素需求不足，从而阻碍地方服务业高质量发展。

2. 经济增长目标层层加码对服务业高质量发展的影响

表3.9和表3.10给出的实证结果都表明：①经济增长目标在市对省份、市对国家直接加码将不利于我国服务业高质量发展。②经济增长目标在省级政府和国家之间的加码，对地级市服务业高质量发展影响不显著。本部分认为，造成上述结果的原因主要是我国各省份内部经济发展也存在一定的不平衡性，各地级市对省级经济增长目标的加码幅度是由各地的实际情况决定的，故省级层面经济增长目标的约束力度要远远弱于市级经济增长目标。这也在一定程度上反映了"层层加码"实际上是一种压力转嫁的机制，即更高一级的政府将实现经济增长目标的压力转嫁给下一级政府。

---

① 此处工具变量的选择与模型（3.1）一致，即以各地级市所在省份地级市数量为工具变量。由 Durbin-Wu-Hausman（简称 DWH）的检验结果可知约束特征与服务业高质量发展间存在显著的内生性问题，表现为 DWH 值均在 10% 的显著水平下拒绝了不存在内生性问题的原假设。另外，经过检验本部分的工具变量的选择不存在显著的弱工具变量问题，具体表现为在第一阶段中表3.7和表3.8中模型（6）和模型（7）的 Kleibergen-Paap rk Wald F（简称 RKF 检验）统计量均显著大于 Stock 和 Yogo（2002）审定的 F 值在10% 偏误水平下的16.39 的临界值。其中，模型（4）和模型（5）未通过弱工具变量检验的主要原因是硬约束与被解释变量关系并不显著。

表3.7　约束强度对服务业高质量发展（生产性服务业）影响的实证结果

变量名	pro_ser			pro_ser_iv			
	(1)	(2)	(3)	(4)	(5)	(6)	(7)
$fhgdp$	0.0249 (0.1406)			-787.5602 (5416.31)	-38.0652** (19.0406)		
$fsgdp$		0.5216** (0.2235)	0.5557** (0.2312)			28.3317*** (5.5486)	16.6352*** (3.0517)
$cpgdp$	-0.2005*** (0.0630)	-0.2015*** (0.0631)	-0.2010*** (0.0630)		-0.2801 (0.1923)		-0.1836** (0.0762)
控制变量	YES	YES	YES	YES	YES	YES	YES
固定效应	YES	YES	YES	YES	YES	YES	YES
RKF 检验				0.0192	3.7275	24.4863	32.3817
DWH Chi²/值 (p-value)				174.572 (p=0.0000)	106.564 (p=0.0000)	158.557 (p=0.0000)	95.3951 (p=0.0000)
Observations	2468	2468	2468	2526	2468	2526	2468
R-squared	0.3628	0.3649	0.3651	0.0014	0.2203	0.4591	0.6868
Number of id	230	230	230	230	230	230	230

表 3.8　约束强度对服务业高质量发展（高端服务业）影响的实证结果

变量名	high_end				high_end_iv		
	(1)	(2)	(3)	(4)	(5)	(6)	(7)
fhgdp	-0.0246 (0.1394)			-287.1420 (1834.7735)	-16.9624* (9.1752)		
fsgdp		0.5912** (0.2609)	0.6140** (0.2656)			11.0910*** (2.7311)	7.2707*** (1.8712)
cpgqp	-0.1115** (0.0527)	-0.1124** (0.0528)	-0.1120** (0.0526)		-0.1446 (0.0912)		-0.1019** (0.0469)
控制变量	YES	YES	YES	YES	YES	YES	YES
固定效应	YES	YES	YES	YES	YES	YES	YES
RKF 检验				0.0222	3.6110	24.5983	32.6029
DWH Chi²/值 (p-value)				30.0979 (p=0.0000)	21.6767 (p=0.0000)	23.3713 (p=0.0000)	16.9359 (p=0.0000)
Observations	2467	2467	2467	2526	2467	2526	2467
R-squared	0.2730	0.2760	0.2761	0.0027	0.2669	0.3965	0.6312
Number of city	230	230	230	230	230	230	230

政府压力的逐级扩大使地方政府产生要素资源配置扭曲，将更多的资源配置到工业（制造业）部门，不利于地方服务业高质量发展。

表 3.9 中与表 3.10 分别给出相应模型的工具变量检验结果，由 Durbin-Wu-Hausman（简称 DWH）的检验结果可知，各省份和市间加码以及服务业结构优化间存在明显的内生性问题，表现为 DWH 值均在 10% 的显著水平下拒绝了不存在内生性问题的原假设。另外，经过检验本部分的工具变量的选择不存在显著的弱工具变量问题，具体表现为在第一阶段中表 3.9 中与表 3.10 中模型（5）的 Kleibergen-Paap rk Wald F（简称 RKF 检验）统计量均显著大于 Stock 和 Yogo（2002）审定的 F 值在 10% 偏误水平下的 16.39 的临界值。表 3.9 和表 3.10 中模型（4）的 Kleibergen-Paap rk Wald F 统计量显著大于 Stock 和 Yogo（2002）审定的 F 值在 15% 偏误下的临界值 8.96。工具变量的验证结果也进一步证实了正文部分的主要结论，即经济增长目标省份和市间加码幅度越大将越不利于地方服务业高质量发展。表现为省份和市间加码变量系数在 1% 的显著性水平下为负，结果与基础模型结果基本一致。实证结果为假说 1 提供了经验支持。

表 3.9　　"层层加码"对服务业高质量发展（生产性服务业）影响的实证结果

变量名	pro_ser			pro_ser_iv	
	（1）	（2）	（3）	（4）	（5）
cpgap	-0.2007*** (0.0631)			-7.1651*** (1.8421)	-3.2463*** (0.5304)
pngap		-0.0675 (0.0945)			
cngap			-0.1745*** (0.0564)		
fd	3.1613** (1.3433)	3.0104** (1.3867)	2.9505** (1.3573)		3.5961** (1.5430)
agdp	-0.1110*** (0.0339)	-0.1128*** (0.0343)	-0.1050*** (0.0339)		0.0839* (0.0441)
rd	0.7709*** (0.0352)	0.7793*** (0.0355)	0.7748*** (0.0344)		0.5997*** (0.0776)

续表

变量名	pro_ser			pro_ser_iv	
	（1）	（2）	（3）	（4）	（5）
urban	0.3190 （0.2423）	0.2924 （0.2413）	0.3353 （0.2423）		1.1778*** （0.2896）
university	−0.2619 （0.2042）	−0.2459 （0.2036）	−0.2644 （0.2039）		0.0350 （0.0447）
scale	3.3275 （2.1926）	3.3103 （2.2222）	3.2881 （2.2057）		3.5374** （1.3793）
car_vol	−0.0018 （0.1772）	0.0067 （0.1788）	0.0185 （0.1785）		0.0370 （0.2385）
固定效应	YES	YES	YES		
RKF 检验				13.2649	37.8764
DWH Chi^2/值 （p-value）				161.913 （p = 0.0000）	107.151 （p = 0.0000）
Observations	2468	2468	2468	2526	2468
R-squared	0.3628	0.3550	0.3624	0.2217	0.6163
Number of city	230	230	230	230	230

表 3.10　　"层层加码"对服务业高质量发展（高端服务业）
影响的实证结果

变量名	high_end			high_end_iv	
	（1）	（2）	（3）	（4）	（5）
cpgap	−0.1114** （0.0529）			−2.8069*** （0.8427）	−1.4481*** （0.3376）
pngap		−0.0496 （0.0887）			
cngap			−0.0995** （0.0455）		
控制变量	YES	YES	YES	YES	YES
固定效应	YES	YES	YES	YES	YES
RKF 检验				13.3051	37.6816
DWH Chi^2/值 （p-value）				25.7248 （p = 0.0000）	21.9411 （p = 0.0000）

续表

变量名	high_end			high_end_iv	
	（1）	（2）	（3）	（4）	（5）
Observations	2467	2467	2467	2526	2467
R-squared	0.2730	0.2704	0.2730	0.1029	0.6127
Number of city	230	230	230	230	230

3. 经济增长目标完成情况对服务业高质量发展的影响

本部分还考察了在各种约束强度下，经济增长目标的超额完成对于服务业高质量发展影响的异质性结果。

从表3.11和表3.12中经济增长目标完成情况对服务业结构优化的影响结果分析，经济增长目标的超额完成对服务业高质量发展的作用明显为负向的。在此处同时使用工具变量法应对内生性问题，结果与正文基本一致。[①] 此外，在硬约束下实现经济增长目标比软约束下实现经济增长目标对服务业高质量发展的负向作用更大，具体表现为无论被解释变量是生产性服务业比重还是高端服务业比重，软约束变量与经济增长目标交乘项的系数都要明显小于硬约束变量与经济增长目标交乘项的系数。由此可知，政府实施软约束的方式将更有利于促进地方服务业高质量发展进程。

表 3.11   经济增长目标完成对服务业高质量发展（生产性服务业）影响的结果

变量名	pro_ser			pro_ser_iv	
	（1）	（2）	（3）	（4）	（5）
ctgdp	-0.1261***			-0.7764***	-0.6339***
	（0.0288）			（0.0643）	（0.0612）
ctgdp×fhgdp		-0.1416***			
		（0.0502）			

---

① 此处工具变量的选择与模型（3.1）一致，即以各地级市所在省份地级市数量为工具变量。由Durbin-Wu-Hausman（简称DWH）的检验结果可知超额完成情况与服务业结构优化间存在显著的内生性问题，表现为DWH值均在10%的显著水平下拒绝了不存在内生性问题的原假设。另外，经过检验本部分的工具变量的选择不存在显著的弱工具变量问题，具体表现为在第一阶段中除表3.9和表3.10所有模型的Kleibergen-Paap rk Wald F（简称RKF检验）统计量均显著大于Stock和Yogo（2002）审定的F值在10%偏误水平下的16.39的临界值。

续表

变量名	pro_ser			pro_ser_iv	
	（1）	（2）	（3）	（4）	（5）
ctgdp×fsgdp			−0.1288***		
			（0.0489）		
控制变量	YES	YES	YES	YES	YES
固定效应	YES	YES	YES	YES	YES
Constant	−17.9169	−20.7979*	−20.8569*	52.8207***	15.4255***
	（12.5176）	（12.5085）	（12.4180）	（1.0316）	（5.9123）
RKF 检验				430.316	432.488
DWH Chi²/值（p−value）				112.938（p=0.0000）	99.4105（p=0.0000）
Observations	2468	2468	2468	2526	2468
R−squared	0.2478	0.2412	0.2396	0.8239	0.8662
Number of city	230	230	230	230	230

表 3.12　　　经济增长目标完成对服务业高质量发展（高端服务业）影响的实证结果

变量名	high_end			high_end_iv	
	（1）	（2）	（3）	（4）	（5）
ctgdp	−0.0575**			−0.3048***	−0.2822***
	（0.0251）			（0.0556）	（0.0546）
ctgdp×fhgdp		−0.1326***			
		（0.0443）			
ctgdp×fsgdp			−0.0732		
			（0.0529）		
控制变量	YES	YES	YES	YES	YES
固定效应	YES	YES	YES	YES	YES
Constant	−4.5484	−5.4888	−5.8076	33.2019***	15.1675***
	（7.4075）	（7.4114）	（7.4015）	（0.8913）	（5.2792）
RKF 检验				429.895	432.055
DWH Chi²/值（p−value）				9.74964（p=0.0018）	21.0949（p=0.0000）
Observations	2467	2467	2467	2526	2467
R−squared	0.2212	0.2220	0.2195	0.6687	0.7330
Number of city	230	230	230	230	230

（三）中间机制检验

基于理论分析和实证结果可知，在"政府工作人员竞争锦标赛"的激励模式与"向上负责"的政治体制下，地方政府逐渐形成以"GDP 增长"为核心的经济治理观。为实现 GDP 短期内高速增长，制定以"层层加码"和"硬约束"为主要特点的经济增长目标常常作为经济治理手段。在经济增长目标的约束下，地方政府的资源配置行为将发生扭曲进而抑制服务业高质量发展。在这一部分将基于理论机制部分的分析验证经济增长目标约束对服务业高质量发展影响的中间机制。

由前文分析可知，经济增长目标的约束会因为扰乱地方要素资源配置而抑制我国服务业高质量发展。所以，本部分将进一步从地方政府的财政支出行为、土地资源配置行为、投资行为和引资行为四个层面对中间机制加以检验。而因为省市间加码与约束特征对地方政府的行为负面影响更大，所以本部分在这一章节重点从这两个角度展开对中间机制的检验。

关于中间变量的指标选择，需要特别做出如下说明：

（1）创新行为（patent）。为保证经济增长目标的实现，各地地方政府增加基础设施建设，减少教育、科技投资。而教育、科技投入的缺失也将导致地方创新性要素的供给不足，进而抑制服务业高质量发展。本部分选取地方每万人发明专利申请数量这一指标作为代理变量并加以刻画。其中，地方发明专利数量数据来源于国家知识产权局数据库。

（2）土地资源配置行为（land）。"标尺竞争"时期，由于工业用地的低价格限制使各地地方政府只能通过提高商服用地价格这一方法保证财政收入的稳定性。由此，本部分将会以商服用地价格与工业用地价格之比作为代理变量来刻画土地资源错配现象。其中，商服用地价格和工业用地价格数据来源于国土资源部。

（3）投资行为（state_owned）。考虑到地方政府的投资行为大多依靠国有企业进行（马草原、李成，2013），故选择使用地方国有上市企业数量这一指标作为地方投资的代理变量。由于地级市层面国有企业数量数据在宏观上不可得，因此本部分从微观层面上通过建立代理变量加以计量。将国泰安数据库中 A 股市场中，国有股比例超过 30% 的公司处理成国有，否则为非国有企业，再按企业所在地加总到地级市层面，最后确定了地级市层面国有企业总量的代理变量。

（4）引资行为（fdi_ind）。本部分选择了使用限额以上外商投资工业企业工业总产值与地区 GDP 之间的比率，用这一指标作为代理变量对地方政府引资行为加以刻画。地方限额以上外商投资工业企业工业总产值数据来自《中国城市统计年鉴》。

中间机制检验部分实证结果如表 3.13 所示。实证结果显示：从创新行为维度来看，经济增长目标约束减少了地方政府对教育科技的投入进而导致创新能力不足，不利于地方服务业高质量发展。从土地资源的错配行为来看，使用硬约束的方式设定经济增长目标将通过提高商服用地价格进而抑制服务业高质量发展。具体表现为模型中变量 $fhgdp$ 系数显著为正。从投资行为来看，经济增长目标约束使得地方政府偏好于引入工业企业，这一行为将不利于地方服务业高质量发展，具体表现为模型中变量 $cpgap$ 系数显著为正，变量 $state\_owned$ 系数显著为负。从引资行为来看，经济增长目标约束使得地方政府偏好于引入外资中的工业企业，不利于地方服务业结构高质量发展，具体表现为模型中变量 $cpgap$ 系数显著为正。由此，经济增长目标约束主要通过导致政府的要素资源错配抑制地方服务业高质量发展。

表 3.13　　　　　　　　　　中间机制检验实证结果

变量名	（2） patent	（4） land	（6） state_owned	（8） fdi_ind
$fsgdp$	0.0454 （0.1504）	−0.0800 （0.3060）	−0.9191*** （0.2185）	0.1118 （0.4832）
$fhgdp$	−0.1530 （0.1161）	0.4659** （0.2372）	0.0241 （0.1673）	0.6246 （0.4577）
$cpgap$	−0.0592* （0.0308）	−0.0749 （0.0499）	0.0914** （0.0414）	0.2759*** （0.1047）
控制变量	YES	YES	YES	YES
固定效应	YES	YES	YES	YES
Observations	1803	1862	2468	2468
R-squared	0.3396	0.1532	0.1296	0.1566
Number of id	230	226	230	230

（四）稳健性检验

除在使用工具变量法处理模型中可能存在的内生性问题，本部分在这一部分将采用系统 GMM 法进一步检验经济增长目标约束对服务业高质量发展的影响，表 3.14 结果给出了系统 GMM 检验结果。结果显示，从经济

表3.14

系统 GMM 估计结果

变量名	(1)	(2)	(3)	(4)	(5)	(6)	(7)	(8)
	pro_ser	pro_ser	pro_ser	pro_ser	pro_ser	pro_ser	pro_ser	pro_ser
L.pro_ser	0.4932*** (0.0384)	0.4207*** (0.0382)	0.5815*** (0.0583)	0.3281*** (0.0473)	0.3538*** (0.1064)	0.3273*** (0.0494)	0.4260*** (0.1319)	0.3287*** (0.0382)
cpgap	-1.4584*** (0.2361)	-0.8038*** (0.2589)						
ctgdp			-0.5756*** (0.1169)	-0.4857*** (0.1740)				
ctgdp_fsgdp					-0.8633 (0.7276)	-0.1010 (0.8509)		
ctgdp_fhgdp							-3.6373*** (0.8618)	-0.4013** (0.1782)
控制变量	NO	YES	NO	YES	NO	YES	NO	YES
AR（1）	0.0005	0.0000	0.0001	0.0001	0.0429	0.0157	0.0021	0.0000
AR（2）	0.1135	0.3239	0.2123	0.2437	0.1130	0.4929	0.3450	0.5486
Sargan 检验	0.4445	0.1725	0.7250	0.1771	0.2684	0.1645	0.2232	0.2087
样本数	1376	1356	1146	1356	1146	1134	1146	1356
城市数	230	230	230	230	230	230	230	230

增长目标约束特征的不同维度看，其对服务业高质量发展的影响依然十分显著，即经济增长目标的硬约束特征、"层层加码"和超额完成均不利于服务业高质量发展，这也为本部分的研究结论提供了稳健性支持。

接下来，本部分从以下三个方面考虑模型的稳健性问题。

在模型层面，正文的模型中，本部分分别验证了经济增长目标的"层层加码"、经济增长目标约束特征以及经济增长目标完成情况等对服务业内部结构升级的影响。不置可否的是，经济增长目标的"层层加码"、经济增长目标约束特征以及经济增长目标完成情况等对服务业高质量发展的影响是同时存在的，分别对这三者进行检验，有可能导致遗漏变量偏误。为此，本部分在稳健性检验部分将这三个变量同时纳入到一个模型中进行验证，实证结果如表 3.15 所示，结论与正文结果基本一致，模型稳健。

表 3.15　　经济增长目标约束对服务业高质量发展影响的实证结果

变量名	（1）	（2）	（3）	（4）
	pro_ser	*pro_ser*	*high_end*	*high_end*
fhgdp	0.1300	0.1457	0.1617	0.1706
	(0.1613)	(0.1582)	(0.1549)	(0.1545)
fsgdp	0.8240**	0.5627**	0.8799**	0.6360**
	(0.3416)	(0.2288)	(0.3727)	(0.2606)
cpgap	−0.2319***	−0.2050***	−0.1311**	−0.1080*
	(0.0687)	(0.0674)	(0.0617)	(0.0564)
ctgdp	−0.0067	−0.0014	0.0247	0.0464
	(0.0395)	(0.0363)	(0.0311)	(0.0291)
ctgdp_fhgdp	−0.0380	−0.0301	−0.1147**	−0.1117**
	(0.0517)	(0.0539)	(0.0515)	(0.0514)
ctgdp_fsgdp	0.0679	0.0040	0.0461	−0.0324
	(0.0983)	(0.0562)	(0.1006)	(0.0588)
控制变量	NO	YES	NO	YES
固定效应	YES	YES	YES	YES
Observations	2526	2468	2526	2467
R−squared	0.2144	0.3652	0.1225	0.2778
Number of id	230	230	230	230

在变量层面，地级市层面的服务业细分行业增加值数据不可得，故本部分将以地级市服务业细分行业从业人员数与服务业细分行业平均工资的

乘积作为服务业细分行业增加值的代理变量，分别计算出各地级市生产性服务业增加值占服务业增加值比重和高端服务业增加值占服务业增加值比重两个指标来刻画服务业高质量发展水平，平均工资数据来源于《中国劳动统计年鉴》。

本部分还采用了省级增加值数据检验了省级加码对省级服务业高质量发展的影响，与正文结果基本一致，实证结果稳健。此外，本部分在正文部分对服务业结构高级化的刻度使用了生产性服务业从业人员比重和高端服务业从业人员比重作为主要指标，这一指标并不能反映城市生产性服务业与制造业的合理匹配情况，为了进一步分析，本部分使用生产性服务业从业人员与制造业从业人员之比作为新指标验证经济增长目标与服务业高质量发展的实证结论，表 3.16 给出这一结果，结论与正文部分基本一致，即经济增长目标约束不利于地区服务业高质量发展。

表 3.16 　　　　　　　基于省级增加值数据的实证结果

变量名	（1）	（2）	（3）	（4）
	pro_ser	pro_ser	pro_ser	pro_ser
pngap	-0.1680^{***} (0.0409)	-0.1461^{***} (0.0379)	-0.1157^{***} (0.0291)	-0.0994^{***} (0.0269)
控制变量	NO	YES	NO	YES
固定效应	YES	YES	YES	YES
Observations	741	731	741	731
R-squared	0.3986	0.4336	0.4247	0.4571
Number of id	155	150	155	150

第四节　主要结论与政策启示

本书将地方经济增长目标制定与产业高质量发展联系起来，从制造业高质量发展和服务业高质量发展两个层面分析了地方经济增长目标制定对产业高质量发展的影响，以我国 230 个地级市政府工作报告中的经济增长目标数据为样本，着重从经济增长目标约束性特征、经济增长目标"层层加码"和经济增长目标实现情况三个方面，检验了地方经济增长目标约束对制造业高质量发展的影响。研究结果显示：

（1）当经济增长目标用语中采用"确保""力争"等硬约束词汇时，这类地级市的产业高质量发展水平较低。相反，我们发现在经济增长目标用语采用"左右""上下"等软约束词汇时，这一类的地级市的产业高质量发展水平较高。这个结论无论在制造业高质量发展还是在服务业高质量发展中都显著存在。

（2）经济增长目标"层层加码"抑制了产业高质量发展。地级市经济增长目标离所在省份经济增长目标越大，其产业高质量发展程度也就越低。这一结论在制造业高质量发展中表现为抑制了技术密集型产业比重的提升，在服务业高质量发展中表现为抑制了生产性服务业和高端服务业比重的提升。

（3）从经济增长目标完成情况角度来看，经济增长目标的完成度也应在合理的范围内，目标超额完成不利于产业高质量发展。并且，存在硬约束的情况下，经济增长目标实际完成情况越好，反而越不利于当地的产业高质量发展。

（4）从中间机制检验结果来看，经济增长目标"层层加码"对产业的作用主要是通过对资本要素、创新要素、土地要素以及财政支出等各类生产要素的扭曲抑制了产业高质量发展。

根据以上研究结论，本书提出了以下政策启示：

（1）科学制定初始目标。"层层加码"给低层级的政府增加了经济压力，在此压力下政府的行为导向会给地方服务业结构升级设置一系列阻碍。因此，更高层级政府应制定科学的初始目标，为产业转型升级扫清障碍。

（2）优化地方政府绩效考核体系，推进产业质量考核。弱化经济增长目标考核，引导各级政府采用科学适当的增长目标，在目标制定上更加"留有余地"，尽量减少增长目标的硬约束，为转变经济增长方式留足弹性空间，落实经济与产业质量双挂钩的考核体系，实现真正意义上的经济高质量发展。

（3）调整政府投资结构，政府及有关部门在制定政策时，应注意引导资金流向服务业，使政府政策在产业结构转型中发挥促进作用。同时，地方政府应积极培育高质量产业，政策也要适当向相关企业倾斜，以此助力产业转型。

（4）加强财政体制的深化改革，转变地方政府以土地出让为中心的发展方式，逐步将土地财政纳入预算管理体系。中央政府承担部分全域性等民生公共支出责任，减轻地方政府追求"土地财政"的动机，也有条件重视科学和教育支出，培育创新动能。

（5）鼓励企业建立技术研发中心，培养内在竞争力。一方面，大企业要发挥其资金和人力资源等优势，开发独创性的核心技术，进而实现企业内向企业外的技术渗透。同时，提高科技研发人员的薪资，做好科研成果的产权保护。另一方面，中小企业要积极构建技术创新网络体系，为核心技术提供补充。企业还可以同高校和科学院所合作，培育具有创新能力的优秀人才。

第四章　经济增长目标约束对技术
创新的影响研究

党的十九大报告里有提到，创新是推动发展的头等重要的力量来源，是推动社会主义现代化经济体系建设的战略支撑。中国经济发展模式的转变提高和 2035 年我国跻身创新型国家第一梯队的目标都要求中国更加重视科技创新，用创新拉动经济到达更高发展水平。地方政府为了当期经济绩效的增长着力于粗放型发展忽略技术进步长期拉动力的行为屡见不鲜。即使我们不愿意但也必须接受的尴尬现状是，随着在创新方面的投入不断增加以及创新得到的成果不断大量产生，中国的技术进步高度在全要素生产率方面却没有看到显而易见的进步（郭庆旺、贾俊雪，2005；徐瑛等，2006；李宾、曾志雄，2009）。在某种程度上，类似于"GDP 崇拜"，我国地方政府也多少有一点踏进了"R&D 崇拜"，这样的"R&D 崇拜"多多少少会歪曲政府对创新的支持行为，部分地区自己非要执行的自主创新战略从结果上看并不好（余泳泽、张先轸，2015），在创新上投入的巨大期望却没有给我们带来显而易见的技术进步。本部分试图从地方经济增长目标约束视角去解析中国在创新驱动战略实施过程中存在的以上困境，进而从创新驱动视角为实现经济高质量发展提供一个新的路径。

第一节　改革开放以来中国技术创新的发展与困境

一　改革开放以来中国技术创新的发展历程与成就

（一）中国技术创新总体情况

科技创新凭其能发挥有效促进经济增长的作用，受到了我国政府的高度重视。改革开放之后，我国数次在科技领域进行了干脆利落的制度性调整，把激励技术创新提高到国家战略，政府一直在加强科技创新投入。自

2000 年起，中国研发支出的年均增长率超过 20.0%，这远远高于 GDP 的年增长率。2012 年，研发支出达到 10298.4 亿元，第一次超过万亿元。2016 年，中国在 R&D 方面的经费开销是 15676.7 亿元，仅低于美国。

在科技创新上投入的大量研发经费引发了创新产出的极速增加。图 1.7 以专利受理量和研发支出占 GDP 的比重为基础数据，对比中日美三个国家的具体数据，从图 1.7 中可以得到两点结论：一是中国的专利受理量明显增加，1996 年的日本专利受理量是中国的 16 倍，美国的专利受理量是中国的 7 倍。但是在 2015 年，日本的专利受理量只是达到了我国的 30.0%，美国的专利受理量也仅仅只达到了中国的 53.0% 左右。二是从研发经费占 GDP 比重的视角来分析，我国 GDP 中研发经费所占的比重在飞速增加，2014 年的时候研发经费所占比例就有超过 2.0%，符合创新型国家的要求。但是，中国研发支出占 GDP 的比重始终低于日本和美国。美国和日本的研发支出占 GDP 的比重始终高于 2.0%，日本甚至在 2007 年和 2014 年超过 3.5%。经资料整理所得，创新型国家技术创新对 GDP 的贡献率超过了 70.0% 以上，美国作为佼佼者能达到 80.0%，但是我国暂且没有达到 40.0%。从以上资料可以知道，改革开放之后我国的科学技术水平一直在以一个很快的速度在进步。

（二）改革开放以来中国技术创新的阶段与历程

从 1978 年 3 月全国科技大会的举办开始，回想我国改革开放以来的数十年时间，机缘和困境不知出现了多少次，模仿和自主创造同时并举。按照某些特殊事件，能够把我国技术创新发展的过程拆解为四个阶段：起步阶段——恢复与重建（1978—1985 年）；发展阶段——市场换技术（1985—1995 年）；深化阶段——科教兴国（1995—2006 年）；自主创新阶段——创新驱动发展（2006 年至今）。

1. 起步阶段——恢复与重建（1978—1985 年）

1978 年的科技大会上得到的"生产力中应该有科学"，确立了将达成 20 世纪四个现代化（科学技术现代化作为其中的关键）当成国家的战略目标，除此之外还发表了《1978—1985 年全国科学技术发展规划纲要》，对自然资源、能源、农业、工业、国防、环境保护、材料、电子计算机、激光、空间、高能物理、遗传工程及其他共 27 个门类和基础科学、技术科学两大门类的科学技术研究工作制定了长远筹划，决定了 108 个重点研究项目，在同一时间决定了"学习外国，洋为中用"的方针政策。中国在技术创新上的摸索阶段就此开始。

科技大会结束之后，我国连续发布了若干鼓舞、激励科技创新的法律和条例，具体有：《发明奖励条例》《自然科学奖励条例》等。在其他方面，科研机构也在不断新建，科研经费的支出也开创了从未有过的高度。我国也因此收获了"科技的春天"。

然而这个阶段我国在科技方面的首要任务是复原和再建科技体制，仍旧是在计划经济体制下的还原和调理。体制机制的过时让经费投入的效用很差，关乎技术的采购还仅仅在机器的基本操作水平。

2. 发展阶段——市场换技术（1985—1995 年）

因为有前期技术引进时积累的经验教训，1984 年 3 月 22 日，国务院在同意批转国家经委《关于做好技贸结合和旧设备选购工作的报告》的批语中强调"用我们的一部分市场换取国外的先进技术"，首次明确"市场换技术"这一重大战略。由于国内当时经济与科技严重脱节的矛盾，1985 年 3 月 3 日，党中央正式发布《中共中央关于科学技术体制改革的决定》，明确强调全国主要科技力量要大力帮助国民经济，为经济建设的发展服务。中国的技术创新进程随之进入市场阶段。

我国经济发展模式的转变的成功实现关系到中国经济能否走向均衡和可持续发展道路，事关中国能否从经济大国进步为经济强国，事关中华民族能否真正走向繁荣富强。改革开放之后，我国为促进技术进步采取了各种各样的方案，"以市场换技术"就是为了促进技术进步所进行的尝试。《90 年代国家产业政策纲要》（以下简称《摘要》）清晰提出，只要能得到关键技术和设备，同意开放部分国内市场但一定要有原则。《摘要》的关键就在于通过 FDI（外商直接投资）优化投资结构，进一步提高国民经济的内在含量，通过开放程度不断增加的市场吸引外企直接或间接投资，以此获得国外的先进技术，促进中国技术创新的进一步发展。由图 4.1 可知：1985 年往后看，实际使用的外资总量是在不断增加的；1985 年到 1991 年这个时期，吸引外资仍是在低级阶段，实际利用外资额有少量增加但是总量还是很少；1992 年之后外商投资额能够看到显著的增长，到了 1997 年，这个数字达到了 640 多亿美元，之后虽有小幅减少但很快回升。这说明中国引进外资的规模一直在持续扩展，对外开放持续扩大。

市场到底能否换来技术？这个说法充满了不确定性，我们应该从正反两面看该政策带来的具体结果。以现实实际的视角，"市场换技术"的案例中，有漂亮的引入案例，高铁产业便是其中一个具有代表的事件。2004 年左右，为了买入高速铁路机车而举办的三次重要招标里，铁道部积极充分发挥其主观能动性，使用了精确的商讨战术，结果由法国阿尔斯通、日本川崎、加拿大庞巴迪接到了该项目。在与这些国际知名企业合作交流的

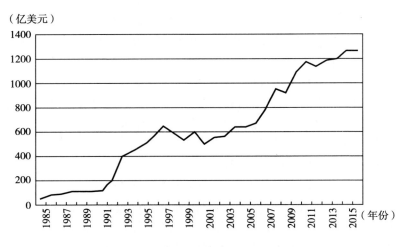

（亿美元）

图 4.1　1985—2016 年实际利用外资情况

过程中，我国成功引进、消化并吸收了外国高铁机车设计、研发、生产的核心技术，目前我国已建成平均时速 300 千米以上的高速铁路网络，高速铁路总里程约等于世界上其他所有国家拥有的高速铁路里程之和，更厉害的是，中国已经可以出口高速列车以及承担建设高速铁路和提供其他配套服务。

　　然而失利的实践也是存在的，汽车产业便是其中一个典型代表。尽管外商投资确实带动了我国汽车产业向前推进，增加了汽车行业的回报率，激励了一波零部件产商的生长。然而，我国还是没有得到发动机和变速器这类关键技术，汽车的关键部件还是只能靠进口，没有自己设计生产制造的能力。

　　一个政策根据对象的不同产生大相径庭的效果，这不是随机出现的结果，应是和市场的特点、执行的尺度以及大家的协同互助有关。在引进高速铁路的案例中，铁道部的核心领导发挥了至关重要的作用，铁道部对于习得先进技术的意识非常强烈，在数次商讨过程中始终把引进并掌握国外核心技术作为前提条件，然而汽车产业仅仅提出了外资占比不得超过 50% 的要求。在当时的情况下，与充满不确定性的汽车市场相比，高速铁路市场对于外商具有更大的吸引力，这也是中国引进国外核心技术的重要筹码。

　　3. 深化阶段——科教兴国（1995—2006 年）

　　《中共中央国务院关于加速科学技术进步的决定》以及紧接着颁布的《"九五"全国技术创新纲要》清晰提出"科教兴国"的国家战略，还有将企业当作创新首要的宗旨。在这个阶段，科技体制机制改革的速度显著提高，1996 年全国人民代表大会议定《中华人民共和国促进科技成果转化法》，1999 年发表《中共中央国务院关于加强技术创新，发展高科技，实现产业化的决定》，2001 年《"十五"科技发展规划》特别强调"三个国家主体科技计划+两个规划建设"的计划体系，强调要加强科技原始性创新与跨域式发展。各式各样政策不断发布、特殊方案的履行和海量经费的参加为自主创新，还有企业成为创新首要扫清了障碍。

4. 自主创新阶段——创新驱动发展（2006 年至今）

2006 年时任国家主席胡锦涛在全国科技大会提出要"努力走中国特色自主创新道路"。随后发表了《实施〈国家中长期科学和技术发展规划纲要〉的若干配套政策》，在科技投入、税收鼓励、创造和保护产权和科技人才队伍建设等 10 个方面颁布了数个政策，努力使科技创新体制机制的进步跟上生产进步的速度。"自主创新"新进程由此开始。

表 4.1　　　　　　　　　　分阶段技术创新指标平均值

	1989—1995 年	1995—2006 年	2006—2016 年
经济发展速度（%）	19.6	11.3	11.9
实际利用外资（亿美元）	226.7	538.0	996.3
R&D 经费支出（亿元）	169.1	1193.3	8625.0
技术引进合同成交额（亿美元）	46.5	145.1	281.3
专利授权数（项）	28250.0	122440.0	951265.0

资料来源：《中国科技统计年鉴》，国家统计局官网（http://www.stats.gov.cn/）。

表 4.1 将我国改革开放之后技术创新每个阶段的科技投入及成果进行了对比。几个阶段的经济发展速度皆超过了 11.0%，这几年经济发展速度稍显下降，这反映了中国经济发展从高速度转变成高质量，尤其是开始注重全面协调可持续发展。从研发支出视角来看，国内的 R&D 支出和外商投资皆持续扩大，2006—2016 年 R&D 经费支出大抵是 1995—2006 年的 8 倍。尤其是自主创新阶段的 R&D 支出首次领先实际利用外资额，显露了我国对自主创新水平的重视。

从科技成果视角来看，技术采买协议达成量持续扩张，2006—2016 年达成量是 281.31 亿美元；专利授权数也在用超出想象的速率扩充，1995—2006 年专利授权平均数比 1989—1995 年扩张了 334.0%，2006—

2016 年该数据跨越 670.0%。多多少少体现了我国"创新驱动发展"战略的成效。

二 改革开放以来中国技术创新区域差异的演进

尽管我国科技事业在总体上维持着迅捷发展的状态，可是省份与省份之间有着巨大的鸿沟，尤其是随着现代信息技术的快速崛起，以高铁、地铁等为代表的快速交通网络的不断成长，以信息化技术的应用为代表的第三次科技革命和以智能制造为主导的工业 4.0 将重新构建我国的经济地理版图，对区域经济的发展产生巨大影响。在经济发展现状的视角下，技术创新逐渐当上新经济条件下起决定性作用的根本力量，给经济地理分布形成深厚的影响。区域间专利产出量的对照能够体现区域创新能力的区别。专利是发明创造者权利的保证，也是企业生产经营活动的技术根本，能够展现区域间产业化活动的进步后劲。所以，用东部、中部、西部的专利批准量为基础数据，对 1991—2015 年中国东部、中部、西部三大地区的技术创新活动实施解析。根据东部、中部、西部专利批准量之间的比值如图 4.2 所示，可以将 1991—2015 年分为以下四个阶段。

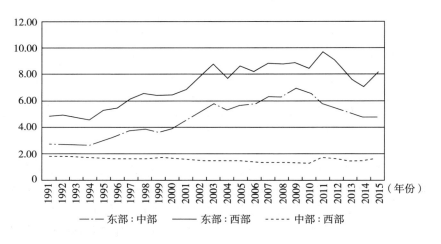

图 4.2 东部、中部、西部专利批准量比值分析

第一，差距较小阶段（1991—1994 年）。此时三大地区专利批准量增长速度大致相同。图 4.3 显示了东部、中部、西部 R&D 经费支出情况，证实在那个时候我国分发到三个地区的科研经费比较恰当，这是因为在那个时候我国总体上科研水平非常局限，技术创新工作正当开始，重申平衡

发展的传统区域经济理论在业界依然处于引领的位置，东中西部科研投入和产出的区域差异尚且不明显。不过东部地区的资源先天条件优秀，经济发展较为迅速，教育事业也处于较高水平，有更多的资金和更好的人才供应，因此互相比较后，东部地区的专利批准量是最多的也就不足为奇了。

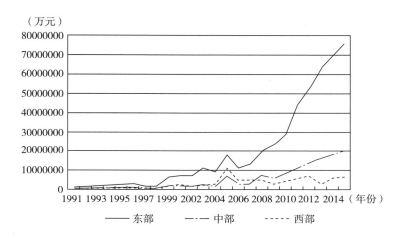

图 4.3　东中西部 R&D 经费支出情况

第二，差距扩大阶段（1995—2003 年）。在那个时候东部与中部、西部专利批准量的比值皆显露扩大的走向，两个数值中东部与西部的比值比较大，由 1995 年的 5.2 倍扩展到 2003 年的 8.7 倍。而中部与西部的比值基本稳定，整体上呈现出下降的趋势。证实了在这个时候东部地区的科技创新工作进展顺利，与中西部差异日渐扩大。而在中西部之间进行比较后可以发现，尽管中部地区专利批准量一直高于西部地区，但二者间的差距在不断减小。东部地区专利受理量扩大的走向与在那个时候我国采用的"两个大局"区域非平衡发展战略有深切联系。改革开放刚刚开始的时候，因为想要提高生产力、恪守"和平与发展"的时代主题，学术界认真思考并研究了经典的社会主义区域经济理论，以此为模板援用梯度推移理论。党中央、国务院开始摒弃原先"沿海—内地"的区域分析方法，转而提出"东部、中部、西部"三大地区的战略构想。这一构想在"七五"计划中有了雏形，而且给"两个大局"区域非平衡发展策略供给了理论支撑。因而东部地区的经济和科技事业被中央和中西部地区广泛的支持，数不尽的资金和人才往东部地区注入。从 R&D 经费支出情况来看，东部地区在 R&D 上的经费支出比中西部地区多了很多，甚至接近中西部地区 R&D 经费支出的总和。这也说明了东部与中西部地区专利批准量差距不断扩大的缘由。

第三，差距稳定阶段（2004—2009年）。这个时期，东部与西部的专利批准量之比维持在9倍上下，中部与西部的专利批准量比值接连下滑，东部与中部的专利批准量之比同样未继续增加。以R&D经费支出角度观察，三大地区的R&D经费支出皆表露增加趋势，尤其东部地区扩张最快。2003年发表的"科学发展观"重申区域统筹发展，国家政策对中西部地区的偏向增加，中西部地区的科技投入提高，专利受理量有了显而易见的向上的走向。东部地区凭借其浓厚的科研氛围，完善的基础设施，充裕的资金支持，2003年之后，东部地区的专利批准量依然以快速增加的态势呈现。中西部地区的专利批准量都在稳定增长，并且两个区域间的差额在不断缩小。然而，由于西部地区拥有的省份比中部地区多，因此从整体来看，西部地区的科技发展水平比中部地区稍微高一点。

第四，差距缩小阶段（2010—2015年）。这个时期东部与中部、西部的专利批准量之比皆表露缩小的走向。其中，东部与西部的专利批准量之比从2011年的9.7倍下降到2014年的7.1倍，东部与中部的专利批准量之比也从2010年的6.6倍下降到2015年的4.8倍。中部与西部的专利批准量比值整体上稳定。而从三大地区的R&D支出进行分析，东中西部的R&D经费支出皆表露了扩张的走向。但因为各个地区的经济基础不同，东部地区的研发支出与中西部地区差异增加，中部地区的R&D经费支出高出西部地区。党的十八大发表了创新、协调、绿色、开放、共享的发展理念，越发强调要解决区域间发展不平衡的问题，经由产业转移和施展科技创新的外溢效应，尽最大可能构建要素在三大地区之间不受阻碍的转移的境况，总览全局，协调发展，提高对中西部地区的帮扶程度，因而减少区域当中科技创新程度的差异。

1995年"科教兴国"发表后，企业对于创新的引领作用越发特别。并且企业是市场里面最具有活力的要素，既是促进国民经济增长最重要的成分，也是把科技成果蜕变成经济利润的主力军。为了探究区域之间的科技产业化程度差异，对2010—2015年东部、中部、西部的大中型工业企业新产品研发和生产状况采取对照分析。如表4.2所示，东部和中部的新产品开发经费和新产品产值都呈现出逐年增加的趋势，而西部地区的开发新产品经费和新产品产值不稳定，总体上在波动中增加。2000年往后，党中央、国务院调节区域发展策略，增加对中西部地区的政策扶持程度，发表并履行西部大开发、创建中原城市群、援助少数民族地区发展等一连串相关政策，这对中西部地区科技产业化的发展提供了巨大的帮助。

表4.2　　　　　　　　2010—2015年按地区分大中型工业企业
新产品开发及生产情况

年份	开发新产品经费（亿元）			新产品项目数（项）			新产品产值（万元）		
	东	中	西	东	中	西	东	中	西
2010	3186.0	855.9	378.8	111854.0	30804.0	16979.0	54408.9	12728.6	6468.7
2011	5076.0	1257.0	512.8	192059.0	48346.0	25827.0	73996.9	18319.0	8574.6
2012	5950.0	1445.0	603.5	236836.0	55891.0	30721.0	87571.4	20295.8	5001.7
2013	6886.0	1629.5	731.1	257532.0	67135.0	33620.0	96021.1	24174.0	8265.6
2014	7517.0	1806.7	799.0	273186.0	66077.0	36600.0	105656.5	27460.4	9778.5
2015	7919.0	1848.7	595.4	250750.0	55222.0	19364.0	116728.4	30588.9	6353.9

资料来源：《中国科技统计年鉴》，国家统计局官网（http：//www.stats.gov.cn/）。

三　改革开放以来创新主体结构演变

改革开放之后带来的生产力水平不断提高以及国家战略、方针及相关政策的支持和引导，我国创新主体结构不断发展优化。改革开放刚开始的时候，因为国内外各种各样因素的限制，高校、科研机构及企业在技术创新方面的功绩很少。

根据三大创新主体专利批准量在总量中占比的变动能够把改革开放之后创新主体结构的变化过程切分为以下三个阶段：

第一，布局平衡，企业还没有作为创新主体（1986—1994年）。在这个时间点我国正是创新的起始阶段，各种能力还没有达标，高校、科研院所以及工业企业的创新能力还是较为弱小。少数工业企业采用了"市场换技术"策略，执行了部分创新。以专利批准量视角观测，整体数量不多，在这之中工业企业做出了较大功绩，占比过半，如图4.4所示。

第二，企业逐渐成为创新主体（1995—2010年）。为了加快科技体制改革的步伐，党和国家确立"科教兴国"这一重大战略和"企业作为创新主体"的重大方针，并出台了一系列推动创新的政策措施。1994年社会主义市场经济体制的正式建立给企业履行创新主体功能去除了制度上的阻碍，营造了优秀的经济社会氛围。从图4.4可以明显看出，1994—1999年工业企业专利数量所占比重不断上升，由65.0%增长到85.0%。而科研院所以及高校专利数量占总量的比例逐渐下降，其中科研院所的专利占比

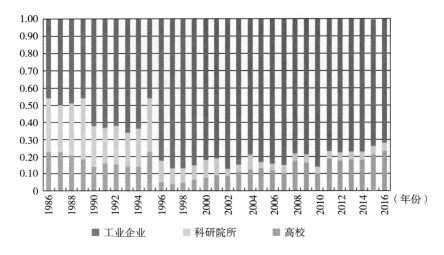

图 4.4　高校、科研院所及工业企业专利占比情况比较

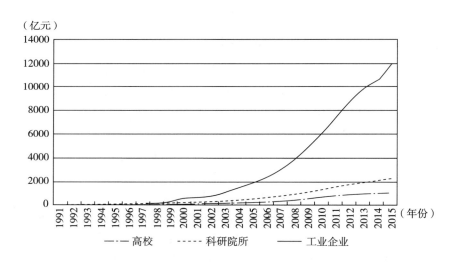

图 4.5　高校、科研院所及工业企业 R&D 经费支出

从 23.0% 下降到 9.0%。2000—2010 年工业企业的专利占比未受波动影响，维持在 85.0% 上下。科研院所的专利比重却持续减少，2010 年科研院所的专利产出仅占全部创新产出的 3.0%。在这个时间点，高校的科技产出表现出优秀的向上攀升的走向，自 2000 年的 8.0% 提高到 2010 年的 12.0%，2008 年更是达到了峰值的 18.0%。

　　从 R&D 经费投入来看，如图 4.5 所示，1995—2010 年工业企业科技投入规模不断扩大，R&D 经费支出平均增速为 33.0%。同期高校和科研院所的 R&D 经费支出平均增速分别为 20.0% 和 15.0%。总体来说，该阶段在科研气氛不断变好的情况下，企业的创新能力不断增强，科技成果持续增加，奠定了其在创新领域领导位子。

第三，产学研合作不断加强，企业当上创新主体已成定局（2011—2016 年）。这一时期中国处于自主创新阶段，随着"创新驱动发展""科教兴国""人才强国""以企业为主体、市场为导向、产学研深度融合"等重大战略的提出，技术创新的步伐明显加快。经济发展自"数量"和"速度"转向"质量"和"协同发展"，创新主体的组成走向平衡。从图4.4 可以看出，工业企业专利数量所占比重有下降趋势，2016 年为71.0%。科研院所产出占比不变，但是此时高校的专利数量占比却在持续增加，2011—2016 年大概每年增加 22.0%，2016 年为 24.0%。在 R&D 经费支出方面，三大创新主体的科技投入都在不断增加，高校、科研院所及企业科技投入的平均增速分别为 10.0%、11.0% 和 16.0%。

四　改革开放以来中国技术创新的困境

创新对经济发展和社会进步具有十分重要的作用，是我国第一大发展概念。长久以来中国政府一直看重创新和技术进步能够促进经济发展和加快产业结构调整和升级的影响，完善有关制度的同一时间做了许多科技研发和投入，获得了好多成就和科技创新成果，自主创新能力大幅度上升。图 4.1 将中国、日本和美国三国专利受理量和研发强度进行对比。由图4.1 可知，尽管和美国、日本两个发达国家相比我国研发投入占 GDP 比重仍然较低，但是我国研发投入占比一直在持续上升并在 2014 年占比超过了 GDP 的 2%，2015 年中国研发经费投入总量迈上 1.4 万亿元的新台阶。巨额的研发投入带来的是丰硕的科技研发成果。中国专利申请受理量迅速增加并超过美国、日本两国。《2016 中国科技论文统计结果》表明，2006—2016 年，我国居于世界前 1% 的高被引论文有 1.69 万篇，在前 1%中占比为 12.8%，处于全球第 3 位。《2017 年全球创新指数》表明，我国创新指数居世界第 22 位，是前 25 名集团中仅有的中等收入国家。然而，2014 年国家知识产权局发布的研究报告指出，中国还不是真正意义上的知识产权强国，距离创新型强国还有很长的路要走。创新的高质量发展仍面临很多困难和有待改进的环节。

首先，关键零件受制于人，核心基础技术创新"空心化"。János Kornai（2003）成果表明，过去一百年造就了当代人类社会的 87 项颠覆性创新中 85% 以上由美国发明，而在所有这些发明中都没有中国人（也许有中国人参与其中，但没有中国人作为发明创新的主体）的贡献。从目前来说，中国制造业核心零部件开发和设计实力依旧薄弱，任人宰割的状况基本没有变化，核心技术"空心化"依然大量存在（苗圩，2018；孟东晖等，2018；徐建荣、陈圻，2007）。毛蕴诗等（2014）成果表明，我国大量产业技术过于依赖国外技术，技术上的制约严重影响了我国产品在世界市场上的竞争力，大大限制了我国企业和产业的发展。

其次，专利轻质重量，创新转化率不高。申宇等（2018）提出，从发展经济和政绩考核角度来看，各地方政府皆在"创新崇拜"和"专利竞赛"（袁真富，2006），竞相提出的各式各样的鼓励政策，根本上歪曲了企业发明专利的根由，迫使中国企业"侧重专利数量、漠视专利质量"（张杰、郑文平，2018）。具体来说，地方政府工作人员在项目招标上因缺乏监督和法律监管而拥有较大的自主权（廖树育，2017），为了"骗补"和"寻租"，导致了虚假专利。故仅那些高质量专利有变现为创新产品的机会。杨以文等（2017）研究发现，在弱企业家精神情况下，企业拥有专利越多，创新水平越低，企业绩效越差，从而陷入"专利陷阱"和"创新困境"。

再次，合作效率低，产学研结合有待提升。当下产学研融合方式还是很简单，区域发展不平衡（黄明东等，2017），"点对链式"和产学研融合不受重视，长效激励保障机制不足（周训胜，2012；申纪云，2010）。同时，高校和企业价值取向和思想观念的差距使产学研合作意识不强（孟令权，2012；南志涛，2014），成果转化效率低。相关法律制度和顶层设计的缺位（钱敏、芮振，2013）同样也需要改进之处。

最后，科研保障薄弱，科研环境有待改善。中国高校科研缺少软硬件设备，青年教师的研究实验所需的资金支持有待提高。发达地区生活成本高昂，科研人员长期处于相对贫困状态，经济压力大。此外，孟庆金等（2010）研究发现，科研人员集中的科研院所、大专院校等科研事业单位仍然实行行政化管理模式，容易形成创新力度不够、资源占有不均、不公平竞争等现象。长期以来过于简单和频繁的考核模式、项目申报流程烦琐以及财务报账困难耗费了科研人员大量的时间和精力，导致基础性研究难以持续开展，加大了科研活动的成本，降低科研活动的产出质量。

第二节　经济增长目标约束对技术
创新的影响机制分析

有时受过高的经济增长目标影响，地方政府行为与微观市场机制会发生冲突。第一，根据新奥地利学派的观点，政府掌握的信息是不全面的，政府有可能为了经济增长点目标做出违反市场规律的举措；同时政府发展经济的迫切心态会使其对企业进行过多的干预，这会降低企业进行研发活动的自主性和积极性。第二，企业创新研发是一项长期的投入过程，并且失败的风险很高，而地方政府为实现较高的经济增长目标，会更愿意去追求短期的经济效益，从而忽视对企业创新研发的长期扶持，这会降低企业的创新产出绩效；同时企业也会受政府政策影响，更加急功近利，调整其战略决策，减少长期的创新活动。第三，为实现所设定的经济增长目标，地方政府往往会选择修路架桥等大规模基础设施建设的方式来促进经济的快速增长，这种不合理的资源配置方式，必然会挤占 R&D 投入，进而影响创新型企业的研发活动。综上，这些由于过高经济增长目标所导致的不合理的发展方式，必然会抑制大量的创新活动，影响当地乃至全国的经济高质量发展。具体来说，经济增长目标约束对技术创新的影响主要通过以下机制：

一　经济增长目标约束、财政支出结构与技术创新

经济增长目标约束通过影响财政支出结构从而影响技术创新。在过高的经济增长目标的约束下，政府必然会将财政资源更多配置基础设施建设支出这种短期经济效益较高的财政支出上，而对研发投入这种需要长期过程才能见成效的财政支出缺乏足够重视，这对 R&D 投入产生了巨大的挤占效应（Borge et al. , 2014）。

在面对经济增长目标"层层加码"和"硬约束"双重压力时，地方政府财政支出失衡，一定程度上对创新投入产生了"挤出效应"，从而抑制了技术创新活动。从政府角度来看，经济增长目标约束会使地方政府内部"唯 GDP 论"盛行，政府部门通常会选择投资基建这种最立竿见影促进经济发展的方式以达到预期的经济增长目标，这也是各地方频繁产生重复建设、政绩工程的重要原因。图 4.6 绘制了 2008—2018 年 1—2 月基建投资完成额同比增长情况，可以看出基建投资完成额每年都保持一定规模

的增长。2009 年基建投资完成额同比增速达到近些年最高值 42.20%，2010—2011 年基建投资完成额增长趋缓但很快回升，截至 2018 年 1—2 月，基建投资完成额同比增速为 16.10%。但政府资源不是无限的，过度投资基础设施会侵占地方政府用于技术创新的财政投入（傅勇、张晏，2007）。国家统计局资料透露（见图 4.7），2008—2017 年国家财政教育、科技支出仅占财政总支出的 18%—20%，而且 2012 年以后国家财政教育、科技支出占比逐渐下降，截至 2017 年仅为 18.43%。教育、科技投入的不足导致创新要素供给缺乏，势必会抑制技术创新水平的提升。

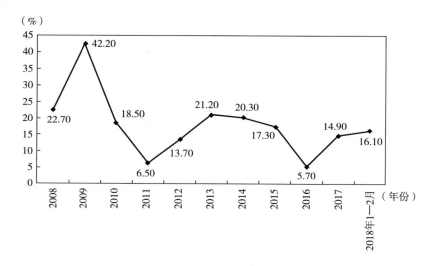

图 4.6　基建投资完成额同比增速变动情况

资料来源：中国产业信息网（https://www.chyxx.com/）。

以往的研究表明，政府的财政科教投入能够从两方面促进地区技术创新。一方面，地方政府通过大量的科研补贴，可以有效缓解创新项目所面临的资金压力，减少投资者所受风险，进而激发其继续进行研发投入的热情；另一方面，因为研发过程的回报周期长、风险大，单一企业的研发投入激励明显不足，政府可以通过一些手段改善现有局面。例如，政府可以以学校为平台，增加对产学研结合的资金扶持，同时根据科学前沿发展、国家战略需求，拨款专项建设技术研发中心、搭建创新技术交流共享网络，促进科技成果转化及产业化，进而为地区技术创新"添砖加瓦"。综上所述，较高的经济增长目标会造成地方政府财政支出失衡，进而对地区技术创新产生巨大的负效应。

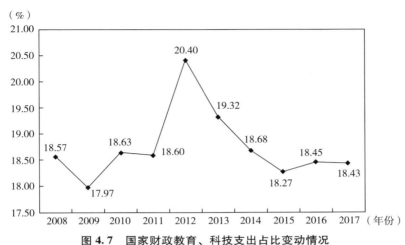

图 4.7 国家财政教育、科技支出占比变动情况

资料来源：国家统计局网站（http://www.stats.gov.cn/）。

二 经济增长目标约束、土地资源错配与技术创新

根据当前土地相关政策，地方政府能按自己的需要调动辖区土地资源。故在经济增长停滞时，土地拍卖给地方政府带来了大量资金并且推动了经济增长（刘守英，2017）。从土地资源的供给与配置上看，地方政府通常喜欢周期短、见效快的生产性投资，经常对工业用地采用低价协议转让，再经由增加商住用地以获得更多经济利润，导致工业用地被商住用地驱逐，遏制了创新。起初，长时间的低价协议转让造成城市工业用地大量迅速增加，导致工业园区与开发区使用率不高（毛文峰、陆军，2020），约束了城市技术水平的提高（张少辉、余泳泽，2019）。

地方政府偏好将税收优惠、降低环境门槛与低价工业用地同时并举，因为这种方式招来的资源密集型与污染密集型产业能快速地促进经济增长。但是，这两种产业既缺乏创新能力也不愿意去创新，这两种产业如果过多不但能引起产业低端"锁定"窘境，并且会妨害先进制造业的发展，有害于该地区发展模式向优转变。地方政府大量卖地引起房地产投资太甚、房价高涨（Du et al.，2011），以致遏制企业创新的欲望（陈斌开等，2015）。具体来说，房价增速太快会引起其他行业将资源用于购买土地、房产，减少在生产、创新方面的资源配置，即产生了挤出效应。概括来说，经济增长目标制定太高会进一步错配土地资源，遏制创新的产生。

此外，地方政府为达到更高的经济增长目标，由于土地要素错配导致的城市房价的上涨也会抑制自主创新水平的提高。第一，房地产等投机性资

产泡沫会将居民储蓄以及金融信贷资源挤出生产性创新投资，造成资源错配，不利于技术创新水平的提高。第二，企业被房地产业高利润率吸引，产生了投机动机，将自有资本投入到房地产部门，压缩了生产性部门的创新投入，抑制了企业的技术创新活动（余泳泽、张少辉，2017）。王文春和荣昭（2014）研究表明，1998—2010 年房地产上市公司利润率约为 9%—21%，而同一时期的工业企业年平均利润率最高才达到 8%。庞大的利润率差距促使工业企业纷纷进军房地产行业，数据显示 2017 年 35 个大中城市半数以上的上市工业企业开展房地产相关业务，这势必会挤占主营业务的创新投入。余静文等（2015）运用相关中国工业企业数据和 35 个大中城市宏观数据得出结论：在房价上涨过快、房地产投资回报率高的时候，企业将资源优先规划给房地产部门，同时减少研发投资的支出。第三，房价的上涨也会抑制创新人才的流入。房价收入比偏离度的上升提高了"生存门槛"，降低了个人的效用水平，不仅阻碍了创新人才向中心城市的集聚，还会使创新人才出于避险的考虑选择相对稳定的职业。Li 和 Wu（2014）利用中国数据研究发现高房价迫使人们偏向于将更多的资源用于买房，减少了潜在的高风险创业的可能性。第四，根据"地理学第一定律"，城市房价具备显著的"蔓延"特性，周边地区房价会因为一个地区房价的上涨而上涨，从而不利于周边地区创新水平的提升。Bitter 等（2007）和 Baumont（2007）发现，区域房价在空间上具有交互影响的作用，我国相关专家也验证了我国地区房地产价格的空间效应（孟斌等，2005；王鹤，2012）。

从企业角度来看，在经济增长目标约束和财政分权的背景下，地方政府为谋求短期经济增长大量投资基础设施建设会"挤出"企业研发投入（蔡晓慧、茹玉骢，2016）。新古典理论认为，政府支出增加了社会总需求，当总需求不断增加直到超过总供给时，市场利率上升，导致投资减少（Spencer and Yohe，1970）。因为研发活动存在高风险、高投入和周期长的特点，因此企业为了实现短期内的快速发展往往选择模仿创新和二次创新，排斥自主创新，同时缺乏资金的企业更愿意减少研发支出（Himmelberg and Petersen，1994）。

三　经济增长目标约束、僵尸企业与技术创新

作为一个理性的执政政府工作人员，如何在资源有限的条件下实现尽可能高的经济增长速度，以更好地完成经济增长目标，关键在于利用政府有限的资源去撬动更多社会资源以支持经济增长。在资源总量给定的条件下，政府差异性分配资源会加剧地区间企业资源分配的不平衡，获得更多

资源的企业将通过撬动社会资源增加固定资产投资以促进经济增长目标，必然会对另一部分企业资源形成挤出效应，从而扭曲企业间竞争，导致这两类企业可供支出的研发投资资源相对有限。

一方面，以国有企业为代表的大企业与政府之间有着天然的"关系"，使其在承担社会负担的同时，可能获得政府在某些政策的制定或资源分配上某种程度的倾斜，致使这两类企业面对存在较大差异的融资约束程度。正是因为存在这种天然的"政治联系"，国有企业可以轻易获得大量廉价资源而形成"资源诅咒效应"，特别是在金融市场管制条件下，国有企业的资本收益只有私营企业一半，但是它的银行贷款居然是私营企业的 3 倍还多，而非国有企业无论在获取银行贷款融资还是资本市场权益融资方面均面临更为严重的融资约束程度。面临融资约束程度较大的非国有企业，当地方政府传导经济增长目标压力促使其必须增加固定资产投资时，其对研发支出的挤出效应可能更大，从而抑制其技术创新。

另一方面，国有企业作为政府执政的延伸，其经营行为通常会体现为地方政府的执政意志，在经济增长锦标赛的晋升激励下，地方政府为实现当地 GDP 增长，会干预辖区国有企业利用投融资平台完成劳动力吸纳高和增加固定资产等见效快的投资项目，同时削减不确定性高和周期长的技术资产投资，从而导致地方国有企业过度投资。隶属于政治金字塔中的国有企业经理人为了迎合上级政府经济增长目标，也会增加短期资本投资，忽视长期创新投资。此外，来自地方政府更加频繁的干预导致国有企业无法拥有一个稳定的预期环境，其长期研发投资意愿降低，从而降低其研发意愿。

更为重要的是，为了保持增长和就业，地方政府会减缓"僵尸企业"处置的进程。现有研究表明"僵尸企业"存续的内部动因在于银行面临的不良贷款压力可以通过续贷"僵尸企业"来满足监管要求，而外部动因则来自政府要求银行帮助企业维持经营存续以免产生大量失业。而关于我国"僵尸企业"的研究表明，政企合谋、企业比较优势和国有企业资金配置偏向性等政府干预因素是中国"僵尸企业"的主要成因（聂辉华等，2016；申广军，2016；钟宁桦等，2016），"僵尸企业"产生的根源是政府对经济的过度干预（何帆、朱鹤，2016）。"僵尸企业"本身创新活动受限的同时，也会经由加重资源约束、歪曲信贷配置和破坏行业公平竞争等渠道削弱正常企业的创新能力（王永钦等，2018）。

四　经济增长目标约束、服务业结构滞后与技术创新

地方政府制定较高的经济增长目标亦会造成生产性服务业的发展脱离

实际应有水平。从需求侧来看，地方政府为了超额完成经济增长目标，倾向于投资、引进重工业等资本密集型项目，这类技术含量相对较低的中低端制造业对生产性服务的需求并不高，导致城市生产性服务业一直处于缓慢发展的阶段。就供给侧而言，地方政府"重基础建设"的财政支出偏向，导致知识密集型与技术密集型产业缺乏足够的财政资源支持，不利于地方生产性服务业发展水平的提高。同时，地方政府往往通过抬升商住用地价格来弥补低价协议出让工业用地形成的亏损，使生产性服务企业在选址时必须面对更为紧俏的商住用地市场，承担更高的土地要素价格。因此，较高的经济增长目标提升了生产性服务业的生产成本，导致了生产性服务业发展滞后（余泳泽、潘妍，2019）。

由于研发创新是"长周期、高投入、高风险"的知识密集型活动，其对技术、知识与资金等创新资源的变动十分敏感，而生产性服务业正好能满足上述需求。宋大强（2021）指出，生产性服务业发展有助于改变制造业企业创新能力落后的局面。倘若一个地区的金融、信息、技术等生产性服务较为缺乏，投资者和企业家将无法形成相对稳定的预期，那么当地的创新活跃程度也会不断下降（高翔，2015），这意味着生产性服务业发展对地区技术创新的提升具有正向影响。从规模经济效应来看，在市场对生产性服务需求日益增加，推动生产性服务业规模逐渐扩大的情况下，生产性服务业可以为下游产业提供更加专业化与多样化的服务，帮助其优化要素投入结构、降低生产成本（Mukim，2015），促使下游产业将更多资源配置到研发活动上。从技术外溢效应来看，生产性服务业发展滞后会阻塞各类知识扩散渠道，导致知识外溢效应难以发挥。相反，较为成熟的生产性服务业体系能通过外包契约关系将知识技术嵌入制造业的生产环节中，提升其创新水平。同时，生产性服务的提供也是一个频繁交流互动的过程，这有助于黏性知识和缄默知识的深入传播，进而形成"集体学习过程"（王霞等，2020）。

第三节　经济增长目标约束对技术创新影响的经验分析

一　模型设定与变量选取

本部分要研究的是城市经济增长目标约束性特征对技术创新的影响，

采用面板数据双向固定模型，本部分的基本计量模型如下：

$$aiapn_{it}(aapn_{it}、airat_{it})=\alpha_0+\alpha_1 HCGDP_{it}(SCGDP_{it})+\beta_j\sum_{j=1}^{n}Z_{jit}+\varepsilon_{it}$$

（4.1）

$$aiapn_{it}(aapn_{it})=\alpha_0+\alpha_1 cpgdp_{it}(cngdp_{it})+\beta_j\sum_{j=1}^{n}Z_{jit}+\varepsilon_{it}$$ （4.2）

$$aiapn_{it}(aapn_{it})=\alpha_0+\alpha_1 cgoalcgdp_{it}+\beta_j\sum_{j=1}^{n}Z_{jit}+\varepsilon_{it}$$ （4.3）

其中，i 表示城市，t 表示年份。$aiapn$ 代表每万人发明专利申请量，$aapn$ 代表每万人专利申请量，$airat$ 表示的是发明专利申请量占专利申请量的比例，都是衡量一个城市技术创新能力的代表变量。模型（4.1）主要探讨城市经济增长目标约束的特征变量与技术创新能力之间的关系，各个城市的经济增长目标约束的特征用 $HGDP$（硬约束性特征）和 $SGDP$（软约束性特征）来描述。模型（4.2）主要研究"层层加码"的经济增长目标状况对技术创新能力的作用力度，$cpgap$ 和 $cngap$ 分别代表地级市经济增长目标与省份经济增长目标的差额以及国家经济增长目标的差额，是衡量"层层加码"现象的代理变量。模型（4.3）主要从各个城市经济增长目标完成的实际状况的视角出发解释城市技术创新能力的变动，$cggdp$ 表示各个城市经济增长目标的实际完成状况，具体设定会在下文进一步阐述。Z 表示控制变量的集合。

本部分选取专利状况作为技术创新的代理变量，为了更容易获得数据，重点采用了专利申请量的相关数据。在专利申请的相关数据中有专利申请量和发明专利申请量，本部分认为两者都与技术创新有着密切的联系，并且可能发明专利的申请量更能代表地区技术创新的能力。将两者之比即发明专利申请量与专利申请量的比例作为衡量技术创新质量的一个指标。针对城市之间的人口差异性对专利申请量的影响，本部分对代理变量做了人均处理以保证各地级市之间的可比性。控制变量本部分选择了财政预算内收入与财政预算内支出的比值作为财政自主权的代理变量，主要衡量宏观环境下的制度因素；选择工业占比作为产业结构的代理变量；考虑到人力资本的影响（杨俊等，2007；朱琪、李鸿玲，2007），选择研发人员占比作为代理变量。众多研究发现，外商直接投资是技术创新溢出的一个重要渠道（王子军、冯蕾，2004；赖明勇等，2005；夏业良、程磊，2010），因此本部分将外商投资工业企业总产值与地区工业总产值的比值作为一个考核的控制变量。此外，考虑到各个城市经济发展水平的差异，将人均 GDP 也作为其中的一个控制变量。自变量在本书第二章有所阐述，其他变量的相关处理和统计性描述如表4.3所示。

表 4.3　　　　　　　　　　　　　　模型变量统计性描述

	变量符号	变量名称	处理方法	均值	最小值	最大值
因变量	$aapn_i$	每万人专利申请量	各地区的专利申请量与人口数的比值	6.960	0	286.725
	$aiapn_i$	每万人发明专利申请量	各地区的发明专利申请量与人口数的比值	2.198	0	151.637
	$airat$	专利质量	各地区的发明专利申请量与专利申请量的比值	0.260	0	0.782
控制变量	fd	财政自主权	财政预算内收入与财政预算内支出比值	0.520	0.055	1.739
	$agdp$	人均 GDP	人均 GDP（对数）	10.822	0.773	47.371
	$insdu$	产业结构	工业比值	49.313	15.7	86.08
	fdi	外商投资比重	外商投资工业企业总产值与地区工业总产值比值	0.693	0	15.118
	rd	研发人员占比	科技从业人员占比	0.911	0.047	76.413

二　经验分析的基本回归结果与讨论

（一）经济增长目标约束性特征对技术创新的影响结果

表4.4和表4.5显示的是经济增长目标约束性特征对两种技术创新的代理变量——每万人专利申请量和每万人发明专利申请量的影响。无论是否加控制变量硬约束性特征（$HGDP$）对每万人专利申请量（$aapn$）都呈现不显著的负影响；对每万人发明专利申请量（$aiapn$）在不加控制变量的情况下呈现负影响并通过10%的显著性检验，但在有控制变量的情况下也呈现出不显著的负影响。相比较而言，软约束性特征（$SGDP$）对每万人专利申请量（$aapn$）和每万人发明专利申请量（$aiapn$）在无论是否加入控制变量的情况下都表现出显著正相关关系。针对专利质量指标（$airat$），无论是硬约束性特征（$HGDP$）还是软约束性特征（$SGDP$）与专利质量都呈现不显著的微弱负向影响。

表 4.4　　经济增长目标硬约束性特征对技术创新的影响结果

变量	（1）aapn	（2）aapn	（3）aiapn	（4）aiapn	（5）airat	（6）airat
HGDP	−1.135 (0.759)	−0.685 (0.567)	−0.479* (0.265)	−0.336 (0.217)	−0.0031 (0.0041)	−0.0026 (0.0041)
fd		9.228** (3.849)		2.761* (1.538)		0.0526** (0.0236)
agdp		−0.786*** (0.218)		−0.270*** (0.0807)		−0.0008 (0.00089)
insdu		−0.662*** (0.171)		−0.212*** (0.0759)		−0.0004 (0.0006)
fdi		−3.597*** (0.940)		−1.158*** (0.318)		−0.0044 (0.0034)
rd		−0.156 (0.231)		−0.0686 (0.121)		−0.0005 (0.0006)
_cons	1.713** (0.711)	36.95*** (7.049)	0.457 (0.300)	12.02*** (2.872)	0.189*** (0.00593)	0.186*** (0.0344)
地区固定	YES	YES	YES	YES	YES	YES
时间固定	YES	YES	YES	YES	YES	YES
Observations	2990	2990	2990	2990	2990	2990
R−square	0.183	0.313	0.130	0.217	0.146	0.150
Number of id	230	230	230	230	230	230

注：***、**、*分别代表在1%、5%和10%的显著性水平下通过了系数显著性检验。#代表15%的显著性检验。括号内为t值。下同。

表 4.5　　经济增长目标软约束性特征对技术创新的影响结果

变量	（1）aapn	（2）aapn	（3）aiapn	（4）aiapn	（5）airat	（6）airat
SGDP	4.782*** (1.699)	3.543** (1.565)	2.001** (0.801)	1.606** (0.789)	−0.0027 (0.0061)	−0.0038 (0.0061)
fd		9.105** (3.824)		2.708* (1.549)		0.0530** (0.0235)
agdp		−0.772*** (0.217)		−0.264*** (0.0799)		−0.0009 (0.0008)
insdu		−0.645*** (0.171)		−0.205*** (0.0759)		−0.0004 (0.0006)

续表

变量	（1）	（2）	（3）	（4）	（5）	（6）
	aapn	aapn	aiapn	aiapn	airat	airat
fdi		−3.570***		−1.146***		−0.0044
		（0.936）		（0.315）		（0.0034）
rd		−0.189		−0.0836		−0.0004
		（0.233）		（0.123）		（0.0006）
_cons	0.804	35.51***	0.0759	11.37***	0.189***	0.188***
	（0.900）	（7.029）	（0.400）	（2.894）	（0.00583）	（0.0347）
地区固定	YES	YES	YES	YES	YES	YES
时间固定	YES	YES	YES	YES	YES	YES
Observations	2990	2990	2990	2990	2990	2990
R-square	0.195	0.320	0.142	0.226	0.146	0.150
Number of id	230	230	230	230	230	230

通过上述的验证，本部分发现在经济增长目标硬约束性特征的情况下，即当相关政府报告中明确下达地级市经济增长目标时，可能会对技术创新产生抑制性，即使这种关系没有通过显著性检验，但这种负向作用是实际存在的。由于硬约束性目标的下达，导致政府决策者在进行决策时会从短期获利的角度出发，舍弃投资大见效慢的产品或服务。例如在财政支出上对基础设施的支持会挤占对教育、科技、文化、医疗等公共服务的支出。在经济增长目标软约束性特征的情况下，即当相关政府报告中对于经济增长目标出现"上下""左右"或者区间范围时，对技术创新有着显著的推动力。这种浮动目标的设定使政府决策者在进行政策制定时目光更加长远，政策偏好性使社会资金更多地流向高新技术部门。此外，通过表4.4可以看出，无论是硬约束性特征的抑制作用还是软约束性特征的推动作用，其作用力度上都更加偏好每万人专利申请量（aapn），而并非之前所预想的更能代表技术创新的每万人发明专利申请量（aiapn）。本部分推断，由于发明专利的申请需要人力和财力两方面的支撑，拥有相关专业技术的人才是有限的，并且这种研发的投入需要一定的连续性。基于此，较之于专利申请量，发明专利的申请量具有相对的稳定性，即硬约束的抑制作用和软约束的推动作用也相对较弱。

（二）经济增长目标"层层加码"对技术创新的影响

从表4.6经济增长目标"层层加码"对技术创新的影响结果来看，市

表 4.6　经济增长目标"层层加码"对技术创新的影响

变量	(1) aapn	(2) aiapn	(3) airat	(4) aapn	(5) aiapn	(6) airat	(7) aapn	(8) aiapn	(9) airat
cpgap	-0.575** (0.230)	-0.204** (0.0809)	-0.00317** (0.00141)				0.637* (0.339)	0.112 (0.125)	-0.0038 (0.0027)
cngap				-0.742*** (0.212)	-0.237*** (0.0767)	-0.0024* (0.00128)	-1.258*** (0.306)	-0.328*** (0.120)	0.0006 (0.0024)
fd	9.366** (3.834)	2.818* (1.526)	0.0533** (0.0235)	8.590** (3.792)	2.567* (1.547)	0.0506** (0.0236)	8.017** (3.732)	2.466 (1.516)	0.0540** (0.0233)
agdp	-0.784*** (0.214)	-0.269*** (0.0793)	-0.0008 (0.0007)	-0.757*** (0.209)	-0.261*** (0.0781)	-0.0007 (0.000795)	-0.739*** (0.211)	-0.257*** (0.0791)	-0.0008 (0.000792)
insdu	-0.620*** (0.173)	-0.198** (0.0779)	-0.0001 (0.0006)	-0.577*** (0.172)	-0.185** (0.0776)	-0.0001 (0.0006)	-0.566*** (0.170)	-0.183** (0.0767)	-0.0001 (0.0006)
fdi	-3.572*** (0.930)	-1.150*** (0.316)	-0.0042 (0.0034)	-3.473*** (0.914)	-1.120*** (0.312)	-0.0039 (0.0033)	-3.416*** (0.914)	-1.110*** (0.313)	-0.0043 (0.0033)
rd	-0.171 (0.230)	-0.0737 (0.121)	-0.0005 (0.0006)	-0.160 (0.229)	-0.0695 (0.121)	-0.0004 (0.0006)	-0.145 (0.231)	-0.0669 (0.121)	-0.0005 (0.0006)
_cons	35.25*** (7.023)	11.41*** (2.920)	0.177*** (0.0340)	34.77*** (6.952)	11.32*** (2.888)	0.179*** (0.0343)	35.13*** (6.948)	11.38*** (2.905)	0.177*** (0.0340)
地区固定	YES	YES	YES	YES	YES	YES	YES	YES	YES
时间固定	YES	YES	YES	YES	YES	YES	YES	YES	YES
Observations	2990	2990	2990	2990	2990	2990	2990	2990	2990
R-square	0.317	0.220	0.153	0.322	0.223	0.152	0.323	0.223	0.153
Number of id	230	230	230	230	230	230	230	230	230

级经济增长目标与所在省份经济增长目标的差额（*cpgap*）、市级经济增长目标与国家经济增长目标（*cngap*）分别对技术创新的两个代理变量每万人专利申请量（*aapn*）和每万人发明专利申请量（*aiapn*）都有显著的负影响。关于作用力度的问题和上文的分析相一致，"层层加码"对于每万人发明专利申请量（*aiapn*）的作用力度较之于每万人专利申请量（*aapn*）相对较弱。

（三）经济增长目标完成情况对技术创新的影响

表4.7显示出2002—2014年经济增长目标完成情况对技术创新有着较小的正向影响但是不显著。接着表4.8根据经济增长目标的约束特征对样本数据进行了分组研究，研究发现当一个城市的经济增长目标为硬约束特征时，经济目标完成的情况越好会微弱地减少每万人专利申请量；反之会微弱地增加每万人发明专利申请量。当一个城市的经济增长目标为软约束特征时，会对技术创新产生正向的推动力。

针对表4.7结果的不显著性以及上文中提及的"层层加码"随时间深化的属性，表4.8在根据"层层加码"的阶段性特征进行分组，研究经济增长目标实际完成情况在"层层加码"不同程度的情况下对技术创新的影响。当时间处于2002—2005年，即经济增长目标约束在地级市能够承受的范围时，经济增长目标完成情况对技术创新有着不显著的抑制性。随着"层层加码"的进一步深化，即2006—2014年，经济增长目标完成情况对技术创新有着显著的反向作用力，并且相较于2002—2005年这种反向作用力强烈的多。即随着层层加码的不断深化不断挑衅着地级市的承受力，在这种状况下，城市经济目标的完成会以削弱技术创新能力为代价。出现这种情形的原因可能是因为社会资金在"立竿见影"项目的投入挤占对技术创新的支持力度，也可能是政府为完成既定的目标值而过度投入基础设施等而忽视相关的政策、财政引导。

进一步，在表4.8研究的基础上，表4.9、表4.10对约束性特征进行了区分，在划分了时间维度的基础上对样本也进行了约束特征的分组。

首先，表4.9反映了当一个城市明确指派其经济增长目标，即这个城市处于硬约束状态时，其经济增长目标完成得越好，该城市的技术创新能力越受压制。这种情况在层层加码处于城市承受临界点之前表现为不显著的较弱负相关，当层层加码达到一定程度突破城市的承受范围，经济目标的完成将是该城市技术创新发展的严重阻力，表现为显著并且强烈的负相关性。

表 4.7 经济增长目标完成情况对技术创新的影响

变量	(2) aapn	(4) aiapn	(6) airat	(2) aapn	(4) aiapn	(6) airat	(2) aapn	(4) aiapn	(6) airat
cggdp	0.0919 (0.0885)	0.0434 (0.0330)	0.0003 (0.0009)						
Hcggdp				-0.0098 (0.204)	0.0086 (0.0642)	0.00306** (0.00147)			
Scggdp							0.337 (0.257)	0.163 (0.132)	-0.0010 (0.0017)
fd	9.471** (3.782)	2.877* (1.506)	0.0535** (0.0230)	9.287** (3.870)	2.788* (1.539)	0.0522** (0.0235)	9.272** (3.858)	2.783* (1.536)	0.0529** (0.0236)
agdp	-0.778*** (0.220)	-0.266*** (0.0815)	-0.0008 (0.0007)	-0.786*** (0.218)	-0.270*** (0.0808)	-0.0008 (0.0008)	-0.783*** (0.217)	-0.268*** (0.0802)	-0.0008 (0.0008)
insdu	-0.670*** (0.170)	-0.216*** (0.0751)	-0.0003 (0.0006)	-0.664*** (0.172)	-0.213*** (0.0758)	-0.0003 (0.0006)	-0.670*** (0.170)	-0.216*** (0.0750)	-0.000348 (0.000643)
fdi	-3.607*** (0.944)	-1.163*** (0.320)	-0.0044 (0.00344)	-3.602*** (0.944)	-1.161*** (0.320)	-0.0044 (0.00345)	-3.588*** (0.943)	-1.154*** (0.319)	-0.0044 (0.00343)
rd	-0.156 (0.230)	-0.0683 (0.121)	-0.0004 (0.0006)	-0.154 (0.230)	-0.0677 (0.121)	-0.0004 (0.0006)	-0.164 (0.234)	-0.0725 (0.123)	-0.0004 (0.0006)
_cons	36.87*** (7.076)	11.99*** (2.884)	0.186*** (0.0343)	36.91*** (7.057)	12.00*** (2.878)	0.186*** (0.0344)	37.12*** (7.011)	12.11*** (2.856)	0.186*** (0.0345)
地区固定	YES	YES	YES	YES	YES	YES	YES	YES	YES
时间固定	YES	YES	YES	YES	YES	YES	YES	YES	YES
Observations	2990	2990	2990	2990	2990	2990	2990	2990	2990
R-square	0.313	0.217	0.150	0.313	0.217	0.152	0.314	0.218	0.150
Number of id	230	230	230	230	230	230	230	230	230

表 4.8 经济增长目标分阶段完成情况对技术创新的影响

变量	（1）	（2）	（3）	（4）	（5）	（6）
	aapn	aapn	aiapn	aiapn	airat	airat
	2002—2005 年	2006—2014 年	2002—2005 年	2006—2014 年	2002—2005 年	2006—2014 年
cgoalcgdp	−0.0182 (0.0366)	−0.387*** (0.0802)	−0.0268 (0.0265)	−0.169*** (0.0361)	0.0035** (0.0015)	−0.0015* (0.0008)
控制变量	YES	YES	YES	YES	YES	YES
地区固定	YES	YES	YES	YES	YES	YES
时间固定	YES	YES	YES	YES	YES	YES
Observations	920	2070	920	2070	920	2070
R-square	0.025	0.144	0.015	0.087	0.051	0.020
Number of id	230	230	230	230	230	230

表 4.9 经济增长目标硬约束性特征分阶段
完成情况对技术创新的影响

变量	（1）	（2）	（3）	（4）	（5）	（6）
	aapn	aiapn	airat	aapn	aiapn	airat
	2002—2005 年	2002—2005 年	2002—2005 年	2006—2014 年	2006—2014 年	2006—2014 年
Hcggdp	−0.0178 (0.0185)	−0.0114 (0.00751)	0.0014 (0.0024)	−0.443** (0.198)	−0.193*** (0.0721)	0.0010 (0.0016)
控制变量	YES	YES	YES	YES	YES	YES
地区固定	YES	YES	YES	YES	YES	YES
时间固定	YES	YES	YES	YES	YES	YES
Observations	920	920	920	2070	2070	2070
R-square	0.025	0.014	0.043	0.139	0.081	0.017
Number of id	230	230	230	230	230	230

其次，如表 4.10 所示，当一个城市的经济增长目标具有软约束性特征时，即该地级市的经济增长目标有一个缓冲的幅度范围时，完成情况对技术创新有着不显著的影响。这种差异性可能由于在经济增长目标的可承受范围内外观设计和实用型专利的申请数量会上升并且这种上升幅度超过

发明专利的下降幅度，最终使专利申请量出现略微抬头的趋势。随着"层层加码"现状的深化，超出城市承受范围的临界点，城市的目标完成情况会对技术创新产生显著的抑制作用，其中由于发明专利的相对稳定性的存在这种阻力在专利申请量上进一步凸显。

表 4.10　　　　　　　　经济增长目标软约束性特征分阶段
完成情况对技术创新的影响

变量	（1）	（2）	（3）	（4）	（5）	（6）
	aapn	aiapn	airat	aapn	aiapn	airat
	2002—2005 年	2002—2005 年	2002—2005 年	2006—2014 年	2006—2014 年	2006—2014 年
Scggdp	0.0042 （0.0172）	−0.0047 （0.0088）	0.0046 （0.00329）	−0.228 （0.319）	−0.0607 （0.155）	−0.0036 ** （0.0014）
控制变量	YES	YES	YES	YES	YES	YES
地区固定	YES	YES	YES	YES	YES	YES
时间固定	YES	YES	YES	YES	YES	YES
Observations	920	920	920	2070	2070	2070
R−square	0.025	0.013	0.045	0.137	0.078	0.019
Number of id	230	230	230	230	230	230

对比表 4.7 未对经济增长目标"层层加码"进行分阶段考察的结果，表 4.8 在对"层层加码"状况分阶段的情况下探讨了经济增长目标完成情况对技术创新的影响。层层加码深化前的不显著较弱负相关与深化之后的显著强烈负相关，基本验证了经济增长目标约束对技术创新的抑制作用，并且随着"层层加码"不断挑衅并突破城市所能承受的临界点，这种抑制性将会进一步强化。

表 4.9 和表 4.10 在表 4.8 的基础上，分别对城市进行了经济增长目标硬约束性特征与软约束性特征进行了区分，所得结果进一步验证并强化了表 4.4 的结果。当一个城市的经济增长目标处于硬约束的背景下，迫使该城市完成经济增长目标的意愿就会越发强烈。在这种强制性指标的驱使下，政府决策者的政策、补贴、财政支持等会更加偏好"立竿见影"的产品和服务。在中国整个大环境下，政府这只有形的手暗中操纵另一只无形的手，导致整个社会的资源配置、资金流向等都随着政策的方向在发生变化，这种偏好在一定程度上挤占了技术创新所需的人力资本和资金投入，

从而抑制了技术创新的进一步开展。

三 经济增长目标约束对技术创新影响的内在机制检验

上述分析表明，经济增长目标设定的自我施压对企业创新产生了明显的负向作用，而层层加码随着目标完成情况的提高显著降低企业创新质量。为进一步揭示经济增长目标约束影响企业创新的内在机制，下面将着重分析经济增长目标设定自我施压的硬性约束对"僵尸企业"助长效应和层层加码在资源配置上的扭曲效应。

本部分以城市行业内僵尸企业资产占所有企业总资产的比重衡量僵尸企业的助长效应，而用城市行业内资源错配效率衡量资源配置上的扭曲效应。从表4.11中列（1）至列（2）列可以看出，经济增长目标硬性约束使"僵尸企业"资产占比扩大，促进了"僵尸企业"生长。由于"僵尸企业"自身低质低效，该类企业扩大导致对信贷资源的挤占和企业投资扭曲无疑对企业创新会造成负面影响。从列（3）至列（5）可以看出，无论用何种方式衡量资源错配，省市经济增长目标的层层加码均会加重资源错配程度，由于城市行业内资源得不到有效的配置，企业创新效率降低，导致企业创新质量受到不利影响。

表 4.11   机制分析①

变量	(1)	(2)	(3)	(4)	(5)
	Zombiefirm	*Zombiefirm*	*allocate*1	*allocate*2	*allocate*3
hcgdp	0.0061*** (0.0004)				
scgdp		0.0001 (0.0005)			
cpgap			0.0011*** (0.0002)	0.0013*** (0.0001)	0.0032*** (0.0002)
Controls	YES	YES	YES	YES	YES
Observations	1448117	1448117	476252	447396	476252

① *Zombiefirm* 为"僵尸企业"占比，资源错配变量中，*allocate*1 为四分位差度量的生产率离散程度，具体为生产率对数值的75分位数减去25分位数得到的差值，*allocate*2 为城市行业内平均企业生产率标准差，*allocate*3 为生产率对数值的90分位数减去10分位数得到的差值。

续表

变量	（1）	（2）	（3）	（4）	（5）
	Zombiefirm	*Zombiefirm*	*allocate*1	*allocate*2	*allocate*3
R-squared	0.372	0.371	0.612	0.574	0.684
Firm-fixed-effects	YES	YES	YES	YES	YES
Year-fixed-effects	YES	YES	YES	YES	YES
Industry-fixed-effects	YES	YES	YES	YES	YES

第四节　主要结论与政策启示

本章将地方经济增长目标的制定与技术创新联系起来，在从财政支出结构与技术创新、土地资源错配与技术创新、"僵尸企业"与技术创新、服务业结构滞后与技术创新四个方面分析地方经济增长目标对技术创新影响的理论机制的基础上，以我国230个地级市政府工作报告中的经济增长目标作为数据样本，具体从经济增长目标约束性特征、经济增长目标"层层加码"和经济增长目标完成情况三个方面，检测并验证了地方经济增长目标约束对技术创新的影响。研究结果显示：

（1）当经济增长目标用语中选用了"之上""确保""力争"等硬约束词汇时，即使对技术创新没有产生显著的抑制性影响，但是负面作用已然产生。从另一个角度来看，当经济增长目标用语采用"左右""上下"和"区间"等软约束词汇时，对技术创新有显著的推动力。同时，我们发现无论是硬约束性特征的抑制作用还是软约束性特征的推动作用，其作用力度都更加偏好专利申请量，而发明专利申请量则具有相对的稳定性。

（2）经济增长目标的"层层加码"处于城市承受临界点之前，经济增长目标的完成情况对技术创新有不显著的较弱负相关；随着"层层加码"的深化，超出城市承受范围临界点，城市的目标完成情况对技术创新产生显著的强烈负相关，这种情况下，城市经济目标的完成会以削弱技术创新能力为代价。

（3）从经济增长目标约束对技术创新影响的内在机制检验结果来看，经济增长硬性目标约束促进了"僵尸企业"的成长，扭曲了资源配置。而且随着省市经济增长目标的层层加码，资源错配的程度进一步加深，这会抑制企业的创新效率，对企业的技术创新具有不利影响。

根据以上研究结论，本书提出了以下三点政策建议：

（1）在制定经济增长的目标时，应避免使用"之上""确保""力争"等硬约束性词汇，可以采取区间预设的方式增强其灵活性，尽量使制定的经济增长目标留有余地，弱化经济增速对地方政府的约束，使地方政府更加考虑长远利益，减少因经济增长目标的约束产生的对技术创新资源投入的"挤出效应"，从而促进技术创新的持续进步，提升全社会技术创新水平。

（2）优化地方政府工作人员考核机制。一是要适当增加考核指标，将创新增长等指标纳入政府工作人员的综合考察体系，不再将经济增长目标作为政府工作人员考核的唯一标准，弱化经济增速在地方政府工作人员考核中的比重。二是要增加考核的弹性，允许略低于目标的情况出现，同时根据自身实际经济发展状况制定经济增长目标，避免"层层加码"现象的出现，缓解对地方政府在经济增长目标上的硬性约束。三是要注重长期的绩效考核，由于很多经济政策无法在短期内体现效果，因此落实地方政府工作人员的终身责任制，即使政府工作人员因为某种原因脱离原有职务，若存在遗留问题势必追究责任，可以有效减少地方政府工作人员制定经济政策时的短视行为。这样优化地方政府工作人员考核机制可以缓解其面对的经济增长压力，使地方政府减少盲目扩张固定资产投资等的经济过激行为，更多关注技术创新等收益见效期较长的领域，进而改善长期资源配置，提高技术创新能力。

（3）地方政府应优化产业政策，减少对传统产业、过剩产能的扶持，将产业政策扶持的重点转向科技型企业和新兴产业。过去，为了保持就业和增长，地方政府往往减缓对"僵尸企业"处置的进程。"僵尸企业"不但无法正常进行创新活动，而且还会经由加剧资源约束、歪曲信贷配置和破坏行业公平竞争等渠道削弱正常企业的创新能力。因此，淘汰这类落后企业，优化产业结构，为新兴产业和创新型科技企业腾出更多的发展空间，有利于为技术创新提供更多的资源配置，为技术创新的进步提供了更多的条件。

第五章 经济增长目标约束对高质量 对外开放的影响研究

自改革开放至今，中国已经掌握了"人口红利"与各种低成本的资源竞争优势，并加入了以发达的跨境企业为基础的全球区域内产品的新分工体系，因此不断扩大外贸的规模，推动经济的快速增长。而在近年来，由于中美经贸摩擦所造成的对外政策不确定性冲击，同时中国实体经济的国内产能过剩、资源配置效益不足等结构性的失衡问题也日益严峻。如何从与国内需求几乎无关的外向型出口模式发展到由国内企业能力提升和技术驱动所决定的出口增长，才是经济高质量增长动能的关键（Poncet and Felipe，2013）。本部分将重点阐述经济增长目标约束下高质量对外开放的问题。特别是目前我国的经济正处于增速换挡和结构调整的双重阶段，研究地方政府经济增长目标约束影响高质量对外开放具有较强的现实意义。

第一节 对外开放高质量发展的现实和困境

一 对外开放高质量发展的现实

在世界宏观经济下行压力逐渐增大的情形下，我国经济社会发展的总目标一定要由粗放式发展向追求优质发展转变，而加速推进我国产业内部结构转变升级、增强我国产业的全球竞争力，毫无疑问是我国实施创新驱动战略以及促进经济发展向新旧动力转变的关键措施。

1983—2017 年，除少数年份外，中国商品的进出口总量始终维持了高速上升的态势，其增长速度远远超过美日两国。在 2013 年，中国已经超过了美国，成为货物贸易排名全球首位的发展中国家。到 2017 年，中国也成了世界上第二大外商投资流入的发展中国家和第三大海外投资者，对外贸易直接的投入（不含商业银行、证券公司、保险公司）已超过了

1201 亿元。从海外投资构成分析，2015—2017 年，国内装备工业海外投资 351 亿元。国内的高速铁路和国内的核电业，已成为国内装备工业"全球化"的大国经济名片。特别是近五年来，"一带一路"建设获得丰厚成效，国内与"一带一路"沿线的各方交易金额已突破了 5 万亿美元。

二 对外开放高质量发展的困境

但是我国的贸易大国地位并不代表我国成为贸易强国，我国的对外贸易属于数量扩张型，粗放式的经济增长模式可以带来进出口总额规模上的扩张，却对如何提高对外开放水平与质量上束手无策。与发达国家相比，我国目前的外贸在出口商品的质量和结构、进口商品的结构这三个方面还面临着许多困难，外贸工作还有待改进。

第一，我国出口产品的质量不高，附加值低。在开放条件下，出口产品质量是国家经济增长质量的外部体现。针对劳动密集型生产，我国具备比较优势，与发达国家的产品质量差异也不大；针对资金与科技密集型商品，中国与发达国家的差异很大，在相关产业中中国尚处在中低端地位，且总体出口产品的质量水准也较低（施秉展等，2013）。在全球分工生产中，由于我国处在世界价值链的中下游和微笑曲线的最底层，因此我国商品的贸易实力并不强（何书泉，2018；李昆旺等，2014）。

第二，加工外贸是最重要的外贸，出口的产品内部结构也必须调整。苗长青和张满林（2014）指出，目前中国进出口贸易仍以加工贸易主导，以较低附加值的初级加工产品为支柱的产品结构已无法带动先进科技发展，更提不上国家自主创新能力（张二震，2014）。劳动密集型生产企业所占比重较高，而机械加工产业出口商品的资本和生产技术含量都较低，且品位和市场附加值也不高（张小蒂、李晓钟，2002）。

第三，技术创新缺失，大部分核心产业的核心技术依靠进口。据调查，从 2000—2014 年，由于非农业和高科技产品占我国总进口商品的比重明显上升，我国进口的市场结构出现了实质性改变（魏浩等，2016）。祝树金和奉晓丽（2011）指出，随着我国进口的产品技术含量也进一步提高了，进口商品结构由以中低科技的成品进口为主，转化为以高技术和中等科技的成品进口为主。

第四，中美贸易摩擦导致全球贸易环境进一步恶化。进入 21 世纪以来，全球的国际贸易格局风云变幻、波谲云诡，尤其是 2008 年国际金融危机爆发后，"逆全球化"的暗潮涌动也不断冲击着世界经济贸易的发展。中美两国经贸关系作为中美关系的"压舱石"，在此期间也历经着诸多挑战和剧烈波动。特朗普上台以来，美国贸易保护主义愈演愈烈。自建立经贸关系以来，中美两国总体上形成了互利双赢的贸易局面，取得了巨大的合作成果和经济利益。然而，分歧与摩擦的存在却始终难免，这成为中美经贸关系中不和谐的因素。中国加强扩大新一轮对外开放依然具有紧迫性和艰巨性，中美贸易摩擦会导致全球贸易环境进一步恶化，进一步影响了中国对外开放的高质量发展。

第二节　经济增长目标约束对出口结构升级的影响机制分析

与发达国家市场化运作不同，中国自改革开放以来的产业发展过程中离不开政府"干预"的影子。鉴于此，作为地方政府间横向竞争的重要表现，经济增长目标的设定必将成为影响我国出口质量提高和产业结构升级的关键制约因素。特别是当前，我国经济正处于增长转型与结构调整的叠加期，地方政府应当转变传统的发展思路，放松经济增长目标约束，为高质量对外开放乃至中国经济结构升级释放更多政策和发展空间。那么，地方政府经济增长目标约束究竟对出口产品结构和质量产生何种影响？

一　经济增长目标约束、要素流动与出口结构升级

首先，最直接的问题是在国家经济发展目标制约下，中国各地政府在面对"经济增长"与"结构调整"双目标下的策略性抉择。改革开放早期，地方各级政府始终把经济增长作为最高目标，追求地方经济效益最大化。与市场机制强调最优资源配置不同，地方政府工作人员作为有限任期内实现快速经济增长的决策主体，其根本目的是提高晋升概率以实现利益最大化。地方政府工作人员在追求政治晋升的"加码"过程中，通常反映了地方政府工作人员在经济发展中更激进的战略取向，以及对经济增长短期目标的过度关注。然而，中国目前正处在经济高速增长向高质量发展转变的重要时期，地方政府既面临经济持续稳步增长的要求，也承担着经济结构调整的压力。在经济增长目标设定的双重约束下，为实现既定目标，地方政府不可避免地会忽视结构调整。

其次，经济社会发展目标制约下，区域政府工作人员希望在有限升迁时间内保持领先地位，需要调整资源和区域间横向争夺的动力，这影响了区域制造业内劳动力、资本和技术因素的密度构成。各级人民政府在经济

发展目标选择上的"层层加码"更多地反映出同辖区内的"横向竞争"，层层加码的程度越强，而各地人民政府在调整资源和区域内横向竞争上的力量也就相对地越强。根据政府工作人员锦标赛理论（周黎安，2007；周黎安等，2015），经济增长速度对于政府工作人员晋升具有显著的提升作用。因此，为了在任期内实现区域经济的快速增长，在同一辖区内取得更加突出的显性政绩，地方政府最显著的特征是过度依赖于投资驱动的发展模式，地方自治的投资主要依赖于国有垄断企业的运营和实施（褚敏、靳涛，2013）。在此情形下，由于政府设置的特殊壁垒，提高了新兴产业的进入门槛。加之当地财政给予的本地外贸企业各项优惠，当地企业长期处于低价格竞争和低利润率增长模式的陷阱，从而对政府财政补助的方式产生依赖性，从而抑制了企业出口质量的提高（张杰等，2015）。另外，按照"逐底竞争"的学说，区域政府更偏向于减少对地区要素（主要包括土地和劳动力）的投资成本，这成为企业参与区域间横向竞争的主要手段，利用减少劳动力成本获得企业融资，并承诺廉价的征地和税费减免优惠政策，从而具有吸引劳动力密集型公司和资本密集型公司投资的倾向（陆铭、欧海军，2011）。这种吸引投资参与横向竞争的偏好必然会影响区域制造业的要素密集度，挤出技术密集度的增长空间，进而降低出口技术复杂度。从劳务成本的视角分析，当地政府采取了压低劳务成本（为当地劳动力提供低水平的社会保障等方式）吸引了更多的外国投资。这种政策补贴的竞争造成了地区内劳动密集型工业发展的"路径依赖"，降低了区域工业结构向资金与科技密集型过渡的动能。这些对要素密集度的路径依赖，不可避免地降低了地区出口技术复杂性。因此，区域人民政府在以经济发展目标加码参与区域间横向竞争的过程中，采取了出台各种税收优惠政策和生产要素补偿扶持区域制造业企业发展壮大的方法，但地区工业企业一直处在整个价值链的中下位，很可能会过分依靠低工资劳动力，导致地区传统工业产能的过剩情况进一步恶化，也不利于地区工业企业出口科技复杂度的进一步提高。再者，由于高新技术产业相比于中国传统劳动或资本密集型产业，存在高技术、高风险、短期内可能很难见效的突出特点，地区财政为了减少或承担因经济结构调整所造成的巨大财税损失，会加重对以劳动和资本密集型产业为主要投入主体的"路径依赖"，从而挤占了传统技术密集型产业的发展空间，也不利于区域工业结构提升，导致了地区工业因出口技术复杂度而进入了低端锁定的陷阱。由此可见，经济增长目标约束也会影响地区制造业内部劳动、资本和技术要素密集度构成。经济成长目标约束性越强的情况下，政府各地政策则更偏向于短期经济成长数量的增加，而忽视了整体制造业结构提升。各地财政为了减少承担因经济结构调整所造成的巨大财税损失，会加大对以劳动力密集型产业等传统行业为主要投入主体的"路径依赖"，从而挤压了高科技等集约式产业的发展空间，制约着整个制造业的出口结构的升级。

最后，经济增长目标约束下，地方政府再投资过程中会产生对创新研发要素流动的"阻滞效应"。在经济增长目标较强约束下为实现较好的经济绩效，地方政府工作人员在竞争过程中会刺激当地的投资需求，不可避免地引发地方政府过度膨胀的再投资行为，产生了对创新研发要素流动的"阻滞效应"，不利于制造业出口结构的升级。另外，站在私人资本视角，地方财政的过度投入对私人资本也具有"挤出效应"（Wang，2005；Mountford and Uhlig，2009）。站在民营企业投资视角，强烈的融资愿望促使各地地方政府利用投融资平台掌握了大量资本，严格限制民企的投资途径，提高了民营企业的投资成本。在财政信贷保障的基础上，银行业也偏向于把信贷投入地方财政投融资平台公司，导致了信贷配给。因为研究开发流程具备高危险、大投资和时间长的特性，信用约束的强化降低了企业从事研发活动的意愿。考虑投资回报率，相对地，大公司通常会缩减较长期的研究投入，资本更偏向于投资"短平快"的项目，从而对研究投资的形成产生挤压效果。

但是，在中国短期经济发展的影响下，当地更希望用房地产业的发展来促进该市的基础设施建设，通过发展房地产业、建筑业等较粗放式、高税率的产业和稳定的土地收入进行经济发展，从而促进了该市房价的上升。被不动产行业的高利润所吸引，企业向不动产行业投资，进一步压榨创新资金，对提高制造业企业的技术创新水平非常不利（余泳泽、张少辉，2017）。加上在政绩评估体系下缺少对政府的有效考核制度，各地财力开支结构扭曲造成各地财政部门在科技、文教等非生产性服务上的投入不够大（傅勇、张晏，2007；马光荣、杨恩艳，2010）。各地财政在技术投资和教育等方面财税优惠政策的缺位，在一定程度上提高了对技术创新要素流通和科技结果转化的体制壁垒，进一步抑制了企业和社会对加大技术研究投资的积极性，进而抑制了技术溢出效应。

二　经济增长目标约束、产业集聚的无效性与出口结构升级

在经济增长目标的制约下，地方政府过度行政化干预导致产业集聚的无效化。地方政府设定了高经济增长目标后，也会进行超越设定目标的"兑现"竞争。在追求超额完成既定目标的过程中，地方政府会采用行政

化手段干预产业集聚。通过研究，工业的集聚化能够改善公司的产品和固定费用的投资效果，从而改善公司商品的质量（苏丹妮等，2018）。不过，如果经济发展的制约太强的话，或者地方政府介入了各种各样的行业的整合，作为自发过程的行业集聚，在遭遇这种直接行政化干预力量时往往就会适得其反（周世军、周勤，2012）。在中国中西部区域，由于部分地区人民政府为吸纳中国东部区域内的工业转移，承诺了税费等优惠政策，并建立大量产业园，进而隐瞒本地实际工业状况，大量转移的民营企业集聚。但是，因为本地缺乏的基础设施环境以及其他因素，在这里并不能形成工业集聚的效应，因此大量的"工业园区"投资效益极低或废置。

地方政府可以自由支配土地细分价格，因此对土地收入有更大的控制权。另外，由于以土地为抵押物的举债能力强，给当地放贷者带来了方便，当地政府在追逐实现地方经济发展目标的推动下投机冲动也越来越强烈，从而出现了当地以收储土地作为抵押资产再向银行借款，进而以土地出让收入归还放贷的循环盈利模式。低价转让工业用地、推高了商业土地的价值的转让模式，成为当地政府部门的择优选用。在这种土地资源倾向工业用地配置模式下，地方政府经济增长目标约束的强化和加码导致了产业集聚的无效性，会更加限制地区制造业出口产品质量提升的空间。另外，过度依赖以土地出让为中心的发展方式，导致商服用地的价格上涨，不利于生产性服务业的发展。

生产性服务业作为实现中间投资规模经济和共享技术劳动力的关键环节，将人力资本和新技术知识对提高其生产力的影响传递给下游产业（Simon and Nardinelli，2002；Bosworth and Triplett，2007），是推动制造业出口质量提升和结构升级不可忽视的重要因素。但是，在经济增长目标约束越强的情况下，地方政府将土地资源配置向工业用地的过度倾斜，导致商服用地的供给不足以及相对价格的扭曲，不利于生产性服务业要素集聚。所以，生产型服务业的发展停滞，削弱了对工业技术水平提升的溢出作用。

综上所述，在政府干部提拔的内在激励下，对经济发展目标的约束显著影响了地方政府的战略抉择和政府引导，而过分地对经济发展目标硬性束缚和层层加码则会扭曲了地方财政的引资偏向和融资结构，进而导致地区内部创新要素流动的阻滞、要素密集度的固化以及产业集聚的无效，从而阻碍地区出口结构的升级，不利于地区对外开放的高质量发展。

第三节　经济增长目标约束影响出口
结构升级的经验分析

本节将通过城市层面信息整合工企数据库与海关数据库，以出口技术复杂度作为度量出口结构升级的代理指标，实证检验经济增长目标约束对出口产品质量的影响。

一　模型设定与变量选取

本部分要检验的是地方政府经济增长目标设定行为对出口技术复杂度的影响，根据以上两个研究假设，本部分建立的基本计量经济回归模型如下：

$$TSI_{it} = \alpha_0 + \alpha_1 FGDP_{it} + \lambda_j \sum_{j=1}^{n} Z_{jit} + \mu_i + \gamma_t + \varepsilon_{it} \tag{5.1}$$

$$TSI_{it} = \beta_0 + \beta_1 CHARGE_{it} + \lambda_j \sum_{j=1}^{n} Z_{jit} + \mu_i + \gamma_t + \varepsilon_{it} \tag{5.2}$$

其中，t 代表年份，i 代表城市。TSI 代表制造业生产的出口技术复杂度；$FGDP$ 代表经济增长目标约束性特征，在其中选择了经济发展总体目标的硬约束力特性（$FHGDP$）及经济发展总体目标软约束力特性（$FSGDP$）加以衡量；$CHARGE$ 代表对经济社会发展目标设定"层层加码"的程度，变量设定具体方法在第二章做出了解释。Z 代表其他的一些控制变量集合，μ_i、γ_t 分别代表了地区固定和时间固定效应；ε_{it} 为残差项。本部分的基础回归结果，采用了城市层次的聚类稳健标准误。

文中的被解释变量为地区制造业的出口技术复杂度。具体来看，借鉴 Hausmann 和 Rodrik（2003）方法构建出口技术复杂度（Technological Sophistication Index，TSI）。按照比较优势理论，商品的技术复杂度和产品输出国的收入水平成正向相关性。产品输出国的收入水平越高，商品技术复杂性就越高。首先，下列公式可用来计量某些类型商品的技术复杂度：

$$PRODY_k = \sum_c \frac{x_{c,k}/X_c}{\sum_c (x_{c,k}/X_c)} Y_c \tag{5.3}$$

其中，$PRODY_k$ 为产品 k 的技术复杂度，$x_{c,k}$ 为国家或地区 c 产品 k 的出口总额，X_c 为国家或地区 c 的出口总额，Y_c 为国家或地区 c 的人均 GDP。

$$TSI = \sum_k \left(\frac{x_{ik}}{X_i}\right) \cdot PRODY_k^{adj} \tag{5.4}$$

其中，x_{ik} 为城市 i 出口产品 k 的金额，X_i 为城市 i 的出口总额。

假设各个国家出口的同一类产品具有质量上的差异，那么按照以上方法测算的商品的复杂度就有偏差（Xu，2007）。考虑稳健性，参照了 Xu（2007）的方法，并根据产品质量做出了调整。首先，商品的单位价格用于反映该商品的质量水准，即：

$$q_{ck} = price_{ck} / \sum_n (\rho_{nk} \cdot price_{nk})$$

其中，$price_{ck}$ 代表国家或地区 c 产品 k 的出口产品价格，ρ_{nk} 表示国家 n 产品 k 的出口占世界上产品 k 出口总额的比重。显然，q_{ck} 衡量了国家或地区 c 产品 k 出口的相对价格，该指标越大，表示出口商品的质量越高。那么，就可用它对商品出口技术复杂度加以调整修正，即：

$$PRODY_k^{adj} = (q_{ck})^\lambda \cdot PRODY_k \tag{5.5}$$

参考 Xu（2007）、王永进等（2010），将 λ 设为 0.2。在此基础上，还可计算出进行了质量调整的不同城市的出口技术复杂度，即：

$$TS_i^{adj} = \sum_k \left(\frac{x_{ik}}{X_i}\right) \cdot PRODY_k^{adj} \tag{5.6}$$

城市区的出口数据主要来自中国海关，对其他国家的出口数据来自美国 CEPII-BACI 数据库系统，平均 GDP 来自世界各地银行公司 WDI 数据库系统。我国企业出口商品的一个主要特征是，不仅加工贸易在出口商品中占有较大比例，而且技术复杂程度也比较高。鉴于此，本部分还进一步使用式（3.5）分别计算各个城市的加工贸易与一般外贸出口技术复杂度。

根据对出口技术复杂性影响因素的现行研究思路，对主要影响因素的选择将重点集中在以下五大角度：国民经济发展水平、信息化、城市化、交通运输基础设施以及对外直接融资。限于统计的可得性因素，在该段中，本地区的人均货运量代表了基础设施发展程度（*Infrastructure*），人均邮电量代表了本地区的信息水平（*Information*），而 *FDI* 比例则表征了 FDI 技术的溢出效应。外商直接投资工业企业的产业总量和有关地区的工业总产值总量之间的比值可以作为代理变量。另外，还使用了一些控制变量，如人均地区生产总值（*PGDP*）和城市化即非农业人口与城市常住人口的比例（*Urban*），用以控制城市经济发展水平、人口聚集水平以及对工业出口技术复杂度的冲击。另外，我们还加入了年份虚拟变量和城市虚拟变量，来管理时间和城市层面的外部冲击。变量的描述性统计如表 5.1 所示。

表 5.1 模型主要变量描述性统计

	变量符号	变量名称	均值	最小值	最大值
因变量	*TSI*	出口技术复杂度	14747	9227	20262
自变量	*FHGDP*	硬约束特征	0.243	0	1
	FSGDP	软约束特征	0.091	0	1
	CHARGE	层层加码	42.58	−51	177.8
控制变量	*FDI*	外商直接投资	0.611	0.029	2.051
	Information	信息化水平	6.321	5.008	7.841
	Urban	城市化	0.601	0.165	1.000
	PGDP	人均 GDP	11.31	5.365	20.14
	Infrastructure	基础设施	23.53	4.570	63.53

资料来源：笔者计算整理。

二　经验分析的基本实证结果与讨论

（一）经济增长目标约束对出口技术复杂度的回归结果

表 5.2 报告了中国经济发展总体目标的约束以及对工业产品出口技术复杂度（*TSI*）的回归结论。结论认为，在单独加入"自我施压"制约性特征的情形下，地方政府市场经济增长总体设计目标硬束缚对制造业出口商品技术复杂性不存在明显负面影响，但是，当市场经济增长总体设计目标采用软制约时，这类城市的制造业出口商品技术复杂性水平较高，系数明显为正，并通过了 5% 的显著性检验。这说明，采用经济增长总体设计目标的硬制约无益于制造业输出科技复杂性的提高，而采用"留有余地"的市场经济发展目标确定方法则能够改善地区工业的输出科技复杂性，为制造业内部结构的调整升级释放空间。

表 5.2 基本回归结果（出口技术复杂度 *TSI*）

变量	被解释变量：*TSI*				
	（1）	（2）	（3）	（4）	（5）
FHGDP	107.9132 (0.8631)	99.1091 (0.8035)			86.3742 (0.6972)
FSGDP	306.7836* (1.8855)	331.9176** (2.0067)			311.8330* (1.9390)

续表

变量	被解释变量：TSI				
	（1）	（2）	（3）	（4）	（5）
CHARGE			-8.7709** (-2.0931)	-8.8686** (-2.0617)	-8.6166** (-2.0167)
PGDP		63.0366* (1.9558)		68.5752** (2.1252)	69.6477** (2.1591)
Urban		-444.3042 (-0.9840)		-404.3525 (-0.8925)	-384.2791 (-0.8410)
FDI		-89.7795 (-0.5184)		-43.9480 (-0.2516)	-37.9932 (-0.2166)
Information		195.5638 (1.1058)		223.3041 (1.2769)	219.4085 (1.2509)
Infrastructure		14.6431* (1.9229)		12.3536 (1.6418)	12.7418* (1.6894)
城市固定	YES	YES	YES	YES	YES
时间固定	YES	YES	YES	YES	YES
聚类标准误	YES	YES	YES	YES	YES
样本量	2236	2232	2236	2232	2232
R-squared	0.153	0.161	0.155	0.164	0.165

注：***、**、* 分别代表在1%、5%和10%的显著性水平下通过了系数显著性检验。括号内为 t 值。下同。

另外，经济发展目标的"层层加码"对制造业出口技术复杂性的影响系数在单独加入"层层加码"的约束特征时，显著为负值，并通过了5%的显著性检验。一座城市的经济发展目标相对于所在地区或该国政府为某年制定的发展目标来说，递增的程度越大，该地区制造业出口技术的复杂程度也越低。在加入"自我施压"和"层层加码"双重约束后，"层层加码"对制造出口技术复杂度的影响系数变化不大，仍为显著负值，特别的是"留有余地"对软约束特征的影响系数也明显降低。表明"层层加码"比软约束升级更能遏制出口技术的复杂性。地方政府为了实现经济发展目标而提高指标的过程，是以牺牲工业的出口品质和产业结构为代价的。而其他控制变量的结果则表明，平均 GDP 水平和基础设施对工业出口的技术复杂性的影响为明显的正数。这一结论与王永进等（2010）的结论相一致，基础设施的完善显著提升了地区出口的"深度"和"广度"，并推动了地区工业结构提升。回归结果也基本证实了上文所提的有关假设。

（二）内生性问题和稳健性检验

从本部分的研究主题来看，地区政治经济目标约束因素和工业结构出口技术复杂性之间可能存在一定的内生性问题。尽管本部分已经控制了一些影响地区出口技术复杂性的宏观经济层面因子，但工业出口结构出口技术复杂性对地区宏观经济目标的设定并没有产生主导作用。不过，由于可能出现遗漏变量等情况，不可否认地反映了制造业国际能力的出口技术复杂性无法影响地区经济发展目标的设定。所以，地区经济发展目标的确定和出口技术的复杂性之间也有可能产生双向的关系。鉴于此，本部分研究将通过系统的 GMM 法和工具变量法对基本研究结论作出稳健性预测，并用来逐步避免内生性问题对本部分研究结果的干扰。

参考了已有研究中对内生工具变量的选择方法，本部分从经济社会发展总体目标"层层加码"指数的主要工具变量上，选择了地市和省经济社会发展总体目标差额所在省份的平均数和所在省地级市总量的交互项。已有的研究成果也证明了，在我国特有的"垂直管理"制度下，竞争者的数量与政府工作人员间政治竞争的程度也是直接相关的（Lü and Landry，2014）。由于地方政府工作人员的晋升"锦标赛"存在内在激励，通过全省各地区政府间的规模竞争，在经济社会发展总体目标的制定上"层层加码"，这是地方政府工作人员制定总体目标过程中"横向看"的特点，同辖区内地级市总量多，这加强了地方政府工作人员规模竞争的动力。此外，由于本部分采用的是面板数据，而所在各省地级市的总量基本不随时间变化，仅能捕捉在经济社会发展总体目标"层层加码"在横截面上的变化，所以工具变量的选取需要引入一个时变因素，以反映"层层加码"在时间维度上的变化。考虑到地级市与各省间经济社会发展总体目标"加码"的平均值随时间变化，不仅反映了地级市政府间发展总体目标竞争的激烈性，而且对各城市维度出口技术的复杂性也基本没有影响。因此，市和省的经济增长目标的差额的平均值和所在各省地级市总量交互项当作工具变量来利用，符合工具变量的"关联性"和"排他性"的假定（基于表 5.3 的第一阶段回归结果，层层加码与工具变量之间显著的正相关关系）。

表 5.3　　　　　　　　　　　2SLS 第一阶段回归结果

	系数	t 值	系数	t 值
工具变量	0.6090***	19.62	0.6175***	20.18
控制变量	不包括		包括	
Observations	2236		2232	

　　同时，为了减少本部分中关于城市出口商品技术复杂性计算上的局限性，本部分还通过下列两个方法保证了本部分结果的准确性，首先，采用了标准化的 Min-max 方法测算各城市出口商品技术复杂性的绝对值。其次，按照国家科技部和海关总署等单位联合发布的《我国高新技术产品出口目录表》，统计了各城市的高新技术产品在出口总量中的比重，以体现出口商品的结构变化趋势，并采用对这两种替换指标进行了稳健性检验。具体的稳健性回归结果，见表 5.4。

　　表 5.4 中报告了系统的 GMM 法和工具变量法（IV）的回归结果。由系统 GMM 方法的结论中可以发现，在不管使用 min-max 方式所计算的绝对值，还是高技术产业比重作为出口技术复杂度的替代指数的情况下，经济发展目标双重约束的影响系数依然显著。也就是说，在经济发展目标设计上的"自我施压"的硬性约束和"层层加码"对出口技术复杂度提高极为不利，也明显降低了出口中高技术产品的比重，而经济增长目标设定上采用适宜性的"留有余地"的用语对制造业出口技术复杂度和高技术产品比重有着显著的正向作用。

表 5.4　　　　　　　　　　　稳健性回归结果

变量	System-GMM			IV-2sls		
	TSI-O	TSI-N	TSI-HT	TSI-O	TSI-N	TSI-HT
因变量滞后一期	0.4061*** (72.4768)	0.5858*** (185.5093)	0.4174*** (132.9939)			
FHGDP	−217.2006*** (−7.0217)	−0.3007*** (−4.7052)	0.5902*** (9.9802)	60.1253 (0.5123)	0.3415 (0.6466)	−0.9856* (−1.7312)
FSGDP	261.5267*** (10.9175)	0.6226*** (6.5238)	1.4078*** (14.0283)	270.4351* (1.7237)	1.0070 (1.5383)	−0.8816 (−1.1841)
CHARGE	−12.1588*** (−19.7452)	−0.0466*** (−26.6939)	−0.0512*** (−29.5532)	−26.3768*** (−4.5007)	−0.1013*** (−3.8929)	−0.0756*** (−2.6968)

续表

变量	System−GMM			IV−2sls		
	TSI−O	TSI−N	TSI−HT	TSI−O	TSI−N	TSI−HT
PGDP	48.5903*** (10.4648)	0.1633*** (16.5493)	0.0238 (1.2783)	83.2744*** (3.4686)	0.4202*** (3.4919)	0.2148* (1.7144)
Urban	−416.9304*** (−5.6542)	−2.2391*** (−8.2598)	2.4501*** (7.4089)	−260.5567 (−0.8108)	−1.3155 (−0.9085)	5.1026*** (3.0362)
FDI	212.3920*** (5.7791)	0.6680*** (6.1709)	1.2784*** (12.0094)	68.7475 (0.5159)	0.0722 (0.1278)	1.5347** (2.2801)
Information	378.6087*** (15.5472)	0.8738*** (9.6057)	−0.0543 (−0.7595)	268.5568* (1.9116)	0.6039 (0.9335)	0.3325 (0.5294)
Infrastructure	9.4218*** (9.8290)	0.0391*** (13.1956)	0.0121*** (5.0530)	8.8227 (1.5485)	0.0654** (2.3198)	0.0166 (0.6608)
城市固定	YES	YES	YES	YES	YES	YES
时间固定	YES	YES	YES	YES	YES	YES
AR（1）	0.000	0.000	0.000			
AR（2）	0.720	0.501	0.432			
RKF 检验				407.359	399.113	366.528
DWH Chi^2/值 （p-value）				11.644 (0.006)	3.535 (0.0601)	12.886 (0.0003)
样本量	2006	1997	1899	2232	2222	2127

注：TSI−O 为根据初始方法（3）至初始方法（6）计算出来的出口技术复杂度，TSI−N 表示采用 Min−max 标准化方法计算出来的相对值，TSI−HT 表示城市出口中高新技术产品的比重。括号内为 z 值。

从工具变量法的回归结论出发，Durbin-Wu-Hausman（简称 DWH）的检测结论则明确否定了原始假说，即不具有内生性问题。也因此，在模式中，经济发展目标的"层层加码"约束和出口技术的复杂性之间面临着内生性问题。但是，在第一期的 Kleibergen-Paaprk Wald F（简称 RKF 检验）的统计分析量，在 10% 偏误水平下显然高于 F 值的统计分析量16.39，说明了无弱工具变量问题。并且，从工具变量的回归结果分析，在经济发展目标中设定的"层层加码"条件越严重的地方，对工业出口的技术复杂性的水准越低。稳健性检验的结果进一步地验证和支持了本部分的研究假说。

（三）进一步分析与异质性检验

1. 不同出口模式的分析

长期以来，中国加工外贸商品的出口一直在我国的总出口量中占据很重要的地位份额（部分行业达到 70%），2007 年以后一般贸易的比例有稍稍超过加工贸易的倾向。因为不同的国际贸易方法之间的产出模型存在明显的不同，所以从加工国际贸易和一般国际贸易的角度可以区分宏观经济发展目标制约的影响。

按照对表 5.5 的回归结论分析，在引入了各种出口技术复杂性衡量指标体系的情况下，国家经济发展目标双重约束对加工贸易出口技术复杂性的影响力度均明显大于一般加工贸易出口。具体来说，在经济发展目标制定用语上采取"留有余地"的方式更有利于加工贸易出口技术复杂度的提高，而"层层加码"则对加工贸易的出口技术复杂性的抑制作用高于普通贸易。长期以来，加工贸易出口一直在中国出口总额中的比例大于 50%，近年来尽管数量有减少，但仍然占有较大份额，并且，由于我国加工贸易产量较少，出口的国际售价也远远小于国内售价（盛丹、王永进，2012）。我国的加工外贸主要是以外资企业加工、出口技术商品为主的经营模式，具有"两头在外"的基本特征，出口商品的技术复杂性主要依赖于外商的溢出效应。当地政府在受到较强的经济发展目标约束时，往往偏向于强化对加工贸易公司出口税收政策的优待措施和税费补偿力度，从而压制了加工公司进行自主创新研发与投资的活动力（Melitz，2003），从而导致了价值链分工的"低端锁定"，并相对于一般贸易公司产生了更强烈的经济抑制作用。

表 5.5　　　　　　　　　异质性分析：不同贸易模式

变量	TSI-O		TSI-N	
	一般贸易	加工贸易	一般贸易	加工贸易
FHGDP	−334.3914 *** (−12.3107)	−233.6722 *** (−7.6595)	−0.4632 *** (−5.1586)	−0.5295 *** (−4.8761)
FSGDP	171.3012 *** (8.9993)	710.4432 *** (29.8735)	−1.0538 *** (−10.1806)	1.8917 *** (16.0352)
CHARGE	−17.6567 *** (−28.1638)	−27.5961 *** (−27.2049)	−0.0551 *** (−28.1736)	−0.0878 *** (−20.3551)
控制变量	YES	YES	YES	YES
时间固定	YES	YES	YES	YES

变量	TSI-O		TSI-N	
	一般贸易	加工贸易	一般贸易	加工贸易
地区固定	YES	YES	YES	YES
Observations	2006	1935	1994	1926
Number of id	225	223	224	222

注：TSI-O 为根据初始方法（3）至初始方法（6）计算出来的出口技术复杂度，TSI-N 表示采用 Min-max 标准化方法计算出来的相对值。

2. 行政级别往往与地理区域不同

就我国来说，区域经济发达的程度也往往与该区域的行政等级有关。也正因此，与全国名列前茅的省会城市比较，普通级别的大中城市往往在资源要素利用、工业经济发展水准、科技创新等方面都更具优越性。这种良好的资源禀赋条件也是推动区域工业升级的重要基石。此外，在地域空间上位于全国不同区域的城市对公共资源的赋存程度以及地方政府的优越性，也存在明显的差异。自改革开放以来，中国始终保持着优先发展沿海地区的特点，沿海地区与内陆地区相比，要素禀赋和出口的优势更强。以此为基准，一般将省会城市、副省级城市、"相对较大的城市"这三种类型划分为最高级城市，其余的则为普通等级或称为最低级别城市，同时，还按照城市与所在地省份和海岸线间的最短距离或远近，将各个城市的地域区位进行了大致划分。

表 5.6 的回归结果显示，对经济发展目标"层层加码"的约束，对低行政管理层级区域出口技术复杂性的控制效应更大，而对离海岸线较远的区域制造业出口技术复杂性的抑制效应则更强。这就意味着具有先天地理条件和行政优势相对较差的区域，对自身经济成长的压力本就较大，而一旦区域当局过分注重于经济成长目标，给自己的经济成长加码程度就过高，从而限制和干扰了行业发展与整体经济成长，也不利于此区域的制造业进一步提升水平，进而面临着低端模仿的困局。同时，政府在发展目标制定过程中的硬性用语也把高行政级别城市的出口技术的复杂度给制约了，因为行政级别较高的城市要素资源优势较强，在一定程度上也增强了资源集中的效应，但在过分利用政府职权去分配资源时，会造成资源错配，不利于城市工业结构的升级（江艇等，2018），由此回归的结论中也可以发现，政府采取"留有余地"或者相对宽松的经济发展目标软约束设定时，往往能够提高地理区位更远的内陆地区制造业出口技术复杂性。所

以，各地人民政府在制定区域经济社会发展战略时，都应该更多地了解自己的先天条件，而不要再盲目进行"GDP 竞争"，充分发挥比较优势，从而保证了自己经济社会发展与人口结构提升的空间。在资源优越性较高的地方，不希望过分使用政府力量推动经济成长，以免导致对资源配置效率的行政扭曲。

表 5.6　　　　　　　　　异质性分析：不同行政级别和地理区位

变量	被解释变量：_TSI_			
	行政级别		距海岸线距离	
	低	高	远	近
FHGDP	−91.6747*** (−3.1213)	−733.7548*** (−3.8834)	−462.4433*** (−5.1664)	122.8162 (1.5376)
FSGDP	119.9185** (2.1689)	222.2007 (0.7711)	468.9495*** (4.1333)	207.4214** (2.2434)
CHARGE	−14.5219*** (−17.3784)	−10.0945* (−1.8089)	−15.5692*** (−14.2954)	−8.1899*** (−10.0133)
城市控制变量	YES	YES	YES	YES
城市固定	YES	YES	YES	YES
时间固定	YES	YES	YES	YES
样本量	1710	430	1106	900

　　本部分将经济增长目标完成度从低至高加以分组，分析在不同完成状况的经济成长目标约束下对工业产出技术复杂度影响产生的异质性效应。表 5.7 中报告了回归结果表明，城市长期经济发展目标的超额实现度越高，城市经济发展目标的"层层叠加"对出口技术复杂度的抑制效果就越大。这刺激了经济增长目标前期设定后的"兑现"与竞争，从而提高了各地政府对城市短期经济成长目标的关注度，同时各地政府将通过行政介入等手段主导城市制造业内部的生产要素分配，这也表示有可能更加恶化城市土地和资金等与制造要素的不相匹配，进而加大了对城市出口技术复杂性的抑制效应。

表 5.7　　　　　　　　　　异质性分析：按完成程度高低分组

变量	被解释变量：*TSI*					
	完成情况	未完成（高）	未完成（低）	正常完成	超额完成（低）	超额完成（高）
CHARGE	-0.0420*** (-8.2815)	-3.4955 (-0.2975)	-8.8147 (-0.7982)	-0.4330 (-0.0536)	-22.3573** (-2.1008)	-31.9986* (-1.8922)
控制变量	YES	YES	YES	YES	YES	YES
城市固定	YES	YES	YES	YES	YES	YES
时间固定	YES	YES	YES	YES	YES	YES
样本量	2296	236	389	864	544	199
R-squared	0.359	0.169	0.128	0.176	0.213	0.354

三　经济增长目标约束对出口技术复杂度的影响机制检验

上文实证部分中提出，在经济发展目标选择上的"硬性用语约束"和"层层加码"均对地区工业出口技术复杂度具有显著的抑制作用。此外，为明确经济增长目标约束影响工业进出口技术复杂性的内部机理，本部分分析了第二部分理论机制，重点分析经济发展目标制定中"自我施压"的硬约束对创新要素流动的阻滞效应和"层层加码"对制造业内部要素密集度的"路径依赖"效果。中间机制变量的指标选取和测度如下：

（一）技术要素密集度（*Tech*）

本部分采用了工企数据库，对中国不同城市工业企业的生产技术要素的相对密集性，即对资金集约式、科技集约型、劳务集约型企业的工业产值中分别占有的比重加以测定。其中，对不同生产要素密集度行业的划分参考陈丰龙与徐康宁（2012）的处理，以此得到各个城市的劳动、资本和技术要素密集度。

（二）创新要素流动（*Innovation*）

制造业产品出口技术创新复杂度提高的最根本原因，离不开技术创新要素的合理流动和中小企业自主创新能力的提高。而随着中国国内市场经济体制进一步健全，国际技术创新交易市场的发展对技术创新资源的优化配置、对研究与创新的支持、对技术创新成果的转化，形成了重要的促进作用。一个区域的技术创新市场越是完备，越有助于专利成果的产生。鉴于此，本部分主要从生产力角度通过创新专利权成果来近似衡量区域技术创新要素的合理供应，以及技术创新市场的发达程度。此外，为了消除不同城市规模的影响，我们采用人均发明专利授权量来度量地区整体创新要素流动水平，数据来源于中国知网专利数据库。

　　表5.8报告了对中间机制的回归结果。从列（1）和列（2）所列结论来看，经济增长目标的设置"硬性约束"对创新要素流动的影响系数显著为负，而采用"留有余地"的软性用语的地区其创新要素流动水平也越高。经济增长目标设定"层层加码"则明显对制造业的技术密集度产生了负面作用，表现为影响系数显著为负值，经济增长目标"层层加码"的程度越高，区域工业内部劳动密集型水平也就越高。当经济发展目标"层层加码"程度越高的地区，地方政府倾向于将财政资源和产业政策向劳动密集和资本密集行业倾斜的情况下，对技术密集型企业的支持减少，容易使区域制造业对劳动和资本密集型行业的内部"路径依赖"，从而不利于地方工业的生产结构由劳动密集型提升到科技密集型，以便证实了上文理论部分所提供的经济影响路径；同时，不管在何种情形下，通过改善地方工业的科技密集度和科技要素的流动水平，都可以改善出口技术的复杂性。

表5.8　　　　　　　　　　　　　机制检验结果

变量	（1）	（2）	（3）	（4）
	Innovation	Tech	TSI	TSI
FHGDP	−0.0531* (−1.6805)			
FSGDP	0.0838* (1.7219)			
CHARGE		−0.0220* (−1.9614)		
Innovation			246.1949** (2.1375)	
Tech				29.2047** (2.5564)
控制变量	YES	YES	YES	YES
地区固定	YES	YES	YES	YES
时间固定	YES	YES	YES	YES
Observations	2296	2274	2232	2210
R-squared	0.482	0.128	0.099	0.168
Number of id	230	229	225	224

第四节　主要结论与政策启示

现在，中国经济处于新旧动能转换的严峻时期，推动制造业高品质发展对培养经济发展新动能尤为重要，提高出口技术的复杂性对于提升制造业和优化对外贸易结构具有更重要的意义。本部分将对地方经济社会快速发展的经济总体发展目标和地方工业高质量快速发展相结合，在我国的230个地市区级及以上省市中，对2004—2013年地方政府工作报告的经济增长目标数据进行了样本性重点调研，并着重关注了地方工业快速发展目标的自我施压，以及层层加码方式对工业出口技术的复杂性所形成的负面作用。研究结果显示，硬约束用语（"力争""确保"及"以上"等词语）的使用无益于地方制造业生产出口产品科技复杂性提高，使用软制约方式（"左右""上下""区间"等词语）时，地方工业的出口产品科技复杂性较高；而层层加码则对区域工业的出口商品技术的复杂性产生了负面影响，加码多的区域工业的出口商品技术的复杂性下降。由上文验证即可发现，对于经济增长目标的双重制约下，对技术创新活动的阻滞效应以及生产要素密集度的路径依赖都会直接影响制造业出口技术的复杂性。而异质性结果则表明，在政府层级、地理位置以及经济发展目标实现程度等不同的城市，经济发展目标制约下对区域内工业出口商品技术创新复杂性的直接影响程度也有所不同。

本部分对各地政府国民经济高速发展总体目标的预测管理工作、地区制造业水平和对外开放的高质量发展，都给出了重要政策的借鉴。但由于中国市场蓬勃发展渐渐进入新经济常态，各地国民经济高速发展的目标也需要由单纯的国民经济快速发展转变到国民经济整体内部结构提升和高水平的迅速发展。最关键的改革是逐步优化当地政府工作人员的经济评估体系，以弱化对GDP等指标体系的评价。上级政府部门尽量不要干涉当地经济发展目标的制定，对经济发展目标的具体实现情况也不要过度要求。而下级政府部门政府工作人员也必须根据本区域经济发展的巨大潜力，制定比较合理的经济发展目标，并选取比较合理的资金投入项目，目标是提高社会福利水平和公民的生存质量。

与以往单纯的成长一样，工业迫切需要向高质量的发展过渡。从狭义上讲，工业高质量发展的关键点就是如何优化产品结构，提升全要素生产力。从广义上看，地方工业的高质量发展不但需要进行效率的优化，还促进了品质的提升、动力的变化和区域统筹发展等多方面。因此根据本书的调研结论，区域内政府工作人员将着力优化地方财政资源配置和调整有关的产业政策，并积极推动地方工业高质量的高速发展，促进出口结构的升级，注重市场竞争的积极作用，减少通过设定硬性经济目标的方式扩大制造业的对外贸易。具体分为如下四个方面：

第一，采取市场化手段消除过剩产能和落后生产能力，着重处理企业所有制与规模的"信用双轨制"问题，降低制度性交易成本，加快进入和撤退阶段不合理的规章制度的清算，淘汰"僵尸企业"。

第二，减少政府干涉企业，通过优化土地供应结构、扩大企业融资渠道，提高实体经济能力的金融服务，切实提高资源分配效率，加强数据、信息和知识等新要素支撑，降低实体经济成本。

第三，逐步减少地方政府对生产要素资源行政性的管制以及对地方产业政策的过分干预，把注意力转到地方产业调整升级中的有关政策措施的改革上，以降低地方政府部门审批的障碍，从而减少了有关制度交易的成本，并利用了更多的公共资源来提升地方政府部门的服务效能。继续优化政府财政支出结构，增加服务投入，健全园区内配套服务设施，积极吸纳高层次人力资源和先进科技资源的流入，积极推动新兴产业聚集区的形成。

第四，强化专利保护，推动创新型科技成果转化与运用。完善政策法规，进一步优化企业技术创新工作条件和科技外流体制环境，并适当增加政府对企业科技研发、科研成果转移、技术转化等活动的资金扶持与引导程度。进一步提高工业内部技术创新，促进区域制造业企业科技密集度升级，进而带动工业高品质发展。

第六章　经济增长目标约束对
环境污染的影响研究

　　党的十九大报告提出，中国特色社会主义进入新时代，我国社会主要矛盾已经转化为人民日益增长的美好生活需要和不平衡不充分的发展之间的矛盾，并提出了建设"富强、民主、文明、和谐、美丽"的社会主义现代化强国，将"美丽"和美好生活上升为国家战略高度予以重视。新时期我国经济发展已进入高质量发展阶段，改变过去完全以追求经济高速增长为目标的粗放式经济发展模式。经济绿色发展作为经济增长高质量发展的题中之义，在我国经济发展阶段转换的关键时期，仍然使用以"经济锦标赛"考核地方政府工作人员绩效水平是否合理？为此，我们提出了如下问题：自分税制改革以来，地方政府为了实现经济发展，地区间展开"标尺竞争"，进而大规模招商引资，吸引产能低、污染排放大的企业以实现经济增长，是否导致经济的粗放式增长？是否会促使地方政府扭曲执行国家的环境政策，导致生态环境进一步恶化呢？本部分将聚焦于经济增长目标约束与地方环境污染治理之间的关系，进而从环境治理角度实现经济高质量发展提供一个理论与事实依据。

第一节　中国粗放式经济增长下环境污染现状

　　改革开放以来，我国经济40余年的高速增长"奇迹"是依赖牺牲环境和大规模要素投入为代价的"粗放式"的经济增长方式。生态环境作为经济活动的载体，提供生产消费时企业所需要的各类要素投入，也承受经济活动结束后随之而来的污染排放。与我国经济"增长奇迹"相伴而来的是环境污染问题日益严重，学术界对经济增长和环境污染之间关系的研究逐渐增多。稳定的经济增长与环境污染之间的关系具体如何？是否可以实现经济持续性增长和环境质量保障的两者均衡？为此，学术界一直研究至今。

整理现有的关于解释经济增长和环境治理之间相互关系的文献，发现各国学者主要是从"波特假说"和"环境库兹涅茨曲线"两大基本理论出发的。首先，"波特假说"中关于环境规制对于科技创新的正向作用得到了大部分学者的支持，即认为严格的环境保护政策可以通过提高企业的科技创新支出（Jaffe and Palmer，1997；赵红，2008）、提高企业的全要素生产率两条路径促使企业的创新，由此产生的成本抵消作用使企业获得竞争优势，进而推动地方经济增长。但是，在产业绩效方面，多数学者对"波特假说"持反对态度，Gollop 和 Robert（1983）的研究认为，严格的环境规制使美国电力企业的成本增加，进而导致全要素生产率的下降；Jorgenson 和 Wilcoxen（1990）则从全国经济运行入手，证实了环境规制对美国经济增长的消极影响；我国学者许冬兰和董博（2009）也利用国内数据计算出了环境规制对地方造成的生产力损失。其次，从"环境库兹涅茨曲线"出发，国内研究的重点主要集中在该理论在中国的检验。通过大量的实证研究，"环境库兹涅茨曲线"在中国得到验证（赵细康，2005；宋涛等，2007；陈红蕾等，2009），同时，国内学者还进行了基于区域异质性的"环境库兹涅茨曲线"问题的探索，发现东部地区"环境库兹涅茨曲线"的拟合情况要远好于西部地区（韩君，2012）。值得注意的是，由于存在人均收入、能源结构、产业政策等诸多不确定因素，中国"环境库兹涅茨曲线"的拐点位置并不能清晰地界定，并且由于选取的描述环境污染的指标不同，在中国不同污染物的"环境库兹涅茨曲线"不能全部成立（韩君，2012；毛晖、汪莉，2013），由此就有学者提出了政府政策及行为在决定中国"环境库兹涅茨曲线"形态时所起到的有为作用（林伯强、蒋竺均，2009）。

在学术界有关经济增长与环境污染研究日益增多的同时，政府也将关注点更多地落在了实现经济与环境的协调发展上。环境问题逐渐成为中国经济发展的重点和热点问题，治理好环境污染是实现中国经济高质量发展的关键一环。在经历了 40 多年的改革开放后，中国的经济水平有了显著的提升，然而，随着全国经济体量的不断扩大，经济快速发展随之而生的是环境污染日益突出。根据国家统计局网站显示（见图 6.1、图 6.2），2000—2015 年，全国工业废气排放总量、废水排放总量与全国 GDP 总量的变化趋势大致吻合，均呈现不断上升的态势。从图 6.1 中可以看出，我国 GDP 2000—2015 年整体呈上升趋势，经济保持良好形势；但工业废气排放总量和废水排放总量也呈现整体上升趋势。这意味着我国经济快速发展的同时，追求大规模资金和劳动力等要素投入而低效产出的发展模式带来的环境问题日益严重。以大气污染和水污染为主的环境问题并没有得到妥善的解决，反而呈现出"经济水平走高、环境水平走低"的严峻态势。由此我们也可以认为，现阶段我国的经济发展方式仍较为粗放，以牺牲环境换取经济增长的模式给我国的环境保护造成了严峻的挑战。

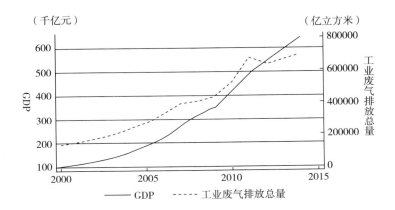

图 6.1　全国 GDP 与工业废气排放总量趋势

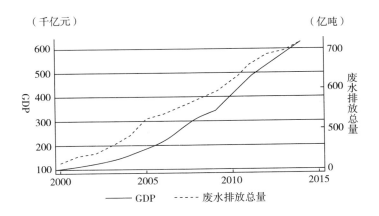

图 6.2　全国 GDP 与废水排放总量趋势

　　通过查阅历年来相关的环境污染数据报告，可以发现我国用环境换取经济发展、地方政府在大规模投入要素带动经济的同时，导致生态环境付出极大代价，进而也为环境保护带来了严峻的挑战。本部分将以水污染和空气污染为例，分析我国先污染后治理的传统发展模式下经济增长对环境造成的具体影响。

一　水污染现状

（一）总体情况

水资源作为生态环境中极为重要的一项任务，虽然我国淡水资源总量丰富，在全世界排名靠前，达到第四位，但是人均水资源却差距甚远，中国排名靠后，在世界排名第 121 位，约为世界平均水平的 1/4，为 13 个人均水资源最为贫乏的国家之一。除水资源相对匮乏的现状之外，我国的水污染问题也尤为突出。我国水资源的主要污染指标包括总磷、化学需氧量和高锰酸盐指数。

图 6.3 显示的是 2017 年我国湖泊（水库）水质类别分析情况，表 6.1 显示的是 2011—2015 年我国废水排放情况。由图 6.3 可知，当前我国地表水划分主要体现为六大类，第一类至第三类（Ⅰ—Ⅲ类）划分评级为优良，这一类湖泊（水库）在我国的数量为 70 个，第四类和第五类水体有 30 个，而水污染的劣五类地表水在我国占比是 12.11%，比重较大。结合表 6.1 可以发现，2011—2015 年，我国废水排放量在逐年上升，甚至在 2014 年时甚至突破 700 亿吨。其中，生活废水总量自始至终大于工业废水排放量且逐年增加，而工业废水呈逐年下降趋势。针对水污染物排放种类而言：化学需氧量排放量远远大于氨氮排放量，两者都呈现逐年下降趋势，且工业和生活废水中，始终是生活废水的排放量远远大于工业废水。结合图 6.3、表 6.1，我们发现我国当前地表水污染主要由生活废水导致，且生活废水排放总量约是工业废水排放总量的 2 倍左右。由此可知，我国水污染情况依旧严峻，值得高兴的是，我国工业废水得到明显改善，如果地方政府将生活废水放在重心位置后，缓解水污染问题指日可待。

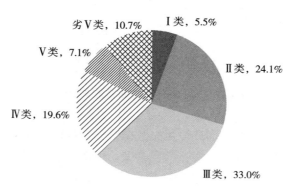

图 6.3　2017 年我国湖泊（水库）水质类别分析

表 6.1　　　　　　　　　2011—2015 年全国废水排放情况

年份	废水排放量（亿吨）	其中		化学需氧量排放量（万吨）	其中		氨氮排放量（万吨）	其中	
		工业	生活		工业	生活		工业	生活
2011	659.20	230.90	427.90	2499.90	354.80	938.80	260.40	28.10	147.70
2012	684.80	221.60	462.70	2423.70	338.50	912.80	253.60	26.40	144.60
2013	695.40	209.80	485.10	2352.70	319.50	889.80	245.70	24.60	141.40
2014	716.20	205.30	510.30	2294.60	311.40	864.40	238.50	23.20	138.20
2015	735.30	199.50	535.20	2223.50	293.50	846.90	229.90	21.70	134.10

（二）地区差异

中国作为世界国土面积第三大国，广阔的地域面积使我国自然地理条件和资源禀赋差异很大，在此基础上进行的经济活动也存在较大差异，由此带来各地区经济发展速度、社会发展水平和经济发展模式的差异，进而各地区工业和生活废水的差异也尤为明显。

根据图 6.4 可知，2011—2016 年我国工业废水在全国范围内呈上升趋势，其中前五年一直呈上升趋势，但 2016 年工业废水排放总量首次出现下降。考虑到区域异质性，东部地区废水排放量大体上保持平稳，并在 2016 年出现下降，排放量仅为 377.02 亿吨；中部地区废水排放量也呈现下降趋势，在 2016 年仅为 181.21 亿吨；然而，西部地区废水排放量却有所增加，2011 年仅为 128.93 亿吨，但 2016 年上涨为 152.87 亿吨。这意味着东部和中部地区经济发展较好，一定程度上已经缓慢地由过去资源换经济发展的模式转变为注重经济和环境共同发展的经济模式，注重环境治理。但是西部地区由于最初地理位置偏僻，资源禀赋匮乏加之产业政策扶持不到位，使西部地区在全国范围内发展较为落后，在其他地区开始转型之际把握机会快速发展经济，进而使环境压力加大。

表 6.2 描述了 2016 年我国全国及东中西部地区废水中主要污染物的排放量情况。在化学需氧量、氨氮、总氮、总磷、石油类污染物的排放上仍呈现出东部>中部>西部的现象，从总磷的污染排放可以验证，东部地区污染物排放可以达到 6.25 万吨，中部地区只有 3.95 万吨，而西部地区却只达到 3.74 万吨。但铅、汞、镉、砷等重金属元素在地区排放量上却呈现和前者不相同的排放情况，表现出中部>西部>东部的现象。同样的，我们以汞的排放来验证，我们发现中部地区排放量为 308.7 千克，东部地区为 167.6 千克，而西部地区只有 136.6 千克。由此可知，我国国土广阔，

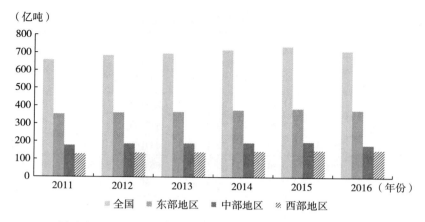

图 6.4　2011—2016 年全国各地区废水排放总量的变化情况

各地区经济发展方式和资源禀赋各不相同，基于区域异质性，各地区具体污染物排放存在较大差异，地方政府应依据自身发展目标和区域特色，有针对性地制定产业政策治理环境。

表 6.2　　　　　　　　2016 年废水中主要污染物排放量

地区	化学需氧量（万吨）	氨氮（万吨）	总氮（万吨）	总磷（万吨）	石油类（吨）	挥发酚（吨）	铅（千克）	汞（千克）	镉（千克）	砷（千克）
全国	1046.53	141.78	212.11	13.94	8838.7	381.2	52930.5	613	11219.4	41946.7
东部地区	417.75	63.45	98.66	6.25	3207.1	81	7257.6	167.6	844.2	1783.6
中部地区	333.86	43.05	63.28	3.95	3028.8	265.5	27759.4	308.7	7003.4	22813.8
西部地区	294.93	35.28	50.2	3.74	2602.5	34.7	17913.5	136.6	3371.8	17349.5
东部占比（%）	39.92	44.75	46.51	44.84	36.28	21.25	13.71	27.34	7.52	4.25
中部占比（%）	31.90	30.36	29.83	28.34	34.27	69.65	52.44	50.36	62.42	54.39
西部占比（%）	28.18	24.88	23.67	26.83	29.44	9.10	33.84	22.28	30.05	41.36

二　空气污染现状

（一）总体情况

空气污染即大气污染与人们的生活息息相关。据《中国生态环境状况公报（2017）》数据，在全国 338 个地级及以上城市中，环境空气质量达标（AQI 指数处于 0—100）的城市仅有 99 个，仅占 29.3%，空气质量指数（AQI）大于 100 的超标城市则多达 239 个，占比为 70.7%。相比于 2016 年，2017 年地级以上城市空气质量平均优良天数占比为 78.0%，下降了 0.8%，平均超标天数占比为 22.0%。

我国空气污染大致可分为以下几类：①我国一直是煤炭大国，煤炭是过去几十年以来我国主要的发电方式，这也造成我国二氧化硫排放量的急剧上升，进而使酸雨面积在我国扩大。②随着我国经济迅速发展，居民生活水平日益提高，人均机动车拥有量开始增加进而导致一氧化碳和氮氧化物排放量增加。③火电厂、工业锅炉等工业发展排放的烟尘、粉尘污染。

总体而言，我国的空气污染状况十分严峻，不容忽视。随着我国生态环境理念的不断提升，对经济发展对环境治理关系的认知更为清晰，我国大气污染问题得到一定程度上的缓解。从 20 世纪 90 年代开始，我国就提出"两控区"概念，加大空气治理力度，但即便如此我国环境保护尤其是空气质量方面工作依然艰巨。

图 6.5 反映了 2011—2016 年我国主要空气污染物的排放情况。总体而言，二氧化硫、氮氧化物、烟（粉）尘排放量整体上都呈下降趋势。其中，二氧化碳前五年呈稳步下降趋势，第六年即 2016 年迅速下降仅为 1102.86 万吨，比 2011 年下降了 1115.05 万吨。氮氧化物的排放量也呈前 5 年稳步下降，第六年迅速下降的情况，2016 年氮氧化物排放量为 1394.31 万吨，比 2011 年下降了 1009.96 万吨。但烟（粉）尘的排放总量在 2013—2014 年则有所上升，其中 2014 年烟（粉）尘排放量最高为 1740.75 万吨。2014 年之后，烟（粉）尘排放量开始逐年递减。

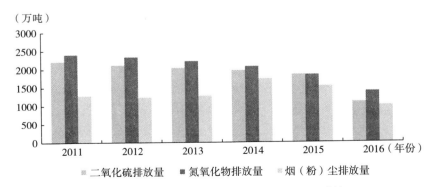

图 6.5　2011—2016 年全国主要空气污染物排放情况

表 6.3　2011—2016 年全国各地区空气污染物排放量

单位：万吨

年份	二氧化硫排放量				氮氧化物排放量				烟（粉）尘排放量			
	全国	东部	中部	西部	全国	东部	中部	西部	全国	东部	中部	西部
2011	2217.91	791.99	616.93	808.98	2404.27	1000.97	724.73	678.57	1278.83	444.72	446.50	387.61
2012	2117.63	751.77	585.00	780.86	2337.76	961.22	697.19	679.35	1235.77	419.02	414.45	402.30
2013	2043.92	716.68	567.97	759.27	2227.36	895.14	667.02	665.20	1278.14	435.93	420.37	421.84
2014	1974.42	684.84	548.57	741.00	2078.00	832.30	625.21	620.49	1740.75	644.90	577.28	518.57
2015	1859.12	645.21	523.91	689.99	1851.02	742.86	556.47	551.69	1538.01	562.33	531.44	444.24
2016	1102.86	400.81	281.72	420.34	1394.31	585.56	406.04	402.70	1010.66	416.62	296.85	297.20

（二）地区差异

空气污染物排放量与废水一样呈现较为显著的地区差异。本书从图6.5 中分析了我国当前三大主要空气污染物在2011—2016 年排放总量整体发展趋势以及各污染物自身排放量和趋势。但我国地域广阔，各地区经济发展差异大，经济发展模式也存在较大差异，为此，基于区域异质性的角度，考虑2011—2016 年我国主要空气污染物在东中西三大区域上的差异。由表6.3 可知，三大污染物在全国范围内排放情况与图6.5 中所示一致，整体上呈下降趋势。样本期间内，东部、中部、西部地区在三类空气污染物排放的占比上基本维持相对稳定的状态。

考虑到二氧化硫的排放量，首先，从三大地区时间差异角度分析，我国东部、中部、西部地区在这 6 年时间都呈稳步下降的趋势，东部地区减少了 391.18 万吨，中部地区减少了 335.21 万吨，西部地区减少了 388.64万吨。氮氧化物排放量在三大地区的 6 年时间也呈稳步下降的趋势，东部地区减少了 415.41 万吨，中部地区减少了 318.69 万吨，西部地区减少了275.87 万吨。但烟（粉）尘排放量在三大地区的 6 年时间却呈波动下降的情况，东部地区减少了 28.1 万吨，中部地区减少了 149.65 万吨，西部地区减少了 90.41 万吨。虽然烟（粉）尘排放量在总体上 6 年时间各地区都呈下降趋势，但 2013 年和 2014 年 2 年时间东中西部地区都出现上涨情况。其次，从三大地区污染物排放量绝对值角度考虑，即使在 2016 年各地区都实现 6 年时间污染物下降的成效，但东部地区仍然占据三大地区里污染物排放量的最大值，因而东部地区对整体环境改善发挥重要作用。

第二节　经济增长目标约束对环境
治理的影响机制分析

一　经济增长目标"层层加码"对环境污染的影响机制

市省级间经济增长目标差额越悬殊意味着地方政府为了完成自身制定的地级市目标加大内在驱动力量，地方政府工作人员改变自身行为制定偏向性产业政策吸引企业以实现短期经济快速上涨的目标，造成资源、技术和产业结构的错配，进而导致环境问题更为严重。

其一，最直观的就是各地对环境规制的放松，表现为地区之间环保标准的"逐底竞争"。当前，我国经济发展模式虽然已经改变了过去完全由要素拉动的粗放式发展模式，但是动能转换仍没有完全转型成功，"经济锦标赛"的压力使地方政府为了获得政治晋升，只能在一定程度上降低环境规制水平以保证部分高资本的重工业企业留在辖区内拉动经济增长，实现税收和就业的"多赢"局面。

其二，地级市经济增长目标的设置作为地方政府完成政绩考核的标准值，地方政府自始至终以围绕这一目标值制定相关产业政策，实现短期内经济目标而进行大规模招商引资吸引重资本产业，抑制了产业结构向高级化进程的过渡，进而导致环境问题更为严重。表现为地方政府为了实现经济增长目标，制定相关产业政策吸引流动资金进入，而资金流量多的企业主要是资本密集型的重工业企业。重工业企业在地区发展势头越好，地方政府越有可能实现经济增长目标，为此会倾向性给予更多优惠政策，然而随着重工业企业的发展，地区经济发展路径依赖程度不断加深，经济发展更离不开当前发展模式，环境污染更为严重。

其三，政府在"层层加码"压力的驱动下存在扭曲要素配制抑制技术创新的行为。在经济增长目标约束下，结合我国制造业目前仍主要以要素投入增加产能的粗放式发展方式，地方政府为了实现短期经济增长，其行为方式必然发生变化。表现为，为了进一步吸引一定高资本流动企业进入，提供政策补贴和税费减免，即在劳动、资本和土地资源的配置方式进行干预，为企业提供"诱人"价格。地方产业结构以高污染、高能耗的方式固化，创新水平高、能源利用率高的清洁行业得不到发展，不合理、不高级的产业发展方式抑制地方整体创新水平，导致环境污染物的排放仍得不到有效治理。

二 经济增长目标约束特征对环境污染的影响机制

地方政府向上级政府证明自身能力的同时，为了保证目标实现的可能性，往往会采取各项约束进行自我施压以保证经济增长指标这一最为重要的经济活动指标顺利实现。但是，由于各地区经济基础和现阶段经济发展水平的不同，加之不同地方政府工作人员的做事差异，在实现地区经济增长目标时，其给予自己的施压方式各有特色。主要分为两类：一种是采用"确保"和"以上"等词汇，表现出地方政府工作人员实现目标的强烈决心与信念，更具有硬性约束特征。另一种是使用"之间"和"左右"等词汇，表达出对实现未来经济增长目标的愿景和美好期望，硬性约束特征不强。由此可知，不同的约束特征下必然会使地方政府为了实现经济增长目标采取不同的方式方法以及在政策执行时力度不同，有着更强烈经济愿望的地方政府工作人员可能会采取较为激进的方式对资源环境产生不利影响。

其一，降低环境规制水平。地方政府为了实现经济增长，短期内最可行的做法即留住重工业企业，鼓励其扩大规模进一步生产，但必然使地方政府工作人员降低区域内环境监督力度，环境污染加剧。

其二，通过补贴维系"僵尸企业"的生存，阻碍产业转型升级，不利于清洁型企业的发展。地方政府为了实现经济增长目标势必会采取措施，改变自身行为提供相应优惠政策鼓励企业发展，基于各地方政府制定相应经济目标时的决心不同，为了达到不同约束特征的经济增长目标时，地方政府对当地企业的产业政策也会采取不一样的措施。"僵尸企业"作为生产效率低下，资不抵债，主要依靠地方政府扶持或当地银行借贷部门支撑而存活下来的企业，对地区经济发展极为不利且严重抑制了区域产业结构高级化的升级，但地区就业水平及稳定与其存在紧密关联。基于这一背景，地方政府作为地区整体发展的管理者与政策制定者，势必对其进行财政补贴与税收优惠，进而引发"挤出效应"，使具有高生产率、技术创新水平高且对环境友好的技术密集型企业发展空间被大大压缩，不利于缓解环境污染问题。

其三，地方政府基于经济增长硬性特征约束下，加大基础设施等公共支出，减少科技创新等科教文卫支出，不利于社会整体技术创新水平的提高。这意味着地方政府为了实现经济增长目标向上级表明能力，特别是在硬性目标约束下，地方政府工作人员加大基础设施建设，为进入该区域的企业提供相应配套设施，吸引并留住心仪企业。但与此同时，地方政府在公共财政支出上的偏向性必然会挤压对科技创新等方面的投入，这势必会出现地方经济短期内快速上升而长期创新能力不足等问题。过分注重短期经济效益不注重经济整体高质量发展必然会导致长期经济增长后劲不足、投资效率过低和资源转化能力弱等一系列问题，进而使我国产业发展仍处于世界的低端制造行业，仍无法摆脱环境换经济的发展困境。

三　经济增长目标超额完成情况对环境污染的影响机制

经济增长目标的设定是地方政府对上级、公众做出的绩效承诺，而能否完成目标值、兑现承诺在绩效考核之中的地位同样重要。地方政府设定目标是对上级政府表决心，为了证明自身能力而制定，但更关键的是地方政府在考核期结束后向上级真实完成的"答卷"。如果"答卷"结果与目标制定相去甚远，那经济增长目标的设置将会沦为"一纸空话"，不具有约束性，更不存在激励作用。为此，经济增长目标超额完成体现了地方政府"标尺竞争"的真实存在，并且地方政府为了从各地级市政府中脱颖而出，不仅要完成自身经济增长目标，更要超额完成来证明自己，在"经济锦标赛"中拔得头筹，实现政治晋升。

其一，地方政府基于政治晋升下的"标尺竞争"效应，会积极实现地区内经济增长任务，减弱对环境治理的关注度。能快速带动经济增长企业大多为资本密集型的重工业企业，其特点是要素消耗大且污染物排放量大。在短期内经济与环境还不能"双赢"的情况下，地方政府为了证明自身能力，往往会采取较为激进的做法，牺牲环境实现经济增长。

其二，基于实现地方经济增长的需要，资本密集型类的高资本流动的产业受到地方政府青睐，重污染的第二产业的固化使环境问题无法得到根本解决。地方政府工作人员为了拉动地方经济获得高额税收，往往注重企业短期内带来经济效益，而这一类型企业以重工业企业为主，高污染、高能耗，对地方资源消耗和环境压力都带来不小的挑战。

其三，地方政府间基于"标尺竞争"效应引发的行为激励，使其为了吸引重资本企业留下来，大规模建设基础设施为其提供较好的配套设施，导致地方政府财政支出严重扭曲，引发环境问题。这一原因是：随着地方政府公共财政支出结构的错配，地方政府为了实现经济增长目标采取大规模的房地产投资来拉动区域内经济快速发展。但房地产投资导致房价上涨的现实情况会导致地区劳动力工资成本和企业租金成本上涨，考虑到企业整体成本的上升，进而挤占了企业投入研发资金，降低企业创新能力。这一机理过程使企业更加依赖于低要素成本而获得企业利润的发展路径。企业创新水平低导致其自身创新能力低进而不能在国际国内市场占据主导位置，仅限于从事高要素投入低产能的低端制造环节，对地区环境发展不友好。

基于上述分析，本书提出如下假设：

假设6.1：经济增长目标"层层加码"使各地之间存在环境规制的"逐底竞争"，抑制产业高级化以及挤占技术创新投入的动机。"层层加码"越严重，背离地区潜在增长率的可能性越大，进而导致地方政府牺牲环境换取经济增长的行为。

假设6.2：在制定经济增长目标的过程中，采用"之上"和"力争"等硬性约束制定方式下，地方政府更容易采取短视化行为加剧辖区内环境污染；而采取"左右"和"区间"等"留有余地"的软约束制定方式下，地方政府则会更关注经济的长期健康发展，有助于缓解辖区内环境污染问题。

假设 6.3：为了实现经济增长目标的超额完成，地方政府之间存在"兑现"竞争，从而会进一步导致以牺牲环境换取经济短期增长行为，加剧辖区内环境污染。

第三节　经济增长目标约束对环境污染治理影响的经验分析

一　模型设定与变量选取

为检验以上三个命题假说，本部分构建基本计量回归模型如下，其中，经济增长目标相关变量为核心解释变量：

$$Poll_{it} = \alpha_0 + \alpha_1 CPGAP_{it} + \lambda_{it} \sum_{j=1}^{n} Z_{jit} + \varepsilon_{it} \tag{6.1}$$

$$Poll_{it} = \alpha_0 + \alpha_1 CGDP_{it} + \lambda_{it} \sum_{j=1}^{n} Z_{jit} + \varepsilon_{it} \tag{6.2}$$

$$Poll_{it} = \alpha_0 + \alpha_1 COMGDP_{it} + \lambda_{it} \sum_{j=1}^{n} Z_{jit} + \varepsilon_{it} \tag{6.3}$$

其中，i 代表城市，t 代表年份。被解释变量 $Poll_{it}$ 表示 i 城市第 t 年的环境污染，鉴于相关数据获取的可能性和准确性，本书最终选取城市二氧化硫排放量、工业废水排放量作为城市水污染和空气污染的代理变量。$CPGAP$ 为地级市经济增长目标与所在省份经济增长目标的差额，借此来度量经济增长目标"层层加码"的现象。对于经济增长目标约束性特征（$CGDP$）的衡量，本部分采用了经济增长目标硬约束性特征（$HCGDP$）以及经济增长目标软约束性特征（$SCGDP$）进行度量。$COMGDP$ 代表经济增长目标超额完成情况，具体变量设定方式在后续变量设定部分进行详细阐述。Z 为控制变量集合。

本书分别选取工业废水排放强度和大气污染物二氧化硫排放强度作为因变量，基于工业废水和二氧化硫排放量一直是我国重点关注的污染物统计量，其数据可获得且准确性高。为了进一步比较各辖区内污染排放的强度差异，本书使用各地级市工业废水排放量和当年地区生产总值的比值以及各地级市二氧化硫排放量和地区生产总值的比值作为因变量的代理变量。为了使结果更为稳健，还将使用微观工企数据进一步检验结果的稳健性。

　　基于现有文献主要从宏观经济增长、贸易模式和劳动者收入发分配，中观产业结构、技术创新和产业效率，微观公司治理、环保投资和企业"寻租"三个角度分析与环境污染的关系。本书控制变量的选取分别是：①人均 GDP 取对数，用于衡量地区内经济发展水平的差异。②人均 GDP 的平方项，由环境库兹涅茨曲线可知，经济发展阶段和环境污染程度之间呈现倒"U"形，为此我们引入人均 GDP 的平方项并将其控制住。③财政自主权，本书用预算内收入/预算内支出来衡量财政自主权，一个地区地方政府的财政自主权的松弛程度，直接决定地方政府事权执行情况。④外商直接投资，用外商投资工业企业总产值/地区工业总产值来衡量一个地区外商投资水平，即意味着地区基础设施完善程度，经济发展基础以及地区外商营商环境。⑤产业结构。用第二产业的比重来衡量地区工业基础，经济发展与辖区内产业结构水平相关联，第二产业更多是资本密集型行业和重工业，以大量要素投入和高污染高排放为特征，影响地区环境污染水平。⑥人口密度。即用于衡量地区内经济活跃程度，人类社会是经济活动的载体，人是经济活动的创建者与参与者，人口密度势必会影响地区将经济活动的频率，进而对环境产生污染。此外，考虑到政府工作人员的个人差异也会对经济增长目标的设定产生影响，本书在模型中控制了各地市市长晋升、年龄和学历等代表政府工作人员特征的变量。由于数据收集中存在缺失数据，为此，本书最终获得 2004—2019 年的十五年数据，其中包括 230 个地级市。下面是各变量的描述性统计，如表 6.4 所示。

表 6.4　　　　　　　　　　　　变量统计性描述

	变量符号	变量名称	处理方法	均值	标准差	最小值	最大值
因变量	*POLLW*	水污染排放量（吨/万元）	每单位 GDP 工业废水排放量	6.716	10.774	0	263.935
	POLLS	空气污染排放量（吨/万元）	每单位 GDP 工业 SO_2 排放量	6.259	11.332	0	347.220
自变量	*HCGDP*	经济增长目标硬约束性特征	当经济增长目标用语中出现"之上""确保"等词汇时，设为 1。当采用其他用词时设定为 0	0.209	0.406	0	1

续表

	变量符号	变量名称	处理方法	均值	标准差	最小值	最大值
自变量	SCGDP	经济增长目标软约束性特征	当经济增长目标用语中出现"左右""上下"和区间等词汇时，设为1。当采用其他用词时设为0	0.340	0.474	0	1
	COMGDP	经济增长目标实际超额完成情况（%）	经济增长实际值与目标值的差额	0.162	2.910	−22.8	14.9
	CPGAP	市经济增长目标与所在省份差距（%）	市级经济增长目标与所在省份差额	1.614	1.942	−8.5	15
控制变量	FDI	外商投资（%）	外商投资工业企业总产值/地区工业总产值	0.024	0.045	0	1.662
	FD	财政自主权	财政预算内收入/财政预算内支出	0.502	0.231	0.055	2.199
	AGDP	人均GDP（对数）	人均GDP	11.245	3.866	0.773	47.371
	AGDPSQ	人均GDP平方项	$AGDP^2$	141.388	120.696	0.598	2244.03
	INDUSTRY	产业结构（%）	第二产业比重	48.206	10.173	10.68	85.920
	POPDEN	人口密度（人/平方公里）	人口密度取对数	5.831	0.874	0	7.923
	UPGRADE	晋升	任期若升职设为1，若平调或降职设为0	0.315	0.465	0	1
	AGE	年龄	任期若年龄在57岁以上设为1，否则设为0	0.055	0.228	0	1
	EDUCATION	学历	学历为研究生设为1，否则设为0	0.809	0.393	0	1

　　内生性问题一直是计量经济分析中学者极为关注的问题。具体到本书，我们认为经济增长目标约束会使地方政府为了完成地方经济增长目标而招商引资重工业企业并给予政策优惠和财政补贴以实现短期经济增长，但随之而来的环境污染问题逐渐显现。环境治理作为企业一项支出成本，期初会增加企业成本导致技术创新和科技研发支出减少，"挤占"企业利润，进一步为了达到环境减排目标甚至会减少产量，进而压缩企业利润。总而言之，地方经济增长目标的制定虽然会受到地方经济发展水平、地方产业结构、地方人口密度等宏观经济条件的影响，甚至由于地方政府工作人员作为地方经济的政策制定者和实施者，其年龄、学历和晋升机制也会对地区内经济增长有着重要影响，但随着经济开始逐步迈入高质量发展的阶段，环境质量也是地方发展中尤为关注的一项，影响经济增长目标的制定。经济增长与环境污染之间关系的研究，学者关注已久。最具代表性的则为经济学家 Grossman 和 Krueger 提出的"环境库兹涅茨曲线"，较早地发现经济增长和环境污染之间呈现倒"U"形，即经济和环境之间的双向反馈机制，环境问题成为区域间经济发展的重要影响因素。与此同时，五大发展理念、"两山"理论和经济高质量发展目标的提出，都表明中央政府将环境纳入社会整体规划中，进而说明两者之间真的可能存在内生性问题，进而影响稳健性结果。为此，本书试图通过工具变量来缓解内生性问题。

　　一个好的工具变量需要同时满足与内生变量存在较强的相关性与残差项无关的外生性。本书选择地级市所在省内的地级市数量作为经济增长目标的工具变量，对环境污染进行 2SLS 回归。具体原因如下：一方面，所在省份地级市数量越多意味着省级政府工作人员越有能力制定更高的经济增长目标，下达到地级市时由于该省份内地级市数量多，地方政府为了向上级政府表能力产生"标尺竞争"，促使经济增长目标"层层加码"。地级市数量越多，各地方政府工作人员竞争更激烈，具有内生变量的相关性。另一方面，就排他性而言，各省份地级市数量作为中国行政区域规划中综合各项因素考虑后制定实施，在样本期内数量不轻易变化，满足外生性条件。与此同时，为了实证结果更加稳健，避免地级市数量与国家经济增长目标的交互项对因变量环境污染仍有影响，本书还选取了一部分控制变量以达到更稳健的实证结果。

二　经验分析的基本回归结果与讨论

（一）基本回归结果估计与工具变量结果

表 6.5 中显示本书经济增长目标对环境污染的基本回归结果。第一阶

段的结果表明工具变量的选取是良好的。在不加入控制变量时系数是0.048，在1%的显著性检验下通过；加入控制变量后，系数减少了0.013，但仍然通过了1%的显著性检验，表明与内生变量间具有较强的相关性。由此可知，利用所在省份地级市数量和未来两期国家经济增长目标均值交互项作为工具变量，与国家间经济增长目标的系数为正，表明地级市数量的增加和未来两期经济增长目标的高制定，的确会使经济增长目标制定更高。具体分析：各省政府的经济增长目标均基于国家经济增长目标，加之结合各省自身经济发展现状及产业发展方向，制定各省经济增长目标。总而言之，工具变量即国家经济增长目标与地级市个数的交互项与自变量城市和省级政府之间经济增长目标的差额存在显著的正相关关系。

表 6.5   2SLS 第一阶段回归结果

被解释变量	CPGAP				COMGDP			
	系数	聚类标准误	系数	聚类标准误	系数	聚类标准误	系数	聚类标准误
工具变量	0.048***	0.004	0.035***	0.004	0.068***	0.005	0.065***	0.006
控制变量	不包括		包括		不包括		包括	
观测值	3680		3669		3680		3669	
固定效应	YES		YES		YES		YES	

注：*、**和***分别表示通过10%、5%和1%的显著性检验，下同。

表 6.6 和表 6.7 前六列为基本回归结果，后四列为工具变量回归结果。其中，表 6.6 是经济增长目标约束对工业废水的回归结果，表 6.7 是经济增长目标约束对二氧化硫的回归结果。根据表 6.6 可知，在加入度量地方经济发展水平、财政松弛度和营商环境等控制变量后，地方经济增长目标的差额在最小二乘法下对工业废水的影响显著正相关，工具变量下回归结果仍然十分显著。经济意义上，系数由 0.633 增长为 4.746，表明经济增长目标对工业废水的影响显著增加。工具变量 RKF 检验统计量为97.033，大于10%偏误水平下的 16.39 的临界值，不是弱工具变量。此外，根据 Cragg-Donald Wald F 统计结果 306.421 大于 10 也可知不存在弱工具变量。由此可知，经济增长目标约束会明显增加工业废水的排放污染，随着地级市数量的增加，各辖区内水污染更为严重，实证结果符合假设 6.1。

表6.6　经济增长目标约束对水污染的影响

	OLS						IV			
	(1)	(2)	(3)	(4)	(5)	(6)	(7)	(8)	(9)	(10)
CPGAP	0.633*** (0.118)				0.660*** (0.117)		3.828*** (0.326)	4.746*** (0.555)		
HCGDP		-0.891** (0.352)				-0.352 (0.377)				
SCGDP		-4.188*** (0.569)				-3.301*** (0.545)				
COMGDP			0.450*** (0.071)						2.692*** (0.191)	2.561*** (0.268)
HCOM				0.461*** (0.113)						
SCOM				0.373*** (0.103)						
FD	2.406 (2.095)	2.034 (1.917)	3.511* (2.123)	2.598 (2.091)	-1.045 (1.866)	-0.749 (1.781)		-1.044 (2.471)		6.206** (2.414)
AGDP	-2.082*** (0.304)	-1.791*** (0.266)	-1.960*** (0.303)	-2.091*** (0.301)	-1.638*** (0.302)	-1.409*** (0.288)		-1.510*** (0.337)		-0.975*** (0.326)
AGDPSQ	0.050*** (0.010)	0.041*** (0.008)	0.048*** (0.010)	0.051*** (0.010)	0.042*** (0.009)	0.034*** (0.008)		0.031*** (0.010)		0.025*** (0.009)
INDUSTRY	0.057 (0.055)	0.004 (0.061)	0.092* (0.054)	0.104* (0.053)	0.107* (0.057)	0.070 (0.066)		-0.375*** (0.092)		-0.056 (0.066)

续表

	OLS						IV			
	(1)	(2)	(3)	(4)	(5)	(6)	(7)	(8)	(9)	(10)
FDI	134.162*** (23.739)	135.076*** (24.293)	134.697*** (23.918)	135.006*** (23.905)	138.339*** (24.299)	139.317*** (24.842)		127.242*** (22.794)		132.206*** (24.004)
POPDEN	-0.119 (0.143)	-0.172 (0.141)	-0.035 (0.145)	-0.100 (0.145)	-0.229 (0.141)	-0.262* (0.141)		0.146 (0.183)		0.552*** (0.206)
UPGRADE	-0.020 (0.209)	0.065 (0.211)	0.065 (0.208)	-0.007 (0.210)	0.102 (0.222)	0.170 (0.225)		0.165 (0.283)		0.597** (0.284)
AGE	0.388 (1.159)	0.428 (1.130)	0.375 (1.125)	0.446 (1.137)	0.737 (0.843)	0.765 (0.826)		0.645 (1.456)		0.499 (1.136)
EDUCATION	-2.804*** (0.620)	-2.442*** (0.585)	-2.547*** (0.600)	-2.753*** (0.614)	-2.019*** (0.590)	-1.807*** (0.564)		-2.147*** (0.744)		-0.867 (0.670)
固定效应	YES	YES	YES	YES	YES	YES	YES	YES	YES	YES
Cragg-Donald Wald F 统计量							630.437	306.421	469.271	370.712
RKF 检验							117.169	97.033	177.010	124.933
Endogenous Test (P 值)							109.986 (0.00)	62.670 (0.00)	129.650 (0.00)	63.225 (0.00)
N	3669	3669	3669	3669	3209	3209	3680	3669	3680	3669
R²	0.403	0.422	0.408	0.400	0.439	0.448	0.223	0.002	0.265	0.099

注：括号内为聚类标准误。

表6.7　经济增长目标约束对空气污染的影响

	OLS						IV			
	(1)	(2)	(3)	(4)	(5)	(6)	(7)	(8)	(9)	(10)
CPGAP	0.733*** (0.132)				0.677*** (0.128)		4.402*** (0.385)	4.710*** (0.576)		
HCGDP		-1.061** (0.460)				-0.627 (0.479)				
SCGDP		-3.927*** (0.764)				-3.174*** (0.835)				
COMGDP			0.485*** (0.068)						3.095*** (0.238)	2.541*** (0.272)
HCOM				0.336*** (0.120)						
SCOM				0.423*** (0.135)						
FD	1.866 (2.387)	1.612 (2.277)	3.101 (2.435)	2.212 (2.420)	-0.768 (2.360)	-0.466 (2.333)		-1.470 (2.709)		5.726** (2.835)
AGDP	-2.964*** (0.437)	-2.713*** (0.404)	-2.840*** (0.436)	-2.999*** (0.441)	-2.334*** (0.356)	-2.123*** (0.341)		-2.411*** (0.431)		-1.880*** (0.427)
AGDPSQ	0.071*** (0.014)	0.063*** (0.012)	0.069*** (0.014)	0.072*** (0.014)	0.058*** (0.011)	0.051*** (0.010)		0.052*** (0.014)		0.046*** (0.013)
INDUSTRY	0.220*** (0.084)	0.186** (0.092)	0.263*** (0.078)	0.277*** (0.077)	0.258*** (0.097)	0.229** (0.111)		-0.198* (0.116)		0.119 (0.091)

续表

	OLS						IV			
	(1)	(2)	(3)	(4)	(5)	(6)	(7)	(8)	(9)	(10)
FDI	87.242*** (33.469)	88.395*** (33.938)	87.903*** (33.442)	88.318*** (33.456)	91.390*** (35.071)	92.459*** (35.503)		80.549** (33.146)		85.476** (33.326)
POPDEN	-0.195 (0.143)	-0.255* (0.144)	-0.108 (0.145)	-0.188 (0.147)	-0.264* (0.151)	-0.299* (0.152)		0.060 (0.180)		0.463** (0.194)
UPGRADE	0.185 (0.252)	0.265 (0.253)	0.275 (0.250)	0.194 (0.251)	0.248 (0.230)	0.320 (0.232)		0.364 (0.308)		0.793** (0.327)
AGE	0.829 (1.489)	0.843 (1.501)	0.812 (1.467)	0.871 (1.472)	1.517 (1.544)	1.526 (1.545)		1.077 (1.745)		0.932 (1.513)
EDUCATION	-0.978 (0.594)	-0.675 (0.581)	-0.710 (0.599)	-0.950 (0.609)	-0.283 (0.516)	-0.111 (0.508)		-0.343 (0.702)		0.927 (0.681)
固定效应	YES	YES	YES	YES	YES	YES	YES	YES	YES	YES
Cragg-Donald Wald F 统计量							630.437	306.421	469.271	370.712
RKF 检验							117.169	97.033	177.010	124.933
Endogenous Test (P值)							73.081 (0.000)	50.298 (0.000)	74.269 (0.000)	46.972 (0.000)
N	3669	3669	3669	3669	3209	3209	3680	3669	3680	3669
R^2	0.281	0.292	0.284	0.274	0.282	0.288	-0.270	-0.088	-0.348	-0.001

注：括号内为聚类标准误。

　　根据表6.7可知，在控制地方经济发展水平、财政松弛度、营商环境和地方政府工作人员年龄等特征后，考虑地方经济增长目标约束对大气污染的影响可知，对二氧化硫污染物的排放量呈明显正相关关系，工具变量下的回归结果也十分稳健。经济意义上，系数由0.733增长为4.710，意味着解决内生性问题后经济增长目标约束显著增加了二氧化硫污染物的排放量。考虑到2006年是我国第十一个五年计划初始年，环境目标约束纳入地方政府工作人员绩效考核体系，此时经济增长目标约束对污染物排放的影响有何影响？表6.6和表6.7第五列报告了样本时间为2006—2019年的回归结果，依旧十分稳健。对比表6.6和表6.7，经济增长目标约束都显著增加工业废水和二氧化硫排放量，但对二氧化硫污染的系数更大，影响更为明显。由此可知，经济增长目标约束必然要求地方政府完成经济考核目标，随着地级市数量的增加，工业废水和大气污染严重，地方政府工作人员对具有属地效应的工业废水更为关注。二氧化硫作为城市空气污染的代表性污染物，空间溢出效应明显且外部性大，伴随着地方政府大气联防联控机制不完善和协同成本高等因素，地方政府工作人员对工业废水和二氧化硫治理采取不同治理方案，实证结果符合假设6.1。

　　经济增长目标约束特征对环境污染影响的回归结果报告于表6.6和表6.7的列（2），2006—2019年的回归结果报告在列（6）。经济增长硬约束特征对工业废水、二氧化硫排放的影响均为负，且硬约束特征和软约束特征对污染排放的影响分别通过了5%和1%的显著性检验。但是以2006—2019年样本期间的回归的结果显示，硬约束特征对减排的影响并不显著。说明经济增长目标使用"之间""左右"等软约束特征确实减轻了环境污染程度，而使用"力争""以上"等词汇的硬约束特征对抑制环境污染的作用并不明显。

　　经济增长目标实际超额完成情况对环境污染影响的回归结果报告于表6.6和表6.7的列（3），进一步细分为具有硬性经济增长特征的和经济增长目标较为松弛特征的两种经济目标实际超额完成情况对环境污染的影响。在加入度量地方经济发展水平、财政松弛度和营商环境等控制变量后，经济增长目标实际超额完成情况与工业废水呈现正相关关系，工具变量下回归结果仍然十分显著。经济意义上，系数由0.450增长为2.561，表明经济增长目标实际超额完成情况对工业废水的影响显著增加。工具变量RKF检验统计量为124.933，大于10%偏误水平下的16.39的临界值，不是弱工具变量。此外，根据Cragg-Donald Wald F统计结果370.712大于10也可知不存在弱工具变量。由此可知，经济增长目标实际超额完成情况会明显增加工业废水的排放污染，随着地级市数量的增加，各辖区内水污染更为严重，实证结果符合假设 6.3。与此同时，考虑地方经济增长目标约束对大气污染的影响可知，对二氧化硫污染物的排放量呈明显正相关关系，工具变量下的回归结果也十分稳健。经济意义上，系数由 0.485 增长为 2.541，意味着解决内生性问题后经济增长目标约束显著增加了二氧化硫污染物的排放量。

考虑到约束性特征的经济约束强度差异，将具有硬性经济增长特征和经济增长目标较为松弛特征的两种经济目标交互经济增长目标实际超额完成情况对环境污染的影响，表 6.6 和表 6.7 列（4）汇报了实证结果。在加入控制变量后，对于经济增长具有硬约束特征的各辖区，其对工业废水和二氧化硫回归结果都是显著正相关，通过了 1% 的显著性检验。与此同时，经济增长目标具有软约束特征的各辖区，对工业废水和二氧化硫回归结果也是显著正相关，通过了 1% 的显著性检验。具体而言，硬性和软性特征的经济增长目标实际超额完成情况对环境污染产生异质性影响。硬性经济增长目标实际超额完成情况对工业废水和二氧化硫的正向影响分别为 0.461 和 0.336，但是在采取软约束特征的城市里，经济增长目标实际超额完成情况对工业废水和二氧化硫的正向影响分别为 0.373 和 0.423。采取软约束特征的城市，工业废水污染程度有所缓解，但是二氧化硫污染程度加深。由此可知，采取硬约束经济增长目标特征的城市为了完成目标，仍然会采取以环境换增长的方式，短期内招商引资重工业企业或者资本密集型企业拉动经济，对环境造成较大的影响。

综上所述，根据上述表 6.6 和表 6.7 可知，人均 GDP 与工业废水和二氧化硫之间存在明显的非线性关系。具体分析，本书考察省市级间经济增长目标差额对工业废水和二氧化硫的异质性影响，实证结果是两者呈"U"形关系，与经典理论"环境库兹涅茨曲线"的倒"U"形理论并不相符。但是我们发现考察外商直接投资对工业废水排放量的影响时可知，两者呈现显著正相关关系进而验证了"污染避难所假说"。

（二）分地区差异性分析

表 6.8 和表 6.9 分别报告了分地区对工业废水和二氧化硫的回归结果。其中，表 6.8 是分东部地区和中西部地区对工业废水的回归结果，表 6.9 是分东部地区和中西部地区对二氧化硫的回归结果。首先，根据表 6.8 和表 6.9 可知，在控制了地方经济发展水平、财政松弛度和营商环境等变量对工业废水和二氧化硫的影响后，东部地区地方政府"层层加码"下对其都是显著正相关。进一步分析硬约束特征和软约束特征城市的城市

环境污染存在异质性。*HCGDP* 城市对工业废水和二氧化硫的影响呈正相关关系但并不显著，*SCGDP* 城市对其却呈负相关关系且十分显著。其次，中西部地区无论是省市级经济增长目标"层层加码"或者是硬性约束与软性约束对工业废水和二氧化硫的影响都非常显著，通过 1% 显著性检验。但是整体上经济增长目标的差额呈正相关关系，但硬性和软性约束下的回归结果都是负相关关系。最后，对东部与中西部地区进行异质性分析。"层层加码"的省市差额经济增长目标约束下对工业废水和二氧化硫呈显著正相关关系；对工业废水的系数分别为 0.319 和 0.869，对二氧化硫的回归系数分别为 0.595 和 0.891。硬约束特征和软约束特征都呈负相关关系，特别是软约束下对工业废水的回归系数分别为 -3.497 和 -4.290，对二氧化硫的回归系数分别为 -2.570 和 -4.547；软约束下对工业废水的回归系数分别为 0.210 和 0.476，对二氧化硫的回归系数分别为 0.220 和 0.569。由此可知，我国中西部经济发展较为缓慢，经济基础仍然薄弱，经济活动拉力不强，地方政府为了完成经济增长目标，仍然采取大规模招商引资，吸引重工业和高污染企业实现短期经济快速发展的目标，进而环境污染严重；东部地区大多为沿海沿江城市，早期较为强劲的经济发展势头促使工业基础好，较早地实现以环境换发展的阶段。

根据表 6.8 和表 6.9 可知，在控制了地方经济发展水平、财政松弛度和营商环境等变量对工业废水和二氧化硫的影响后，东部地区地方 *COMGDP* 下对其都是显著正相关。其中，硬约束特征和软约束特征城市的城市环境污染存在异质性。硬约束和软约束特征的经济增长目标城市对工业废水和二氧化硫的影响都呈显著正相关关系。与此同时，中西部地区 *COMGDP* 和软性约束对工业废水和二氧化硫的影响都非常显著，通过 1% 显著性检验；但硬性约束对二氧化硫的影响呈正相关关系但并不显著。进一步分析对东部与中西部地区进行异质性影响。*COMGDP* 对工业废水和二氧化硫呈显著正相关关系；对工业废水的系数分别为 0.488 和 0.427，对二氧化硫的回归系数分别为 0.343 和 0.573。硬约束特征下软约束特征也呈负相关关系；硬约束下对工业废水的回归系数分别为 0.829 和 0.306，对二氧化硫的回归系数分别为 0.377 和 0.255；软约束下对工业废水的回归系数分别为 0.210 和 0.476，对二氧化硫的回归系数分别为 0.220 和 0.569。由此可知，我国中西部地区硬性指标超额完成情况对地区环境的影响并不明显，但是软性指标却会导致环境污染提高。中西部地区即使设置软性指标，但是，由于其经济发展基础相较于东部地区差距较大，地方政府为了追赶东部地区发展，实现自身经济发展的快速提升，地方政府工作人员也

表 6.8 经济增长目标约束对东部、中西部地区水污染的影响

	POLLW（东部地区）				POLLW（中西部地区）				POLLW（2006—2014）	
	（1）	（2）	（3）	（4）	（5）	（6）	（7）	（8）	东部	中西部
CPGAP	0.319** (0.124)				0.869*** (0.183)				0.338*** (0.122)	0.930*** (0.193)
HCGDP		0.629 (0.475)				-1.509*** (0.469)				
SCGDP		-3.497*** (0.834)				-4.290*** (0.663)				
COMGDP			0.488*** (0.128)				0.427*** (0.094)			
HCOM				0.829*** (0.238)				0.306** (0.126)		
SCOM				0.210* (0.114)				0.476*** (0.152)		
控制变量	YES	YES	YES	YES	YES	YES	YES	YES	YES	YES
固定效应	YES	YES	YES	YES	YES	YES	YES	YES	YES	YES
N	1566	1566	1566	1566	2103	2103	2103	2103	1370	1839
R^2	0.280	0.309	0.297	0.286	0.467	0.476	0.465	0.460	0.289	0.503

注：括号内为聚类标准误。

表6.9 经济增长目标约束对东部、中西部地区空气污染的影响

	POLLS（东部地区）				POLLS（中西部地区）				POLLS（2006—2014年）	
	(1)	(2)	(3)	(4)	(5)	(6)	(7)	(8)	东部	中西部
CPGAP	0.595*** (0.137)				0.891*** (0.169)				0.489*** (0.126)	0.908*** (0.165)
HCGDP		0.454 (0.488)				-1.815*** (0.623)				
SCGDP		-2.570*** (0.495)				-4.547*** (0.935)				
COMGDP			0.343*** (0.087)				0.573*** (0.101)			
HCOM				0.377*** (0.120)				0.255 (0.157)		
SCOM				0.220*** (0.080)				0.569** (0.241)		
控制变量	YES	YES	YES	YES	YES	YES	YES	YES	YES	YES
固定效应	YES	YES	YES	YES	YES	YES	YES	YES	YES	YES
N	1566	1566	1566	1566	2103	2103	2103	2103	1370	1839
R^2	0.354	0.365	0.347	0.332	0.296	0.305	0.301	0.291	0.362	0.288

注：括号内为聚类标准误。

会更多地考虑地区经济发展，再加之过往经济发展的路径依赖，使其在短时期内仍然以实现能源资源拉动经济增长的模式，不可避免的环境污染问题依旧存在。

综合来看，相较于东部地区来说，中西部地区经济增长目标的约束对环境污染的影响更显著，统计数值上也更大。本部分认为，这是由于和中西部地区相比，东部地区经济和技术更为发达，产业结构也更加高级，经济增长方式已经从传统的数量式增长转向质量的提升，相应地也实行了更加严格的环境规制，经济增长目标之间的竞争对污染的影响相对较小。而中西部地区经济发展和工业化进程相对落后，承接了东部的产业转移，也承担着更少的节能减排责任，其更注重辖区经济的发展而非环境的治理。同时，经济发达的东部地区政府工作人员晋升的概率更大，因而政府工作人员之间的竞争也就更为激烈。这种竞争不单单局限在经济发展速度上，在城市环境质量上也同样存在。因此，东部地区各城市的"较量"从传统的唯 GDP 论转向经济与环境并重，在完成既定的经济增长目标较少会以牺牲环境为代价，经济增长目标的约束对环境污染的影响更小。

（三）"先声夺人"还是"后发制人"——经济增长目标公布时间先后差异化结果

从本书上述分析和实证过程可知，各省份和地级市之间"标尺竞争"效应，促使省级和地方政府在制定经济增长目标存在省市间差额以及经济增长目标超额完成情况存在差异，这一省份间异质性对环境污染产生重要影响。为了进一步分析省份间环境制定差异对环境污染的影响，我们发现通常意义上地级市受上级政府引导，政府文件和各项经济指标的制定应依据省级政府的目标而制定，但事实并非如此。地级市政府文件中经济增长目标的制定存在市提前于省、市、区政府目标的情况。那么，经济增长目标设定在时间上的策略性是否会存在对环境污染的差异性呢？经济增长目标设定策略的"先声夺人"和"后发制人"对环境污染的影响是否存在差异？

基于上述分析，本书设置两种组别来实现经济增长目标差额和经济超额完成情况对环境污染的进一步分析。本书样本时间的选取仍是依照本书基准回归时间 2004—2019 年，然后考察在两个实验组别下的异质性影响。为此，我们将地级市城市政府文件经济增长目标提前于省级经济增长目标的城市归为"市先省后"组；反之归为"省先市后"组。此外，工具变量的选取和基准回归中选择一致。

根据表 6.10 可知，在控制了地方经济发展水平、财政松弛度和营商环

表6.10　　市先省后、市后省先分组工具变量结果

	"市先省后"				"市后省先"			
	POLLW	POLLS	POLLW	POLLS	POLLW	POLLS	POLLW	POLLS
CPGAP	4.478*** (0.739)	4.942*** (0.642)			4.699*** (0.852)	3.980*** (0.941)		
COMGDP			2.490*** (0.370)	2.748*** (0.289)			2.198*** (0.350)	1.862*** (0.395)
固定效应	YES	YES	YES	YES	YES	YES	YES	YES
控制变量	YES	YES	YES	YES	YES	YES	YES	YES
N	1679	1679	1679	1679	1967	1967	1967	1967
Cragg-Donald Wald F 统计量	143.085	143.085	174.245	174.245	117.621	117.621	170.272	170.272
RKF 检验	67.552	67.552	59.175	59.175	56.052	56.052	93.459	93.459
Endogenous Test（P值）	30.509 (0.000)	40.236 (0.000)	29.977 (0.000)	39.091 (0.000)	30.756 (0.000)	21.284 (0.000)	27.981 (0.000)	14.625 (0.000)
R^2	0.172	0.198	0.242	0.056	0.183	0.158	0.062	0.269

注：括号内为聚类标准误。

境等变量对工业废水和二氧化硫的影响后，分析"市先省后"和"市后省先"不同时间公布下对环境污染的影响。首先，经济增长目标省市间差额对工业废水和二氧化硫的影响都呈正相关关系且十分显著。对比两组系数发现，对工业废水的回归系数分别为 4.478 和 4.699；对二氧化硫的回归系数分别为 4.942 和 3.980。其次，经济增长目标超额完成情况对工业废水和二氧化硫的影响也呈正相关关系且十分显著。对工业废水的回归系数分别为 2.490 和 2.198；对二氧化硫的回归系数分别为 2.748 和 1.862。由此可知，"市先省后"组下经济超额完成情况对环境污染的回归系数都要大于"市后省先"组，地级市政府事先制定经济增长目标的城市对经济发展具有较高的需求，更积极地完成制定目标进而更大可能性地实现超额完成的想法，这一动机促使地方政府工作人员仍然以经济发展为主要目标，一定程度上不可避免地仍然招商引资资本密集型企业带来环境污染。

由此，在经济增长目标上"先声夺人"政府比"后发制人"的政府在经济增长目标设定上更加激进，由此更加剧了环境污染。这可能是因为：由于地级市的晋升空间多在省份内，而晋升机会又是有限的，在这种垂直晋升体制下，地级市个数越多的省份竞争越激烈，同级之间的"较劲"被放大。这种"较劲"不仅外化于经济增长目标设定的"层层加码"以及"硬约束"或是超额完成情况，还能体现在目标设定的时点上。先于其他地级市甚至是先于所在省份制定经济增长目标约束，更容易获得上级的关注，由此更容易向上级展现自身发展经济的决心与实力。为了达到"先声夺人"以便脱颖而出的效果，较高的经济增长目标设定成为政府工作人员竞争的第一声宣言。而经济增长目标约束"层层加码"越严重、越倾向于制定硬约束、谋求"先声夺人"的地级市政府工作人员往往对于发展地区经济以实现晋升的期望更为强烈，因此越会采取引进资源密集型、劳动密集型企业等措施谋求经济的短期快速增长，所以相较于经济增长目标公布较晚的地级市来说，放松环保而发展经济的可能性越大，环境污染问题往往更为严峻。

（四）中间机制探讨

本书实证结果最初部分报告了基准回归结果，无论是经济增长目标省市间"层层加码"还是实际超额完成情况都导致环境污染问题更为严重。基于工业废水和二氧化硫两种污染物的性质不同，其空间溢出效应和环境治理外部性的不同，地方政府在实现各辖区内经济增长目标时，对其污染物采取不同的环境治理政策。基于理论机制部分的分析，本书认为地方经济增长目标约束主要通过抑制技术创新效应的发挥、阻碍产业结构高级化转型升级和降低环境规制强度等路径加剧地区环境污染情况。根据理论分析部分提出的假说依据，本书中间机制的选取说明如下：①技术创新（*Apatent*）。要直接衡量整个社会技术创新水平是困难的，故从可度量的角度考虑，本书选择人均发明专利申请量，并将其对数化处理作为代理变量进行分析。②产业结构高级化（*Structure*）。地区内经济发展模式和增长路径与辖区内产业结构关联紧密，衡量产业结构转型升级主要从产业结构合理化和产业结构高级化两个角度出发，本书更多的是考虑经济增长对环境污染的影响，因而选取产业结构高级化作为度量指标。③环境规制。为了区别于以往环境规制的度量变量，进一步证明经济增长与环境规制水平间的稳健性关系，价值考虑数据的可得性，本书还选择环保文件数作为环境规制的代理变量，故选用工业烟尘去除率（*Rsmoke*）及环保文件数量（*Enpd*）衡量环境规制。

表 6.11 报告了经济增长目标省市级间差额对二氧化硫以及工业废水排放量的影响。前五列回归结果显示，经济增长目标"层层加码"对产业结构高级化、技术创新和环境规制的影响系数均为负且通过了 1% 的显著性检验。

表 6.11   经济增长目标层层加码对污染排放的影响机制

	（1）	（2）	（3）	（4）	（5）
	*Structure*1	*Structure*2	*Apatent*	*Rsmoke*	*Enpd*
CPGAP	−1.231***	−0.289***	−0.210***	−2.415***	−2.602***
	(0.275)	(0.063)	(0.022)	(0.297)	(0.831)
FD	41.848	3.041***	1.664***	2.250	−38.397**
	(44.123)	(1.124)	(0.311)	(4.286)	(15.789)
AGDP	2.808**	−0.049	0.384***	−0.956*	8.610***
	(1.158)	(0.083)	(0.045)	(0.554)	(1.473)
AGDPSQ	−0.069**	0.000	−0.010***	−0.009	−0.215***
	(0.027)	(0.002)	(0.002)	(0.018)	(0.050)
INDUSTRY	−0.965***	0.035	0.018**	−0.116	0.775***
	(0.356)	(0.022)	(0.007)	(0.143)	(0.255)
FDI	14.027**	−5.727**	−1.189*	−77.025***	31.409*
	(5.688)	(2.517)	(0.685)	(18.082)	(16.442)
POPDEN	−2.462	0.122*	0.124***	1.390***	3.372***
	(2.473)	(0.064)	(0.020)	(0.525)	(1.138)

续表

	（1）	（2）	（3）	（4）	（5）
	*Structure*1	*Structure*2	*Apatent*	*Rsmoke*	*Enpd*
UPGRADE	−2.919 （3.002）	−0.192** （0.094）	0.048 （0.033）	−2.803** （1.168）	3.817*** （1.366）
AGE	−7.600 （7.745）	0.183 （0.364）	0.173 （0.110）	−7.391** （3.628）	−1.726 （4.358）
EDUCATION	−15.079 （17.092）	0.587** （0.244）	0.498*** （0.092）	0.215 （1.526）	11.240*** （3.475）
固定效应	YES	YES	YES	YES	YES
N	3663	3666	3667	2946	3669
R^2	0.004	0.036	0.241	0.066	0.085

注：括号内为聚类标准差。

（五）稳健性分析

上述均在宏观层面使用城市层面的数据检验经济增长目标设定对污染排放的影响，现在将研究视角转向微观层面，将 2004—2013 年工企数据库和污染数据库的企业数据与城市数据进行匹配，使用微观企业数据检验宏观经济目标对企业污染排放的影响。本书选取企业二氧化硫排放量（二氧化硫）作为被解释变量，同时使用各企业的工业总产值剔除规模的影响。之所以选择二氧化硫作为衡量污染排放的指标，主要基于以下两点考虑：第一，中国是世界上二氧化硫排放最多的国家，能源结构以煤炭为主，大气污染尤其是二氧化硫的排放是中央节能减排目标中的主要指标之一。第二，二氧化硫及其带来的酸雨等污染问题会给民众健康带来严重危害且容易感知，各国政府均会对其进行严格的监控。同时，水污染的排放主要集中在纺织、造纸等几个行业，且较容易监督，故研究环境问题时常选取二氧化硫作为衡量指标。基于现有文献从企业年龄、企业出口状况、企业税率、经济增长、城镇化、产业结构等方面研究其对环境污染的研究，为此，分别在企业层面和城市层面选择三个控制变量。企业层面，将企业年龄对数化处理（*LNAGE*）后纳入模型，用出口交货值占工业销售产值的比重（*EXP*）来衡量企业出口状况，用应交所得税占企业营业业务收入的比重（*TAX*）来衡量企业税率。在城市层面，以人均 *GDP*（*AGDP*）来反映各地级市的经济规模，用对数处理后的人口密度（*POPDEN*）来衡量城市化水平，用第二产业产值占地区生产总值的比重（*INDUSTRY*）来衡量产业结构。

表 6.12 报告了经济增长目标约束对企业二氧化量排放的影响，回归结果显示，"层层加码"对企业二氧化量排放产生正向影响且通过了 10% 的显著性检验。在列（2）中，"之上""力争"等经济增长目标硬约束特征在 10% 的显著性水平下正向影响了企业二氧化硫的排放，"之间""左右"等软约束特征抑制了企业二氧化硫的排放但并不显著。此外，考察经济增长目标完成情况对环境污染的影响，可以发现超额完成情况对二氧化硫影响呈明显正相关关系。在考虑经济增长目标实际完成情况下的目标约束特征时，硬性约束特征在 10% 的显著性水平下加剧了污染排放，而软性约束特征对二氧化硫的抑制作用仍然不显著。这与上述企业层面的回归结果基本一致，即微观企业层面经济增长目标约束对污染排放的影响通过了稳健性检验。

表 6.12　　　　经济增长目标约束对企业二氧化硫排放的影响

	（1）	（2）	（3）	（4）
	SO_2	SO_2	SO_2	SO_2
CPGAP	0.348 * (0.202)			
HCGDP		0.114 * (0.065)		
SCGDP		−0.005 (0.046)		
COMGDP			0.032 *** (0.011)	
HCOM				0.080 * (0.046)
SCOM				−0.021 (0.041)
EXP	−6.585 *** (0.677)	−1.375 *** (0.085)	−1.375 *** (0.086)	−1.921 *** (0.144)
TAX	2.386 (28.329)	−9.352 *** (1.056)	−9.380 *** (1.057)	−9.908 (9.112)
LNAGE	0.659 (0.947)	−0.002 (0.023)	−0.001 (0.023)	0.178 (0.148)
INDUSTRY	−0.330 ** (0.147)	−0.045 *** (0.008)	−0.049 *** (0.008)	−0.077 *** (0.015)

续表

	（1）	（2）	（3）	（4）
	SO_2	SO_2	SO_2	SO_2
AGDP	−0.032 （0.141）	−0.004 （0.008）	−0.002 （0.008）	−0.038 （0.028）
POPDEN	−0.391 （2.244）	0.222 （0.234）	0.166 （0.234）	0.330 （0.309）
固定效应	YES	YES	YES	YES
N	181435	185932	185932	185932
R^2	0.005	0.120	0.120	0.014

注：括号内为聚类标准差。

第四节　主要结论与政策启示

本部分聚焦于经济增长目标约束如何影响地方环境污染这一主题。本书手工整理 230 个城市经济增长目标数据，以 2004—2019 年为时间样本。为了较好地刻画地区经济增长目标对环境污染的影响，本书考虑省份之间经济差额对环境的影响，分析在这一情况下，地方政府在经济压力下行为会发生怎样的改变进而对环境产生影响。进一步考虑地方政府制定经济目标时的信念和决心对环境污染的影响。最后，考虑地方政府经济实际完成情况甚至超额完成情况对环境的影响。本书以地级市数量交互未来两期经济增长目标的均值为工具变量法，提出内生性干扰进一步检验地方经济增长目标约束对城市环境污染的影响。研究结果表明：

（1）省份之间经济增长目标差额越大，地方政府完成经济任务的压力就越大，更注重于实现经济目标，一定程度上出现牺牲环境成就经济的情况，环境污染严重且空气污染上表现更明显。意味着地级市政府越有意愿向上级政府证明自身能力，则更有可能采取较为激进的方式拉动经济增长而导致环境问题日益严重。基于污染物即工业废水和二氧化硫的异质性，地方政府在治理过程中采取"骑跷跷板"策略，进而导致经济增长目标约束对空气污染影响更大。分时间段检验发现，2006—2019 年"层层加码"同样显著加剧了污染程度，且相较于总体样本回归结果，2006—2019 年对水污染的影响有所上升。

（2）经济增长目标约束特征的不同对工业废水和二氧化硫排放量存在异质性影响。所有样本在采用"左右"、区间等具有软约束特征的词汇设置经济增长目标时均会显著缓解环境污染程度；采用"确保""力争""之上"等硬约束词汇对环境污染的影响则由于地区和时间的不同而有所差别。基于区域异质性，硬约束特征的经济增长目标在东部地区增加污染物的排放但影响并不明显，中西部地区则表现为明显降低污染物排放；软约束下经济增长目标在全国范围内显著抑制污染物的排放。

（3）经济增长目标超额完成情况更能反映地方政府实现经济目标的迫切愿望，从经济增长目标实际超额完成情况对环境污染的影响结果来看，地方政府越有动力完成经济增长目标且实际结果显示也很好时，意味着地方政府将经济增长目标放在政府政策执行首位，这势必意味着环境在一定程度上让渡于经济发展，进而导致环境污染加剧。政府完成经济目标的决心越大，即意味着地方政府不仅实际经济目标完成情况较好，而且对于完成经济目标的决心也较大，那当地方政府采取强硬态度实现经济目标且如期超额完成下，我们发现其对环境污染的影响最为严重。

（4）经济增长目标制定时存在时间差异，即地级市政府与省级政府间制定时时间不一致，为此，我们考虑将经济增长目标制定的地级市分为两组，一组为地级市先制定经济增长目标，一组为省级政府先制定经济增长目标。通过工具变量回归后发现，地级市先于省级政府组其经济增长目标的差额情况以及经济实际完成情况对二氧化硫和工业废水的影响都更大。意味着地级市有着更大的意愿去实现经济目标必然会对经济目标放在首位，越容易在政策制定时更多的是考虑经济发展情况而忽略环境。

（5）从经济增长目标"层层加码"对环境污染的中间机制检验结果来看，地级市政府为了实现经济增长目标降低环境规制力度，提供政策优惠留住资本密集型高污染企业拉动生产，导致企业技术水平得不到提升，抑制产业结构高级化转型，造成水体和大气污染问题严重。

基于上述研究结论，本书提出建议如下：

（1）地方政府应弱化经济目标为主导的压力型考核机制，避免"层层加码"导致经济增长目标与地区要素禀赋不相符的现象。平衡好经济增长目标与绿色发展之间的关系，通过设置适应地区长期发展的经济增长目标而减少对环境的破坏。中央政府也要客观看待地方政府忽略环境重视经济的不合理举动，尤其是对于中西部经济欠发达地区而言，现阶段实现经济发展和环境保护的"双赢"需要中央政府和经济发达地区不断增加对这些地区的技术、经验和资金帮扶。同时，提高对地方环保机构的资金支持力度，使环保部门真正行使环保职权。

（2）应转变"重经济发展、轻环境保护"的政绩观、发展观，逐步建立起兼顾经济发展速度和发展质量的新观念。在制定经济增长目标时避免"确保""之上""力争"等硬约束词汇的使用，转而通过灵活的政策制定方式避免为完成目标不得不牺牲环境的状况发生。通过逐渐建立民意施政的绿色科学发展理念，助推中国经济的高质量发展。

（3）考虑到随着经济发展下环境问题日益严重，我国也进入经济高质量发展时期，此时政府工作人员的绩效考核不再是完全考虑经济指标，也要考虑环境因素。弱化 GDP 指标在政府工作人员考核中的权重，隔断政绩和经济数量型增长之间的关系，以及建立包含绿色发展指标在内的多元化政府工作人员考核指标体系。同时，在不断增强对地方政府环保考核的基础上，增加对地方政府环境治理行为的监督强度，实行环境质量状况年度考核制、领导干部离任环境审核制。通过生态环境绩效评估考核和严格的环保监管，改变唯 GDP 的发展模式，将经济发展所消耗的资源和环境污染等外部成本内部化，增强地方政府治理污染的动力。

（4）优化产业结构，大力发展高端和新兴产业，积极推进产业结构向节能型、高级化发展。产业结构转型升级一直是我国经济发展中一个关键点，如何实现工业绿色转型，减少行业结构中高能耗产业比重是我国致力于解决的问题。增加教育和科研投入，提高人力资本水平和科技创新水平，通过技术进步实现能源利用效率的提高以及可替代清洁能源的推广。加强环境管制和排污监督，科学制定环境标准体系，对于不同污染物都应严格执行工业污染达标排放标准，实现产业和环境的协调共进。

（5）鼓励区域间协同发展，针对工业废水和二氧化硫排放实施专业化方针联防联治。地方政府对于水体污染以及大气污染，积极发挥协同发展共同治理的力量，分享技术经验发挥学习效应，促使地区间产业向绿色化转型升级，完成整体区域产业结构优化升级进而实现环境改善的共赢局面。针对各地区的经济和环境特点确定差异化的环境规制水平，既不能采取"一刀切"，又不能使各地区间环境规制政策差异过大，避免环境规制"逐底竞争"导致的污染空间溢出。

第七章 经济增长目标约束对城乡
收入差距的影响研究

1958 年，中国颁布《中华人民共和国户口登记条例》，城市居民和农村居民户籍上的分离带来了城乡二元结构问题。自 1978 年改革开放以来，中国经济迅速崛起的同时区域发展不平衡问题依旧严峻，城乡收入逐渐差距扩大的现实困境亟待解决。已有文献指出，一方面，城乡之间巨大的收入差距会严重阻碍国民经济发展的速度和质量（陆铭等，2005；曹裕等，2010）。另一方面，城乡存在的居民户籍上的分离和社会公共服务的不均可能激化社会矛盾，不利于社会和谐稳定。中国的贫困人口主要集中在农村地区，自党的十八大以来，党和国家将工作的重心放在"精准扶贫"上，缓解城乡居民收入差距成为"两个一百年"中第一个百年能否顺利完成的关键一环。所以，为何中国经济高速增长会随着城乡收入差距扩大亟待做进一步的研究。本章将重点从地方经济增长目标约束视角探讨中国经济高速增长与城乡收入差距扩大并存的现实困境，进而为缩小我国城乡收入差距、实现经济高质量发展提供一条新的线索。

第一节 经济高速增长与城乡收入
差距扩大的现实困境

一 改革开放以来中国城乡居民收入增长情况

改革开放 40 多年来，中国经济快速崛起，居民收入也随之提升。2018 年，全国居民人均可支配收入 28228 元，比上年名义增长 8.7%。其中，城镇居民人均可支配收入 39251 元，增长 7.8%；农村居民人均可支配收入 14617 元，增长 8.8%。图 7.1 反映了 1978—2018 年全国城镇居民人均可支配收入和农村居民人均纯收入的变化情况，从图 7.1 中可以看出，1996 年之前，城镇和农村居民人均可支配收入稳步提高，1997 年之后两个指标均出现上扬，且城镇居民人均收入的增长速度要明显高于农村居民。

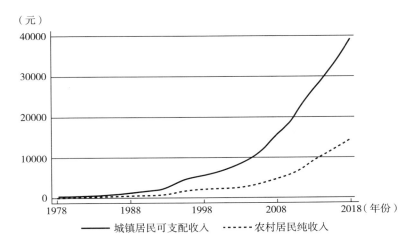

图 7.1　改革开放以来全国城镇居民和农村居民人均收入的变化情况

二　改革开放以来中国城乡收入扩大的典型现实

得益于改革开放的红利，全国居民收入有了大幅度的增长，但值得注意的是，城镇居民人均可支配收入的增长幅度要远大于农村，城乡收入差距不但未能缩减反而逐渐扩大。图 7.2 反映了城乡居民收入差距的变化，1978—2018 年共经历了 4 个阶段：1978—1984 年，城乡收入差距处在一个急速缩小的阶段；1984—1994 年，城乡收入差距又呈逐年扩大的趋势；1994—2008 年中间出现了一个小幅回落，但总体上看，城乡收入差距依然是扩大的；2008—2018 年，城乡收入差距开始出现收缩。总的来看，1978 年以来，我国城乡收入比值呈震荡上行的态势，相较于改革开放之初，城乡收入差距是扩大的。

分区域来看，东部地区的城乡收入差距要明显小于中西部地区。图 7.3 是东、中西部城乡收入差距趋势，从图 7.3 中可以看出，东部地区的城乡收入比值要明显小于中西部地区，大致上比中西部地区低 0.4。

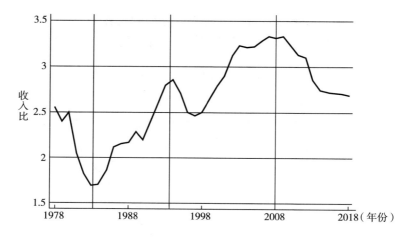

图 7.2　城乡居民收入差距变化趋势

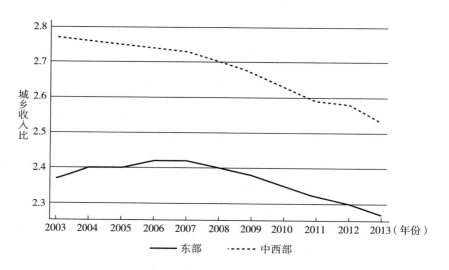

图 7.3　东部、中西部城乡收入差距比较

三　经济高速增长与城乡收入差距并存的典型特征

　　基尼系数的国际警戒线水平为 0.4，而我国 21 世纪居民收入的基尼系数一直处于警戒线以上，且绝大多数年份是在 0.46 以上的高位。联合国开发计划署出版的《2016 年人类发展报告》表明，137 个经济体 2010—2015 年中（最近一年）收入差距的基尼系数均值为 0.393，而我国 2013年的基尼系数为 0.473，处在收入差距最大的 15% 国家之中。我国顶端

1%的家庭占全国1/3的财富，而低端25%的家庭仅拥有总财富的1%。韩海燕（2018）研究发现，无论是我国的总体收入还是财产性收入，收入差距都处于快速扩大的阶段，财产性收入的差距更加明显。根据中国统计年鉴数据，中国低收入人群规模扩大，中等收入人群规模相对减少，收入分配结构已由"金字塔"形转变为"葫芦"形（陈宗胜、高玉伟，2015）。城乡收入差距是中国现阶段最主要的收入分配差别，城乡居民收入差距持续扩大，其原因在于城乡二元经济社会体制改革进程迟缓，农村和农业的发展仍然很慢，生产效率相对较低（Molero–Simarro，2016；史乐陶，2018；彭镇华等，2018）。因此，李实（2018）认为，和其他经济体制改革相比，收入分配改革进程滞后，和公平合理的收入分配制度还相去甚远，加大改革力度很有必要。

图7.4描述了1990—2015年中国城乡收入比、GDP增长率和人均GDP增长率的变化情况，据图7.4显示，三条曲线的走势保持高度一致，说明随着我国经济水平的快速发展，城乡收入差距没有随之缩小反而逐渐扩大。城乡居民可支配收入比由1995年的2.57∶1扩大为2015年的2.95∶1，考虑到城镇居民的医疗和教育补贴等因素的实际城乡收入差距更大（李实，2003；陆铭、陈钊，2004；陈斌开等，2010）。而英美等发达国家的城乡收入比保持在1.5左右，远小于中国的城乡差距，而过大的差距不仅会阻碍我国经济发展的速度，更会阻碍经济发展的质量（陆铭等，2005；

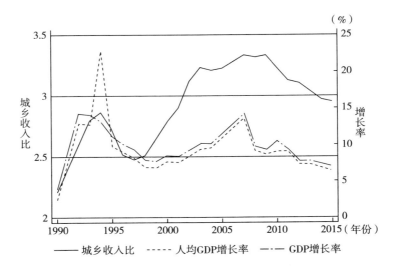

图7.4 全国城乡收入比与经济增长率

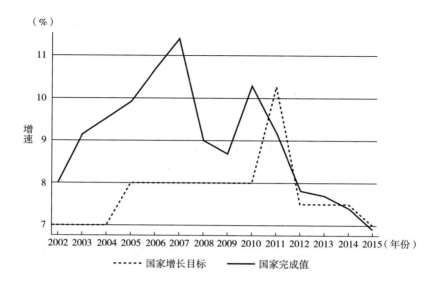

图 7.5 全国 GDP 增速目标和完成情况对比

曹裕等，2010），也不利于社会的和谐稳定。中国的贫困人口主要集中在农村地区，党的十八大以来，党和国家将工作的重心放在"精准扶贫"上，缓解城乡居民收入差距成为"两个一百年"中第一个百年能否顺利完成的关键一环。所以，为何中国经济高速增长会伴随着城乡收入差距扩大亟待做进一步的研究。

第二节　经济增长目标约束影响城乡收入差距的内在逻辑

　　本章经济增长目标约束影响城乡收入差距的内在逻辑将从重工业优先发展战略、外向型经济发展战略、城市偏向的财政支出结构以及土地垄断供给机制下的城市空间扩张四个维度展开论述。内在逻辑如图 7.6 所示。

一　经济增长目标约束、重工业优先战略与城乡收入差距

　　经济增长目标约束加强，地方政府工作人员为了完成既定的"层层加码"目标，会侧重于发展工业，倾向于提高工业尤其是资本密集型重工业在所有产业中的占比，这种重工业优先发展的战略一定程度上扩大了城乡之间的收入差距。同时，"层层加码"和横向竞争带来的"模仿性"发展

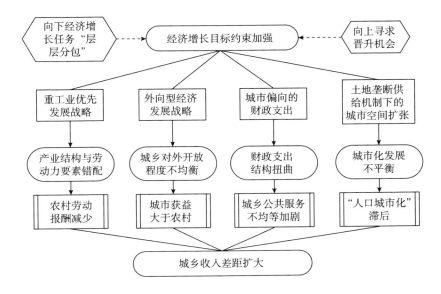

图 7.6　经济增长目标约束对城乡收入差距影响机理

使政府忽视当地的资源禀赋和发展阶段，急于放弃劳动密集型工业而大力发展资本密集型重工业。究其原因在于，产业结构高级化的进程分为劳动密集型、资本密集型和技术密集型三步，考虑到技术密集型产业高门槛、高沉没成本等风险，政府在预期经济增长目标的压力下不会优先考虑发展技术密集型产业。而随着人口红利的消失和劳动力成本的上升，较为低端的劳动密集型产业对经济增长的贡献也逐渐减弱。加之资本密集型重工业本身能够快速带动当地经济增长，政府容易利用手中的财政、金融和政策工具加以扶持，因此成为地方政府重点扶持的产业类型。优先发展重工业对城乡居民收入差距主要有两点影响：一方面，资本密集型企业的比重增加而劳动密集型企业的比重下降会降低单位资本吸纳的劳动力（陈斌开，2010），农村剩余劳动力难以向城市转移，无法获得更高的劳动报酬；另一方面，农村剩余劳动力向城市转移的通道被阻塞导致农业劳动人口增加，农村劳动报酬率进一步降低，城乡收入差距随之扩大。

二　经济增长目标约束、对外开放与城乡收入差距

经济增长目标约束加强，地方政府工作人员为了完成既定的"层层加码"目标，会进一步提高对外开放力度，进而使国际贸易和外商直接投资增加，这种对外开放政策通常是在城市实施而无法顾及农村地区，故带来城

乡收入差距的扩大。对外开放对地区经济增长的作用毋庸置疑，中国自改革开放尤其是加入世界贸易组织以来，经济高速增长的重要原因之一便是实施了外向型经济发展战略。在经济增长目标硬约束下，政府倾向于通过土地、税收和出口补贴等政策引进外商直接投资和扩大出口，用更大规模的对外开放实现经济更高速的增长。但是对外开放政策常常落实于生产力更高的城市地区，对外出口和外商投资也都发生在基础设施更为完善的城市地区。因此，与农村地区相比，城市在扩大的对外开放政策中获益更大，经济对外开放程度的提高会扩大城乡收入差距（陆铭、陈钊，2004）。因此，经济增长目标约束会促进对外开放的扩大，进而导致城乡收入差距的增加。

三　经济增长目标约束、财政支出结构与城乡收入差距

为了兑现"层层加码"的经济增长目标，地方政府工作人员会通过财政支出结构的调整助力经济增长。这种财政支出结构的调整也偏向于城市地区，将导致更加严重的公共服务非均等化，进而扩大城乡收入差距。中国式财政分权制度带来了地方政府之间"唯 GDP 至上"的激烈竞争，直接增加政府投资是快速刺激生产、促进经济发展的重要手段。但有限的政府财政收入运用于其他投资势必会减少科教文卫等基础性事业支出的比重。而财政支出更偏向于城市地区（张义博、刘文忻，2012），在农村基础设施建设上占比的下降加剧城乡公共服务的不均等。即使转移支付能缓解地区财力不均（Tsui，2005；尹恒、朱虹，2009），促进公共服务均等化（张丽华、汪冲，2008）和基础设施建设（范子英、张军，2013），但由于"可替换效应"的存在，转移支付存在较多的效率损失，财政支出占地区生产总值比重的提高会加剧城乡收入差距（陆铭、陈钊，2004）。综上，经济增长目标约束性越强，地方政府采取的城市偏向的财政支出结构调整策略会加剧城乡公共服务的不均等，进一步扩大了城乡收入差距。

四　经济增长目标约束、城市扩张与城乡收入差距

经济增长目标约束加强，地方政府工作人员为了完成既定的"层层加码"目标会加速城市扩张，依靠土地财政发展地方经济。而这种土地政策同样偏向于城市地区，进而导致城乡收入差距扩大。由于"分税制改革"和"营改增"的实施，地方税收进一步向中央集中，然而卖地所得的收入绝大部分仍属于地方政府所有，是地方政府重要的财政收入来源。在经济增长目标硬约束下，政府通过城市扩张来拉动地方经济增长，同时由于

"层层加码"和保增长压力带来的"模仿性"发展，各地经济对土地财政的依赖增加。地方政府从农村征收土地，凭借低廉的工业用地价格吸引投资，又通过高价出让商业用地的方式弥补损失，同时还将土地财政用于建设城市和工业园区以带动更大的土地需求。以期通过这种方式推动地区财政收入增加和经济增长，而不愿意将财政支出过多运用于对经济增长帮助不大的基本公共服务上（王贤彬等，2014）。农村地区土地减少，滞留劳动力增多，人均收入随之减少。城市化被众多学者认为能够缩小城乡收入差距（Harris and Todaro，1970），但因为中国政府在土地供给中的垄断地位，人口城市化落后于空间城市化，促进了城乡收入差距的扩大（谢冬水，2017）。

第三节 经济增长目标约束影响城乡收入差距的经验分析

一 模型设定与变量选取

本书根据经济增长目标约束的三个维度，设计如下基准回归模型来检验其对城乡收入差距的影响：

$$Inc_{it} = \alpha_0 + \alpha_1 CPGAP_{it} + \theta_{it} \sum_{j=1}^{n} Z_{jit} + \varepsilon_{it} \tag{7.1}$$

$$Inc_{it} = \alpha_0 + \alpha_1 CGDP_{it} + \theta_{it} \sum_{j=1}^{n} Z_{jit} + \varepsilon_{it} \tag{7.2}$$

$$Inc_{it} = \alpha_0 + \alpha_1 PRESSURE_{it} + \theta_{it} \sum_{j=1}^{n} Z_{jit} + \varepsilon_{it} \tag{7.3}$$

其中，下标 i 和 t 分别表示城市和年份。Inc 表示城乡收入差距，用城乡收入比来衡量。$CPGAP$ 为经济增长目标的"层层加码"，使用地级市经济增长目标与所在省份的差额来衡量。对于经济增长目标约束性特征（$CGDP$）的衡量，分别使用经济增长目标硬约束性特征（$HCGDP$）和软约束性特征（$SCGDP$）来衡量。$PRESSURE$ 代表保增长压力，具体变量设定方式在本书第二章部分进行了详细阐述。Z 包含纳入模型的其他控制变量。

绝对值和相对值指标在一定程度上都可以反映城乡收入差距，但收入差距对宏观经济的影响受到不同地区平均收入水平差异的影响。故本书借鉴陆铭和陈钊（2004）的研究，使用相对值来衡量城乡收入差距，即使用各省份城镇居民人均可支配收入与农村居民人均纯收入的比值代表城乡收入差距水平，相关数据均来自《中国区域经济统计年鉴》。其中，城镇居民人均可支配收入用城镇家庭成员可用于最终消费支出、其他义务性支出以及储蓄之和与城镇居民数的比值来衡量；农村居民人均纯收入用农村居民扣除各项费用后的收入和与农村人口的比值来衡量。同时，分别以1978年为基期，对城镇和农村个人可支配收入进行了价格平减，以消除各年度农村与城市不同消费价格指数的影响。

在控制变量方面。首先，考虑到城市规模和主要经济指标会对城乡收入差距产生显著影响（陆铭、陈钊，2004），本书用地级市人口数（百万人）衡量城市规模，用地级市人均GDP（千元）衡量经济发展水平，用各个地级市的失业数据衡量失业率。其次，本书选择农业发展水平和工业发展水平作为控制变量，分别用第一产业和第二产业占地级市GDP比重来度量农业发展水平和工业化程度。相关变量的描述性统计结果如表7.1所示。

表7.1 变量描述性统计结果

	变量符号	变量名称	变量定义	平均值	标准差	最小值	最大值
因变量	INC	城乡收入差距	城市人均可支配收入与农村人均纯收入之比	2.624	0.657	0	6.603
控制变量	AGDP	城市经济发展水平	地级市人均GDP	11.145	4.863	0.773	47.371
	FIR	农业发展水平	地级市教育科技投入占财政支出比重	14.652	8.952	0.040	49.890
	UE	失业率	地级市失业人口占总人口比重	0.006	0.006	0	0.115
	POP	城市规模	地级市人口数	4.640	2.478	0	14.323
	INDUSTRY	工业化程度	地级市第二产业占GDP比重	0.497	0.102	0.157	0.497

二　经验分析的基本回归结果与讨论

（一）内生性与工具变量选取

经济增长目标设定能够影响城乡收入差距，但城乡收入差距也会影响地区经济增长目标的制定，在宏观上研究两者之间的关系需要解决内生性问题。各个地级市的决策者根据当地的经济发展状况、禀赋和未来预期制定各自的经济增长目标。而作为经济现状中的重要组成部分，城乡收入差距会影响经济增长目标的选择。因此，城乡收入差距和经济增长目标约束之间很可能存在联立内生性问题，包括遗漏变量（如城乡之间教育、文化、劳动力水平等方面的差异）等问题，内生性问题会使计量结果出现偏差，使用工具变量是缓解内生性问题的常用方法。本部分认为，由中国政府工作人员任命制度中的晋升激励引出的围绕经济增长目标的竞争是造成城乡收入差距扩大的重要原因。"层层分包"经济任务具体来说就是省级的经济增长目标被向下分派到市级，成为下属市级制定经济增长目标时的直接对标目标。同时，政府工作人员晋升一般都在省内进行，同省的同级政府工作人员是主要的竞争对手，当晋升职位有限时，地级市数量越多，晋升压力越大，越可能对经济目标进行加码。

　　工具变量必须同时满足相关性和外生性两个条件，即与内生变量强相关，与扰动项无关。上述分析已表明，地级市所在省份的地级市个数与市政府加码省级经济增长目标的动机高度正相关，而各个省份的地级市个数相对固定，不会与城乡收入差距之间存在内在联系，同时满足了工具变量相关性和外生性的要求。鉴于各省地级市数量在样本期内基本固定，个体固定效应会使工具变量无法准确度量，本书借鉴 Nathan Nunn 和 Nancy Qian（2014）的研究方法，使用当年和未来一年国家经济增长目标的均值与各省地级市数量的交互项作为工具变量，同时满足与个体变化有关以及与时间变化有关。

　　（二）经济增长目标"层层加码"对城乡收入差距的实证结果及分析

　　只有当核心解释变量与被解释变量之间存在内生性时才会使用工具变量法，而 Hausman 检验常用来检验变量是否外生。故本书先对经济增长目标"层层加码"和保增长压力进行 Hausman 检验，加入控制变量前后均在 1% 的显著性水平下拒绝了"所有解释变量均为外生"的原假设，即认为经济增长目标"层层加码"与城乡收入差距存在内生性，选择恰当的工具变量缓解内生性是有必要的。

　　表 7.2 是 2SLS 第一阶段的回归结果。选择所在省份的地级市个数和当年以及未来一年国家经济增长目标的均值的交互项作为工具变量，以经济增长目标加码和保增长压力作为被解释变量。回归结果在加入控制变量前后均在 1% 的显著性水平下呈正相关，说明本书选择的工具变量具有可行性。

表7.2　　　　　　　　　　　　2SLS 第一阶段回归结果

被解释变量	*CPGAP*				*PRESSURE*			
	系数	聚类标准误	系数	聚类标准误	系数	聚类标准误	系数	聚类标准误
工具变量	0.032***	0.004	0.026***	0.004	0.022***	0.007	0.065***	0.006
控制变量	不包括		包括		不包括		包括	
观测值	2479		2479		2479		2479	
固定效应	YES		YES		YES		YES	

注：***、**和*分别表示在1%、5%和10%的显著性水平下通过系数显著性检验，括号内为聚类标准差，下同。

表7.3 显示了经济增长目标"层层加码"和保增长压力对城乡收入差距影响的实证结果。前两列是 OLS 基本回归结果，后四列是工具变量回归结果。Anderson canon. corr. LM 统计量的 P 值均为 0.0000，说明不是不可识别的弱工具变量。当加入控制变量时，Cragg-Donald Wald F 统计量和 RKF 检验统计量的值分别为 45.457 和 40.589，均在名义显著性水平为 5%的检验下，超过了 16.38 的临界值，不是一个弱工具变量。同样，经济增长目标完成情况对城乡收入差距的影响中，上述两个统计量也明显大于临界值，故也拒绝了"存在弱工具变量"的原假设。

表7.3　　　　经济增长目标"层层加码"和保增长压力
对城乡收入差距的影响

	INC					
	OLS		IV			
	(1)	(2)	(3)	(4)	(5)	(6)
CPGAP	0.007 (0.004)		0.075*** (0.025)		0.147*** (0.036)	
PRESSURE		0.009*** (0.003)		0.109** (0.044)		0.059*** (0.013)
AGDP	-0.014*** (0.003)	-0.012*** (0.003)			-0.011*** (0.003)	0.001 (0.004)

续表

	INC					
	OLS		IV			
	（1）	（2）	（3）	（4）	（5）	（6）
FIR	−0.022***	−0.024***			−0.025***	−0.035***
	（0.003）	（0.003）			（0.004）	（0.004）
UE	−2.549	−2.899			0.112	−4.061**
	（1.826）	（1.822）			（2.193）	（1.888）
POP	−0.012	−0.011			−0.027	−0.005
	（0.021）	（0.021）			（0.025）	（0.022）
INDUSTRY	−1.454***	−1.497***			−2.928***	−2.156***
	（0.227）	（0.224）			（0.457）	（0.284）
Constant	2.935***	2.896***	2.232***	2.031***	3.468***	2.838***
	（0.290）	（0.289）	（0.101）	（0.148）	（0.358）	（0.297）
固定效应	YES	YES	YES	YES	YES	YES
Cragg−Donald Wald F 统计量			75.671	11.426	45.457	103.560
RKF 检验			63.869	11.821	40.589	95.391
Observations	2474	2474	2479	2479	2474	2474
R−squared	0.777	0.777	0.742	0.609	0.679	0.742

表 7.3 前两列显示的 OLS 回归结果显示，加入控制变量后经济增长目标"层层加码"对城乡收入差距的影响系数为正但是不显著，保增长压力对城乡收入差距的影响在 1% 的显著性水平下为正。表 7.3 后四列工具变量回归显示，不论是否加入控制变量，经济增长目标"层层加码"、保增长压力均与城乡收入差距正相关，且均通过了 1% 或 5% 的显著性检验。对比两种回归方法，无论是在系数还是显著性方面，工具变量回归结果明显大于 OLS 回归结果。通过分析回归结果可以看出，随着经济增长目标加码幅度的增加，政府会采用较为偏激和偏离实际的手段以期获得更高的经济增长，保增长压力的增大使政府之间的"兑现"竞争也进一步加剧，都进一步扩大了城乡之间的收入差距。

（三）经济增长目标约束特征对城乡收入差距的实证结果及分析

根据表 7.4 回归结果，经济增长目标硬约束对城乡收入差距的影响在

表7.4　经济增长目标约束特征对城乡收入差距的影响

	INC							
	(1)	(2)	(3)	(4)	(5)	(6)	(7)	(8)
HCGDP	0.009 (0.018)				0.010 (0.018)			
SCGDP		-0.045* (0.026)		-0.044* (0.026)		-0.052** (0.026)		-0.051** (0.026)
HP			0.012** (0.006)				0.012** (0.006)	
SP				0.011 (0.008)				0.012 (0.008)
AGDP					-0.014*** (0.003)	-0.014*** (0.003)	-0.014*** (0.003)	-0.014*** (0.003)
FIR					-0.022*** (0.003)	-0.023*** (0.003)	-0.023*** (0.003)	-0.023*** (0.003)
UE					-2.713 (1.826)	-2.449 (1.827)	-2.769 (1.824)	-2.389 (1.827)
POP					-0.011 (0.021)	-0.012 (0.021)	-0.012 (0.021)	-0.010 (0.021)
INDUSTRY					-1.384*** (0.222)	-1.406*** (0.222)	-1.405*** (0.222)	-1.426*** (0.222)
Constant	2.230*** (0.100)	2.240*** (0.100)	2.230*** (0.100)	2.239*** (0.100)	2.906*** (0.290)	2.925*** (0.290)	2.921*** (0.290)	2.903*** (0.290)
固定效应	YES	YES	YES	YES	YES	YES	YES	YES
Observations	2479	2479	2479	2479	2474	2474	2474	2474
R-squared	0.770	0.770	0.770	0.770	0.776	0.777	0.777	0.777

加入控制变量前后均不显著，而经济增长目标软约束在5%和10%的显著性水平下负向影响城乡收入差距。究其原因，本部分考虑到目标的约束性对城乡收入差距的影响会与保增长压力密切相关，不排除有的政府工作人员通过采用硬约束的目标设定方式来博得上级好感，却在实际行动中采取保守方式未能达到最初预设目标的情况。也就是说，作为自我约束的经济增长目标约束特征没有落实到政府工作人员的施政行为中。为此，本部分设置了约束特征和保增长压力的交互项，其中，HP代表硬约束与最终完成情况的交互项，SP代表软约束与最终完成情况的交互项，同时在回归中分别控制硬约束（HCGDP）和软约束（SCGDP）。表7.4的列（3）、列（4）、列（7）和列（8）的回归结果表明，经济增长目标硬约束和实际完成情况的交互项与城乡收入差距正相关，且均通过了5%的显著性检验，即硬约束条件下，经济增长目标超额完成越多的地区城乡收入差距越大，这与本部分的假设一致。使用"确保""以上"等带有硬约束词汇来制定经济增长目标会给政府带来过多的自我施压，在政策制定时偏重城市的发展来确保增长目标的超额完成。

（四）分东部、中西部地区的异质性检验

我国西高东低的地理分布造就了经济发展程度明显的阶梯性，东部地区经济发展水平高于中西部地区，区分东部和中西部地区分别检验经济增长目标对城乡收入差距的区域异质性影响很有必要。为此，本部分分别对东部和中西部地区进行了异质性检验。

表7.5显示了在东部地区和中西部地区，经济增长目标约束对城乡收入差距的异质性影响。回归结果显示，东部地区经济增长目标的软约束特征与城乡收入差距负相关，且通过了5%的显著性检验。中西部地区经济增长目标硬约束与最终完成情况的交互项在10%的显著性水平下与城乡收入差距正相关。而目标"层层加码"和保增长压力在东部和中西部地区的回归结果都显著为正，东部地区保增长压力影响的显著性高于中西部，且"层层加码"和保增长压力的影响系数也远远大于中西部。因此，本书依据上述回归结果认为，经济增长目标加码和保增长压力在东部地区对城乡收入差距的扩大起到主要作用，而经济增长目标硬约束特征在中西部地区起主要作用。究其原因，本书认为较为发达的经济社会环境使东部地区的政府工作人员面临更加激烈的晋升竞争，目标加码和保增长等外在压力加剧了城乡收入差距的扩大。而和东部地区相比，中西部地区政府工作人员的竞争相对缓和，政府工作人员自身的施压起主要作用，因此硬约束特征成为城乡收入差距扩大的主要原因。而回归系数在区域之间巨大差距的原

表 7.5　经济增长目标约束对东中西部城乡收入差距的影响

| | | 东部地区 | | | | 中西部地区 | | | | |
| | INC | | | | | | | | | |
	(1)	(2)	(3)	(4)	(5)	(6)	(7)	(8)	(9)	(10)
HCGDP	0.021 (0.037)					0.005 (0.019)				
SCGDP		-0.101** (0.043)					-0.014 (0.031)			
HP			0.008 (0.012)					0.010* (0.005)		
SP			0.009 (0.014)					0.013 (0.009)		
CPGAP				0.446* (0.229)					0.045* (0.027)	
PRESSURE					0.184*** (0.066)					0.017* (0.010)
控制变量	YES	YES	YES	YES	YES	YES	YES	YES	YES	YES
固定效应	YES	YES	YES	YES	YES	YES	YES	YES	YES	YES
Observations	911	911	911	911	911	1563	1563	1563	1563	1563
R-squared	0.580	0.583	0.581	0.186	0.081	0.834	0.834	0.835	0.823	0.833

因可能在于，过大的城乡收入差距会阻碍政府工作人员晋升。由于我国中西部的城乡收入差距明显大于东部，进一步扩大差距势必不利于社会稳定和政府工作人员晋升。故中西部在实施"保城市、弃乡村"等城市倾向型的政策时施展余地有限，进而减缓目标加码和保增长压力对于城乡收入差距的扩大作用，即回归系数小于东部地区。

（五）分时间异质性检验

2008年国际金融危机对世界经济带来了巨大的冲击，也影响了我国的经济发展和政策制定。本书选择以2008年为界，分析了2008年前后经济增长目标约束对城乡收入差距的不同影响，在表7.6中显示了分时间异质性检验的回归结果。无论是在2003—2007年时间段还是在2008—2013年时间段，经济增长目标"层层加码"对城乡收入差距的影响均显著为正，且分别通过了5%和1%的显著性检验。在2003—2007年，经济增长目标软约束对城乡收入差距产生负向影响，且通过1%的显著性检验，但约束特征与最终完成情况的交互项均不显著。而在2008—2013年，软、硬约束特征与最终完成情况的交互项对城乡收入差距的影响显著为正，且分别通过了1%和5%的显著性检验，经济增长目标硬约束的影响显著为负，但是显著性很小。同时，保增长压力在2008年之前影响为正不显著，在2008年之后影响为正且通过了1%的显著性检验。回归结果显示，经济增长目标约束特征对于城乡收入差距的最终影响会受到目标的最终完成情况的左右，分析目标约束特征和完成情况之间的关系很有必要。

表7.7显示了经济增长目标约束特征对最终完成情况的影响。由回归结果可知，增长目标硬约束正向影响目标的最终完成情况，即在硬约束条件下，经济增长目标的完成情况越好、超额完成越多。相反，目标的软约束特征负向影响最终完成情况，会显著降低超额完成值。经济增长目标的硬约束特征会使政府工作人员更倾向于超额完成既定的增长目标，通过保增长压力来进一步扩大城乡收入差距，而软约束特征正好相反。

综上所述，本书认为，一方面，在经济危机带来经济增长乏力的背景下，经济增长目标的超额完成情况对城乡收入差距的扩大起到了关键作用。同时，硬约束特征会增加保增长压力，促进增长目标的超额完成，两者同时扩大了城乡之间的收入差距。另一方面，在保增长压力对城乡收入差距的扩大作用明显的情况下，软、硬约束特征对城乡收入差距的影响都会受到目标最终完成情况的影响，自我约束最终的完成状况取决于外在约束，"标尺竞争"使目标超额完成越多，城乡收入差距越大。同时，经济增长目标硬约束会增加目标超额完成的可能性，从而扩大城乡收入差距。基

表7.6 2008年前后经济增长目标约束和城乡收入差距

	INC 2003—2007年					INC 2008—2013年				
	(1)	(2)	(3)	(4)	(5)	(6)	(7)	(8)	(9)	(10)
HCGDP	0.012 (0.029)					-0.029* (0.016)				
SCGDP		-0.150*** (0.051)					-0.029 (0.020)			
HP			-0.010 (0.008)					0.010** (0.005)		
SP			-0.003 (0.015)					0.015*** (0.006)		
CPGAP				0.086** (0.035)					0.117*** (0.036)	
PRESSURE					0.406 (0.417)					0.022*** (0.005)
控制变量	YES	YES	YES	YES	YES	YES	YES	YES	YES	YES
固定效应	YES	YES	YES	YES	YES	YES	YES	YES	YES	YES
Observations	1123	1123	1123	1123	1123	1351	1351	1351	1351	1351
R-squared	0.837	0.839	0.837	0.824	0.389	0.906	0.906	0.906	0.838	0.908

表 7.7　　　　经济增长目标约束特征对经济增长目标完成情况的影响

	PRESSURE			
	（1）	（2）	（3）	（4）
HCGDP	0.436 *** （0.152）		0.290 ** （0.141）	
SCGDP		−1.157 *** （0.214）		−0.915 *** （0.199）
控制变量	YES	YES	YES	YES
固定效应	YES	YES	YES	YES
Observations	2530	2530	2522	2522
R−squared	0.143	0.151	0.254	0.259

于上述分析，本书认为，经济增长目标的实际完成情况决定了经济增长目标约束特征对城乡收入差距实际影响程度，硬约束条件下更高的目标超额完成程度会带来更大的城乡收入差距。

三　经济增长目标约束对城乡收入差距影响的内在机制检验

上述理论和实证分析说明，经济增长目标约束会加剧城乡收入差距，本部分将进一步探讨经济增长目标约束是通过何种途径导致城乡收入差距扩大的。

地方政府工作人员为了获得晋升的机会，会围绕经济增长目标的设定展开竞争，希望凭借目标的制定和最终完成情况来获得上级的青睐，这就使地方政府工作人员在制定经济发展政策时常常偏离实际，进而导致城乡收入差距的扩大。根据现有研究可知，资本密集型重工业比重、对外开放、土地财政规模和财政支出结构都会影响城乡收入差距（陈斌开，2010；陆铭、陈钊，2004；谢冬水，2017）。本书选取资本密集型重工业比重、对外开放程度、财政支出结构扭曲程度和土地财政四个变量，分析经济增长目标是通过何种途径影响城乡收入差距的，主要检验经济增长目标约束对于以上四个中间变量的作用。具体指标的刻画方式如下：

（1）资本密集型重工业比重（capital）。使用地级市资本密集型工业产值在整个工业产值中的占比来刻画。资本密集型重工业会显著拉动地方经济的发展，为了实现较高的经济增长目标，地方政府势必会提高资本密集型重工业在整个工业体系中的比重，该变量系数预期为正。

（2）对外开放程度（open）。使用各地级市进出口总额占 GDP 的比重来衡量。对外开放可以通过引进外商直接投资和扩大国际贸易等方式来带动当地的经济发展，该变量系数预期为正。

（3）财政支出结构扭曲程度（*scedu*）。使用科技教育支出占财政总支出的比重来衡量。中国地方政府的财政支出分为基本建设拨款、支持农业生产事业、文教科学卫生事业、企业挖潜改造和行政管理共五类（陆铭、陈钊，2004），政府为了实现较高的经济增长目标，会加大生产性事业投资力度而减少科教文卫支出占比，带来财政支出结构的扭曲。同时，财政支出本身会更偏向投资于城市，故农村能够获得的公共事业性财政支持进一步缩减，加剧了城乡公共服务的不均等。该变量的系数预期为负。

（4）土地财政（*land*）。使用地级市各年土地成交价款与财政收入之比来衡量土地财政规模。为了实现既定的经济增长目标，政府会加快城市空间扩张速度，通过土地财政来完成目标。该变量系数预期为正。

考虑到中间机制可能存在的时间异质性，本部分同样以2008年为界将样本分成两个时间段，四个中间机制的分时间段回归结果显示于表7.8中。如表7.8所示，在2003—2007年，经济增长目标"层层加码"对资本密集型重工业比重、土地财政的影响显著为正，表现为回归系数为正且均通过了1%和5%的显著性检验，对科技教育在财政支出中占比的影响显著为负，与前文的预期相符。对对外开放的影响系数为正但不显著。2008—2013年，经济增长目标"层层加码"仍然在1%的显著性水平下正向影响资本密集型重工业比重，在5%的显著性水平下负向影响科技教育在财政支出中的占比，而对土地财政的影响为正但并不显著，对对外开放程度的影响在5%的显著性水平下显著为正，也与前文的预期相符。

由此可知，本书的中间机制具有时间异质性。在样本期内，2007年之前目标加码主要通过提高资本密集型重工业比重、扭曲财政支出结构和依靠土地财政扩大城乡收入差距；在2008年之后主要通过提高资本密集型重工业比重、扩大对外开放程度和扭曲财政支出结构扩大城乡收入差距。因此，资本密集型重工业比重和财政支出结构具有长期影响，而对外开放和土地财政只发挥阶段性效果。

本书进一步在中间机制模型中加入经济增长目标总量、硬约束特征或保增长压力与四个中介变量的交互项，同时控制了交互项的两个变量。

根据表7.9至表7.11显示的回归结果，经济增长目标总量与资本密集型重工业比重的交互项、硬约束特征与对外开放程度的交互项、保增长压力与资本密集型重工业比重的交互项、保增长压力与财政支出结构扭曲程度的交互项具有显著性，且除了保增长压力与资本密集型重工业比重的交互项系数为负以外，其余交互项系数均为正。

表7.8　经济增长目标"层层加码"对城乡收入差距的机制分析

	2003—2007 年				2008—2013 年			
	capital	open	seedu	land	capital	open	seedu	land
	(1)	(2)	(3)	(4)	(1)	(2)	(3)	(4)
CPGAP	0.032*** (0.006)	0.037 (0.033)	-0.016*** (0.003)	6.620** (2.777)	0.109*** (0.025)	0.020** (0.010)	-0.041*** (0.009)	2.478 (2.073)
AGDP	-0.003** (0.002)	-0.006* (0.003)	0.003*** (0.001)	-0.425 (0.296)	0.005* (0.003)	-0.003*** (0.001)	-0.003*** (0.001)	0.201 (0.168)
FIR	0.001 (0.001)	0.003 (0.003)	-0.002*** (0.001)	0.644** (0.258)	-0.010*** (0.004)	-0.000 (0.001)	0.003** (0.001)	-0.124 (0.141)
UE	1.215** (0.489)	2.823*** (1.035)	-0.455* (0.247)	116.442 (88.965)	0.787 (1.300)	-0.521 (0.543)	0.009 (0.490)	93.796 (102.941)
POP	0.021* (0.012)	-0.064*** (0.021)	-0.002 (0.006)	1.996 (1.820)	-0.020 (0.013)	0.001 (0.005)	0.007 (0.005)	-0.410 (0.538)
INDUSTRY	-0.139 (0.093)	-0.105 (0.238)	0.122*** (0.047)	-26.671 (19.974)	-1.460*** (0.420)	0.135 (0.168)	0.520*** (0.152)	-34.144 (29.614)
固定效应	YES	YES	YES	YES	YES	YES	YES	YES
Observations	1142	904	1145	915	1365	1377	1377	1146
R-squared	0.925	0.975	0.682	0.0004	0.377	0.971	0.005	0.355

表 7.9 经济增长目标总量交互回归结果

	Inc			
	（1）	（2）	（3）	（4）
cgoal×land	0.002 （0.003）			
cgoal×open		−0.030 （0.029）		
cgoal×scedu			−0.113 （0.111）	
cgoal×capital				0.068* （0.038）
cgoal	0.001 （0.008）	0.009 （0.008）	0.030 （0.023）	−0.021 （0.014）
land	−0.019 （0.030）			
open		0.660 （0.447）		
scedu			1.711 （1.557）	
capital				−0.388 （0.509）
控制变量	Yes	Yes	Yes	Yes
固定效应	Yes	Yes	Yes	Yes
Observations	671	661	898	895
R−squared	0.104	0.116	0.080	0.088

表 7.10 经济增长目标硬约束交互回归结果

	Inc			
	（1）	（2）	（3）	（4）
hcgdp×land	−0.003 （0.004）			
hcgdpl×open		0.035* （0.021）		
hcgdp×scedu			−0.046 （0.323）	

续表

	Inc			
	（1）	（2）	（3）	（4）
hcgdp×capital				−0.144 （0.089）
hcgdp	0.004 （0.013）	−0.010 （0.015）	0.046 （0.055）	0.091 （0.059）
land	0.003 （0.003）			
open		0.240 （0.214）		
scedu			0.250 （0.477）	
capital				0.411 （0.344）
控制变量	Yes	Yes	Yes	Yes
固定效应	Yes	Yes	Yes	Yes
Observations	671	661	898	895
R−squared	0.103	0.114	0.080	0.086

表 7.11　　　　　　　　　　　保增长压力交互回归结果

	Inc			
	（1）	（2）	（3）	（4）
pressure×land	0.003 （0.002）			
pressure×open		−0.063 （0.171）		
pressure×scedu			1.788* （0.978）	
pressure×capital				−0.769* （0.451）
pressure	0.004 （0.008）	0.018 （0.033）	−0.363* （0.200）	0.275* （0.161）

续表

	Inc			
	（1）	（2）	（3）	（4）
land	−0.003 （0.003）			
open		0.450 （0.587）		
scedu			−2.488 （1.676）	
capital				2.122* （1.164）
控制变量	Yes	Yes	Yes	Yes
固定效应	Yes	Yes	Yes	Yes
Cragg-Donald Wald F 统计量	316.608	63.109	13.318	12.204
RKF 检验	4.800	7.283	8.444	10.797
Observations	671	661	898	895
R-squared	0.947	0.938	0.846	0.722

结合上述回归结果与前文分析，本书认为：第一，资本密集型重工业比重上升会扩大城乡收入差距（陈斌开，2010），经济增长目标与资本密集型重工业比重交互项的系数为正，所以说经济增长目标增加会通过提高资本密集型重工业占比来扩大城乡收入差距；第二，保增长压力与资本密集型重工业比重交互项的系数为负，所以说保增长压力增加也会通过提高资本密集型重工业占比来扩大城乡收入差距；第三，对外开放程度扩大会引起城乡收入差距的扩大（陆铭、陈钊，2004），而经济增长目标硬约束特征与对外开放程度交互项的系数为正，即硬约束通过扩大对外开放来扩大城乡差距。

第四节　主要结论与政策启示

本书将经济增长目标约束与城乡收入差距相结合，基于 2003—2013 年的 230 个地级市数据为样本，将经济增长目标约束具体到经济增长目标

"层层加码"、软硬约束特征和保增长压力三个维度，研究了经济增长目标约束与城市收入差距之间的关系。得出以下几点结论：

（1）经济增长目标"层层加码"、目标硬约束和保增长压力都会显著扩大城乡收入差距。目标加码幅度越大导致的城乡收入差距越大；在经济增长目标设定时采用"确保""以上"等硬约束词汇会形成政府工作人员的保增长压力，且这种情况下目标完成情况越好带来的城乡收入差距越大；保增长压力与城乡收入差距显著正相关，超额完成越多造成的城乡收入差距越大。

（2）经济增长目标约束对于城乡收入差距的扩大作用具有区域异质性。东部地区主要是因为"层层加码"和保增长压力等外在约束扩大了城乡收入差距；中西部地区政府工作人员之间的竞争相对较小，且本身就存在较大的城乡收入差距，所以在面对经济增长目标约束时政府工作人员采取温和的方式来刺激经济，经济增长目标约束对于城乡收入差距的扩大作用相对较弱。

（3）经济增长目标约束对于城乡收入差距的扩大作用具有时间异质性。考虑到 2008 年国际金融危机的影响，保增长压力在 2008 年后成为扩大城乡收入差距的重要力量。经济增长目标硬约束的实际影响很大程度上由目标最终完成情况决定，目标的硬约束特征也会增加目标超额完成的可能性，硬约束下超额完成越多，城乡收入差距越大。

（4）经济增长目标约束主要是通过提高资本密集型重工业在工业体系中的占比、扩大对外开放程度、扭曲财政支出结构以及推行土地财政四个中间路径导致城乡收入差距的扩大。同时，中间机制具有时间异质性，在 2003—2007 年经济增长目标加码主要通过提高资本密集型重工业占比、扭曲财政支出结构和推动土地财政扩大城乡收入差距；在 2008—2013 年主要通过提高资本密集型重工业占比、扩大对外开放程度和扭曲财政支出结构扩大城乡收入差距。

根据上述研究结论，本书提出如下政策建议：

（1）适当弱化经济增速标准在地方政府考核中的作用，减轻在经济目标设定上给地方政府工作人员带来的压力，进而缓解或杜绝经济增长目标"层层加码"现象的出现。实证研究发现，经济增长目标"层层加码"会通过资本密集型重工业比重和财政支出结构两个中介变量对城乡收入差距产生长期影响，因此，应该转变传统的重城市的发展模式，促进产业结构不断调整，逐步提高非农产业特别是高端制造业和现代服务业的比重。充分利用现代服务业就业容量大、产业关联度高等特点，充分挖掘其在稳增长、保就业等方面的潜力。同时，应该转变农业生产方式，大力发展农业产业化经营，拓宽农村劳动力增收渠道，切实解决"三农"问题，缩小城乡收入差距。

（2）在经济增长目标制定时尽可能以"左右""上下"以及区间等软约束用语代替"确保""以上"等硬约束词汇，减轻经济增长一味"求速度"的发展模式，避免政府工作人员过度追求超额完成经济增长目标，为扶持农村产业、发展农村基础设施留出余地。政府为了刺激经济的发展，会偏向于在城市进行财政支出，所以财政支出这一中介变量也必须得到有效控制。逐步消除长期偏向城市的制度安排及其影响，实施"城乡统筹"发展战略。逐步增加政府支出中涉农业务支出的比重，并且把科教文卫和福利保障性支出逐步向农村倾斜，加强政府的公共服务职能，逐步扭转财政支出等方面的城市偏向性。引导非农产业投资向乡镇和农村延伸，使工业产业在全社会尽可能地均衡分布，促进城乡收入差距缩小。

（3）不再以经济增长目标作为单一的政府工作人员考核标准，应该将城乡协调发展、农村居民收入和公共服务等项目纳入地方政府工作人员的考核体系中，并且要求地方政府工作人员同时兼顾"向上负责"和"向下负责"，推行政府工作人员终身责任制。更加注重农村农民的利益，将居民评价纳入对地方政府工作人员的考核中，尤其是农村居民的评价。深化农村户籍制度改革，构建城乡一体的户籍管理制度，实现城乡在就业政策、社会保障、劳动力市场等方面的公平化与一体化。积极在农村引入非农产业，从而实现农村居民在农村的非农化就业，提升农村居民的收入水平。

第八章 经济增长目标约束对公共服务均等化的影响研究

随着中国经济的高速发展，地方政府的公共服务支出结构的不平衡性也逐渐明显。地方政府的公共服务支出结构有着明显的倾向性。与过度热衷于投资基础设施建设等生产性公共服务相比，在教育、医疗、科技等社会保障性公共服务方面的投入严重不足。在中国经济高速增长的背景下，地方政府在对社会保障服务诸如教育等一类的投资为何没有显著的提升，公共服务未能实现均等化呢？公共服务均等化作为一个重要民生问题，本身也是经济高质量发展的一个重要组成部分。本章将重点关注地方经济增长目标约束对公共服务支出的影响，进而关注对公共服务均等化的影响。

第一节 经济高速增长与公共服务均等化的现实考察

一 改革开放以来中国公共服务取得成就

改革开放以来，经济的持续高速增长带来了政府财政收入的增加，这为政府提供基本公共服务提供了物质保障，进一步提高了我国人民的生活水平。基本公共服务是以政府为主导的，以全体公民为收益主体、以保障生存权和发展权为目的的普遍而公平的服务。其内容涉及衣食住行以及健康教育等公民生活的各个方面，直接触及公民最关心、最现实的利益，具有公共性、普惠性和公平性三大特征。

何谓"基本公共服务均等化"，一直以来是学术界普遍争论的焦点。本部分总结以下五个代表性观点：一是以傅道忠为代表的"权力均等论"，即"在基本的公共服务领域应该尽可能地使全国人民（不分城乡）享有同样的权利"；二是以石绍宾为代表的"机会均等论"，即公共服务均等化应当以实现公民享有公共服务的机会尽可能地相等为导向；三是以李华为代表的"功利主义均等论"，即在尊重城乡差异和区域差异的基础上，保障不同地区公民所感受到的基本公共服务的边际福利均等；四是以刘德吉为代表的"福利均等论"，即基本公共服务均等化要以保障公民享有一致的福利水平为目标；五是以江明融为代表的"结果均等论"，即向全体公民提供从数量到质量一视同仁的均等的公共服务，但这一标准无疑是理想化的，也是最难实现的。这五个观点无关优劣，象征了实现基本公共服务均等化的三个阶段，从一层至五层层层递进，逐步拔高。"权力均等论"和"机会均等论"体现了基本公共服务均等化的最低标准；"功利主义均等论"和"福利均等论"是基本公共服务均等化应遵循的中等标准，也是我国政府现阶段努力实现的民生目标；"结果均等论"是最高标准，也是实现共产主义的必然要求。由此可见，实现基本公共服务均等化是一个动态过程，往往伴随着经济增长和政府职能的优化。

中华人民共和国成立以来，我国政府始终将改善民生作为第一要务。作为政府职能的核心与实质，基本公共服务均等化始终是我国政府追求的战略目标之一，也是实现社会公平正义不可或缺的一个方面。2005 年的"十一五"规划首次提出基本公共服务均等化的原则，加强在欠发达地区的民生投资。党的十七大报告提出围绕推进基本公共服务均等化和主体功能区建设，完善公共财政体系，并确定为当前深化财政体制改革的一个基本方针。2018 年党的十九大报告更是提出"到 2035 年，基本公共服务均等化基本实现，现代化水平不断提升"的目标。这一系列方针政策的推行均表明实现基本公共服务均等化是我国促进经济社会持续健康发展、全面建成小康社会工作的重中之重。在相关政策制度的保障下，我国的基本公共服务建设得到了长足发展，主要表现为以下两个方面：

（一）公共服务支出持续增加，占 GDP 比重不断上升

一个国家的经济状况是该国政府提供公共服务支出的物质保障，图 8.1 反映了国内生产总值与国家财政支出之间的正相关关系。2007 年之后，我国的 GDP 总量和国家财政支出均呈逐年递增的态势，国家财政支出占比也不断攀升。一方面，经济的增长为政府提供了更多的财政预算用于改善民生；另一方面，人民生活水平的提高极大地刺激了生产和消费，从而进一步推动经济更好更快地发展。

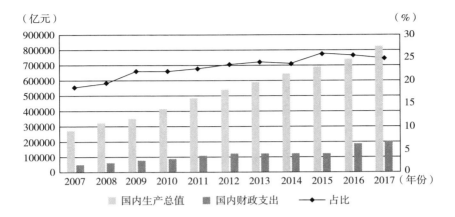

图 8.1　2007—2017 年我国国内生产总值和财政支出状况

资料来源：《国家统计年鉴》。

图 8.2 反映了 2007—2017 年我国 GDP 与国家财政支出增长率的变化情况，可以看出：首先，二者的增长速度总体上都有所放缓，但是国家财政支出在 2008 年、2011 年、2015 年和 2017 年有出现了增长率升高的情况，说明这几年国家增加了公共服务支出的投入力度；其次，国家财政支出的增长速度始终高于 GDP 的增长速度，这更加体现了国家致力于改善民生，并为此付出了巨大的财力。

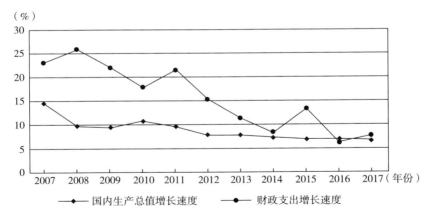

图 8.2　2007—2017 年我国 GDP 和财政支出增长率对比

资料来源：《国家统计年鉴》。

（二）中央与地方财政相互补充，公共服务事业成就斐然

我国基本公共服务支出的供给主体来自中央与地方两级政府，而地方政府承担了绝大部分的公共服务财政预算。如图 8.3 所示，中央与地方的财政支出均呈现逐年增加的形式，相比而言，地方财政支出增长量更大，所占比重逐年增加，基本承担了 85% 左右的公共服务支出；而中央政府所占比重有所减少，但是其承担了绝大部分的国防支出。从指标上来看，中央政府的财政预算更多地流入地方政府不甚重视的领域，如国防事业、科技事业、公共安全服务、交通运输服务等，有效地弥补了地方财政预算过多投入于经济建设项目的不足，从而有助于公共服务领域的全覆盖。

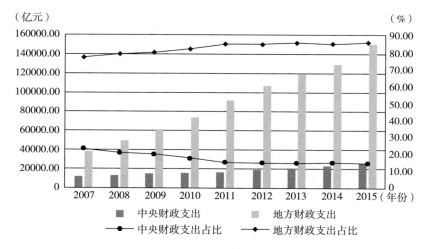

图 8.3　2007—2017 年中央与地方财政支出状况

资料来源：2007—2017 年《国家统计年鉴》。

在两级财政体制的保障下，我国的公共服务事业取得了巨大成就。在教育领域，自 20 世纪 80 年代我国开始推广城乡九年义务教育，至 2011 年我国已全面普及城乡九年义务教育，解决了适龄儿童"入学难"的问题。2016 年我国九年义务教育巩固率为 93.4%，义务教育高水平普及超过高收入国家平均水平，高中阶段教育毛入学率为 87.5%，超过中高收入国家平均水平 5 个百分点，高等教育毛入学率达到 42.7%，超过中高收入国家平均水平 6 个百分点。其次在医疗卫生领域，1978—2014 年我国医疗卫生机构总数由 17.0 万家增加到 98.1 万家，病床床位由 204 万张增加到 660 万张，卫生人员由 788 万人增加到 1023 万人。我国人均期望寿命从 1978 年的 68.2 岁增长到 2015 年的 76.34 岁，高于全球平均水平，处于发

展中国家的前列，有些地区已达到中等发达国家水平。总之，我国公共卫生事业及医疗水平有显著的提高。

二　改革开放以来中国公共服务支出结构变化

我国政府始终坚持"为人民服务"的宗旨，优化财政支出结构，坚持以民生优先是政府一直身体力行的。由表8.1可以发现，首先，2011年之后，政府严格管控"三公经费"，进一步降低行政成本，加强"反腐倡廉"建设，从而密切与人民群众的关系，更好地发挥政府的服务职能。其次，随着我国自身国力的增强和大国形象的兴起，我国的外交支出和国防支出虽有所减少，但基本保持稳定。再次，2012年我国首次实现教育经费占GDP比重达4%的目标，占财政总支出的比重也在15%浮动，说明政府始终重视教育事业的发展，且投入稳定增加。最后，在整个财政支出结构中，有关公民最基本生活和生产的项目如医疗卫生支出、社会保障和就业支出、城乡社区事务支出等所占比重逐步上升。此外，由于城乡社区事务和农林水事务关系着城市居民和农村居民的政治生活和生产劳动，是关乎国计的重大项目，政府也增加了财政支出的投入规模。总的来说，近年来我国政府在稳步增加公共服务投入的同时，致力于优化财政支出结构，将改善民生作为自身工作的第一要求，更多更好地惠及全体公民的切身利益。

表8.1　　　　2011—2017年我国公共服务支出项目占比的变化情况　　　单位：%

指标	2011年	2012年	2013年	2014年	2015年	2016年	2017年	变化趋势
财政支出	100.00	100.00	100.00	100.00	100.00	100.00	100.00	—
一般公共服务支出	10.06	10.08	9.81	8.74	7.70	7.88	8.13	↓
外交支出	0.28	0.27	0.25	0.24	0.27	0.26	0.26	↓
国防支出	5.52	5.31	5.29	5.46	5.17	5.20	5.14	↓
公共安全支出	5.77	5.65	5.55	5.51	5.33	5.88	6.14	↑
教育支出	15.10	16.87	15.69	15.18	14.94	14.95	14.85	↓
科学技术支出	3.50	3.54	3.63	3.50	3.33	3.50	3.58	↓
文化体育与传媒支出	1.73	1.80	1.81	1.77	1.75	1.68	1.67	↓
社会保障和就业支出	10.17	9.99	10.33	10.52	10.81	11.50	12.12	↑
医疗卫生支出	5.89	5.75	5.91	6.70	6.80	7.01	7.12	↑

指标	2011 年	2012 年	2013 年	2014 年	2015 年	2016 年	2017 年	变化趋势
环境保护支出	2.42	2.35	2.45	2.51	2.73	2.52	2.77	↑
城乡社区事务支出	6.98	7.21	7.96	8.54	9.03	9.80	10.14	↑
农林水事务支出	9.10	9.51	9.52	9.34	9.88	9.90	9.40	↑
交通运输支出	6.86	6.51	6.67	6.85	7.03	5.59	5.26	↑
其他支出	2.66	1.97	2.33	2.14	2.09	1.01	0.85	↓

资料来源：《国家统计年鉴》。

三　中国经济高速增长与公共服务均等化的现实困境

（一）区域差异阻碍公共服务均等化目标的实现

公共服务均等化的前提就是政府经济实力的均等化。但是党的十一届三中全会以来，鼓励一部分地区先富起来的政策措施在实现我国经济实力极大提升的同时也打破了原先各地区经济低水平均衡的状态，使区域之间的财力差距越来越大。因此，我国实现基本公共服务均等化所面临的首要难题就是区域差异。本部分参考中国统计年鉴，将全国（除港澳台外）分为东中西三大区域，其中东部地区包括北京市、天津市、河北省、辽宁省、上海市、江苏省、浙江省、福建省、山东省、广东省和海南省，中部地区包括山西省、吉林省、黑龙江省、安徽省、江西省、河南省、湖北省和湖南省，西部地区包括内蒙古自治区、广西壮族自治区、重庆市、四川省、贵州省、云南省、西藏自治区、陕西省、甘肃省、青海省、宁夏回族自治区和新疆维吾尔自治区。

如图 8.4 所示，图 8.4（a）表明东部地区城镇医疗保险参保人数最多，但是三大地带间的差距呈现出递减的趋势，其中以西部地区比重增加最为显著。图 8.4（b）表明三大地带中东部地区失业保险参保人数占总人口的比重最大且增长最明显，中部地区参保人数占比先增加后减少，但变化幅度小，西部地区参保人数占比也有所增加。图 8.4（c）表明三大地带中东部地区每万人拥有的卫生技术员数最多，西部地区次之，中部地区最少；而西部地区每万人中拥有的床位数最多，其次是东部地区。图 8.4（d）表明三大地带的小学师生比均呈现下降的趋势，且差距缩小，东部地区的师生比变化最小，但是从最低上升到了最高。总的来说，受地区经济发展水平、自然环境、人口状态和地方政府行政能力的影响，我国基本公共服务的区域差异显著，但是这种差异有减弱的趋势，公共服务均等化目标存在实现的可能性。

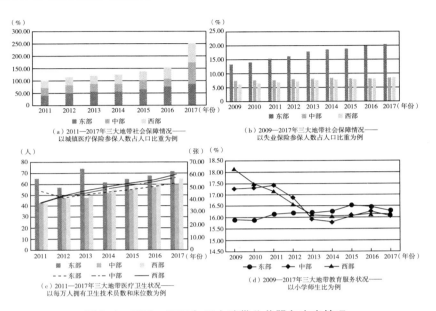

（a）2011—2017年三大地带社会保障情况——
以城镇医疗保险参保人数占人口比重为例

（b）2009—2017年三大地带社会保障情况——
以失业保险参保人数占人口比重为例

（c）2011—2017年三大地带医疗卫生状况——
以每万人拥有卫生技术员数和床位数为例

（d）2009—2017年三大地带教育状况——
以小学师生比为例

图 8.4　2009—2017 年三大地带公共服务支出情况

资料来源：《国家统计年鉴》。

（二）财政支出结构扭曲增加了公共服务均等化目标的实现难度

在"中国式分权"的财政体制下，地方政府是推动经济增长的重要力量，因此地方政府更倾向于将财政预算投入为经济建设服务的公共服务支出领域，容易造成地方财政支出结构的扭曲，从而不利于公共服务均等化的实现。从理论上来讲，在财政分权体制下，中央政府可以通过财政转移支付平滑地区间的财力差异，调节地区间公共品供给缺失的问题。但是受与经济增长相挂钩的政治激励的影响，部分地方政府还是会选择将转移支付投入基础设施建设，而不是增加科教文卫事业支出。这就可能会使公共服务支出领域出现"穷者越穷，富者越富"的极端化现象，加剧财政支出结构的扭曲。党的十九大报告中指出，我国社会主要矛盾已经转化为人民日益增长的美好生活需要和不平衡不充分的发展之间的矛盾。当前，经济社会中不平衡不充分的发展制约着人民对美好生活需求的追求，实现经济高质量发展仍面临着诸多的困境。邓剑伟等（2018）研究表明，在长期经济建设优先的背景下，我国将主要精力和财力用在了发展经济上，从而对公共服务投入造成了"挤出"，致使公共服务的发展严重滞后于经济发展水平。不仅如此，此前城乡非均衡发展战略的推行致使我国城乡之间的基本公共服务存在不均衡发展（陈聚芳等，2018；玲梅，2018）。目前，养老保障和医疗保障制度已实现全覆盖，但对于不同的保障对象享有的保障范围不同（李实等，2013）。据中国社会科学院 2016 年《公共服务蓝皮书》对全国 38 个主要城市基本公共服务满意度调查评价结果显示，东部城市的基本公共服务满意度得分较高，西部次之，中部最低，公共服务区域间的不均等比较明显。公共服务的失衡主要表现在教育资源和医疗卫生条件上。我国 70% 的医疗资源配置在城市，城市医疗机构和医疗资源配置相对齐全。与之相比，农村和社区医疗资源短缺，医疗设备相对落后，患者的需求难以得到满足。

第二节　经济增长目标约束、财政支出结构扭曲与公共服务均等化

一　经济增长目标约束对财政支出结构扭曲的影响

本部分研究经济目标约束对财政支出结构扭曲的影响机制主要从以下两个方面展开：

第一，经济增长目标约束下，以 GDP 为核心的绩效考核体制对社会保障性公共服务的支出存在一定的抑制作用。自 1994 年分税制改革以来，中国的财政分权体制逐步形成。根据传统的分权理论，分权模式下的地方财政竞争会提高地方政府对公共物品的供给。财政分权体制有利于地方政府更加深入了解当地居民对公共服务与社会保障的需求，上级政府也会据此强化民众参与在地方政府经济竞争，进而达到约束地方官员行为的目的。从这个角度来说，财政分权体系提升了地方政府在公共服务方面的供给效率。居民为达到效用最大化会对当地的公共服务和生活成本进行权衡，选择公共服务条件相对优越的地区生活（Tiebout，1956；Oates，1972）。而在分权体系下，上级政府官员迫于竞争的压力也会提升地方政府官员的决策效率（Seabright，1996）。由于资本等要素可以在各辖区间自由流动，地方政府会通过吸引外资以及强化流动性税基来提升当地的公共服务建设（Weingast，1995；Qian and Weingast，2005；Qian and Roland，1998）。然而，与理论研究不同，Faguet（2004）对玻利维亚数据的

研究中发现财政分权有利于地方政府满足居民对公共人力资本和社会服务的需求，而 Zhurarskaya（2000）指出，财政分权体制将会严重影响地方公共服务的供给效率。Rodden（2003）进一步指出，不同地区财政分权的特点影响着分权体制对地方政府的公共服务供给效率。即不同国家不同时期的财政分权体制对地方政府公共服务的供给效率会有不同的影响。

中国的分权制度属于政治集权和财政分权并存的体制，这使中国的财政分权具有非规范的事实性特点（周业安、章泉，2008）。在这一体制下，上级政府将更多的事权下放至地方政府。地方政府官员在经济目标考核的压力下还需担负着公共服务建设的压力（王珺红、张磊，2014）。有关研究表明，相比于公共服务建设，地方政府官员的工作重心更偏向于经济建设，而为了实现经济高速增长，政府可能选择将用于公共服务建设的资金转移至企业及生产的投资上，社会性保障的支出则被动降低。在此背景下，地方政府为实现 GDP 绩效指标往往选择更多资金用于当地经济的增长，而官员在追求政绩的过程中难免忽视了对公共服务与社会保障事业的建设（龚锋、卢洪友，2013；王永钦、张晏等，2007）。同时，庞凤喜、潘孝珍（2012）基于中国的省级面板数据指出，我国的财政分权制度进一步体现地方政府在公共服务建设中扮演的主要角色，但由于公共服务建设所需的资金数目较大，且并不是直接反映官员政绩的一个重要指标，因此在未得到上级政府的明确指示下，地方官员对公共服务建设难以有强烈的意愿，进一步导致地方政府的公共服务与社会保障领域支出结构的扭曲。

第二，经济增长目标约束会进一步扭曲地方官员的投资倾向性行为。从理论的角度来看，在制定地区经济增长指标时主要参考上一时期当地经济实际的发展状况。但政府在实际制定经济目标的过程中，也会受地方政府工作人员的影响。一方面，在分权体制下，地方官员之间存在"标尺竞争"，官员为突出自身的政绩以获取更大的晋升机会往往会制定更高的经济增长目标（王永钦等，2007）。另一方面，为实现既定的高增长目标，地方政府的投资行为也会受到扭曲，进一步导致投资和公共服务资金结构失衡。为了实现计划制订的经济增长目标，会反过来扭曲地方官员的投资行为。激励地方官员努力实现计划经济增长目标，以向上级政府证明自身能力。这一观点也得到了国内众多学者的支持（郑磊，2008；庞凤喜、潘孝珍，2012；王永钦、张晏等，2007；傅勇，2010；龚锋、卢洪友，2013；卢盛峰、陈思霞，2014）。张牧扬（2013）在职业生涯模型中分析了锦标赛体制下地方政府工作人员对于当地公共服务的支出结构，结果指出政府工作人员之间的晋升机制提升了地方政府工作人员在基础设施等生产性公共服务产品的支出，而在社会保障性公共服务支出方面如教育、医疗等比重会也会因此而降低。

在实现经济目标的过程中，除了晋升激励外，地方官员也会将自身的利益纳入考虑。地方政府工作人员在使用公共服务资金时不排除出现滥用权力从而达到自身目的的可能，这种行为不免导致资金流失或无效使用（谷成等，2016），如在道路、桥梁等生产性公共服务产品的建设中形成重复建设的问题，从而进一步降低了社会文教及保障性支出，主要涉及医疗和教育领域（吴俊培、姚连芳，2008），即财政腐败会增加非社会保障性公共服务的支出占比，而降低社会保障性公共服务的支出占比，公共服务的实际供给没有转化成有效供给，结果是虽然公共服务的支出不断增加，但有效供给依然不足，公共服务扭曲的现象仍然广泛存在（朱军，2012）。

二　经济增长目标约束、财政支出结构扭曲与公共服务均等化

合理的财政支出结构是实现公共服务均等化和经济社会持续健康发展的重要保障。尽管我国财政支出逐年增加，但财政支出结构不合理使民生问题成为社会关注的焦点，众多学者就我国的财政支出结构扭曲展开了广泛的研究。首先，就财政支出结构的现状而言，学者普遍认为我国财政支出与经济发展程度不相匹配，存在"越位"和"缺位"并存的矛盾，经济建设类支出和行政管理经费所占比重大，民生保障类支出占比较小，不能满足实际需求（陶勇，2001；李红，2003；刘成奎、王朝才，2008）。其次，就造成财政支出结构扭曲的原因而言，学术界达成共识的几点原因在于：一是政府的职能错位，经济职能过强，对公共服务职能的重视不足（杨宝剑，2012）；二是受限于我国的经济发展水平和社会主义初级阶段的现实国情，与发达国家相比，我国的财政支出目前还处于较低的水平；三是中央与地方的分权体制使地方政府间出现恶性财政竞争，影响财政资源在公共服务中的合理配置（白重恩等，2004）；四是政府制定预算是否合理以及预算的执行是否受到有效约束都是影响财政支出结构合理性的重要因素（付文林、沈坤荣，2012）。最后，就财政支出结构扭曲的社会化影响来看，合理的财政支出结构是实现公共服务均等化目标的重要前提（张松、章澎澎，2011），这显然不利于公共服务均等化目标的实现。政府的财政支出有限，公共服务均等化要求将有限的公共资源合理地分配到生产性支出和非生产性支出领域（张晓娣、石磊，2013）。增加民生类公共服务支出，发展民生财政是现阶段推进公共服务均等化的必然要求。但是由于我国仍面临着实现经济高质量发展和国际竞争激烈化的压力，财政支出

结构在一段时期内还是会偏向于生产性支出。由此可见，我国的财政支出结构合理化和公共服务均等化还需要一个漫长的过程来实现。

第三节　经济增长目标约束影响公共服务均等化的现实检验

一　模型的设定与变量选取

由于公共服务均等化难以有效度量，本部分将主要检验的是地方经济增长目标约束对公共服务扭曲的影响，设定如下三个回归模型：

$$Y_{it} = \alpha_0 + \alpha_1 FGDP_{it-1} + \alpha_k Z_{kit} + \varepsilon_{it} \tag{8.1}$$

$$Y_{it} = \alpha_0 + \alpha_1 CPGDP_{it-1} + \alpha_2 CNGDP_{it-1} + \alpha_k Z_{kit} + \varepsilon_{it} \tag{8.2}$$

$$Y_{it} = \alpha_0 + \alpha_1 CCGDP_{it-1} + \alpha_k Z_{kit} + \varepsilon_{it} \tag{8.3}$$

本书选取了中国 230 个地级市在 2004—2012 年的数据为研究样本，式中，Y_{it} 表示城市 i 在 t 年的预算内科教支出占总财政支出的比例，$FGDP$ 代表地区的经济增长目标，本书采用经济增长指标的硬约束特征 $FHGDP$ 和软约束特征 $FSGDP$ 共同度量。$CPGDP$ 和 $CNGDP$ 分别表示当年地级市经济增长目标与所在省级层面经济增长目标的差额以及与国家经济增长目标的差额，以此作为经济增长目标"层层加码"现象的一种度量。$CCGDP$ 代表当年经济增长目标完成情况，具体变量设定方式在第二章进行了阐述和说明。Z 为所有控制变量集合。为了在一定程度上避免模型内生性问题以及政策可能存在的滞后性，我们对经济增长目标变量都取滞后一期处理。

对于被解释变量，本书选取科教服务衡量各城市的公共服务状况。主要原因为：教育与科技服务作为最基本的公共服务项目，与当地居民生活和社会经济发展有着密切的联系，能够真实地反映居民满意度。研究教育和科技的供给效率以及地方经济增长目标对其供给产生的效应具有重要的现实意义。主要是因为两者都属于基本的公共服务，其供给与居民满意度及社会的发展紧密相连，检验其供给效率并研究地方经济目标约束对其供给的影响，具有重要的现实意义。另外，基于数据的可得性，科教支出具有充分的数据支持。此外，根据上文中对相关文献的研究，本书选取了人均 GDP、人口密度、每百万人中小学生所占人数、每百人公共图书数以及人均医疗床位数等作为控制变量，其中，选择人均 GDP 控制当地经济发展水平，选择人口密度控制当地人口对科教支出的影响；选择每百万人中小学生所占人数和每百人公共图书数衡量当地教育的基础水平；选择人均医疗床位数衡量当地医疗水平。变量的描述性统计如表 8.2 所示。

表 8.2 　　　　　　　　　　模型主要变量的统计性描述

	变量符号	变量名称	处理方法	均值	最小值	最大值
因变量	*Scedu*	教育科技支出占比（%）	教育科技支出占比	0.200	0.016	0.497
控制变量	*Agdp*	人均 GDP（万元/人）（对数）	人均 GDP	11.333	13.965	4.595
	Pop	人口（万人）	常住人口	462.792	1438.7	49.4
	Popindens	人口密度（人/平方千米）	单位面积土地上居住的人口数	423.484	11564	26
	Infras	产业结构（%）	第三产业占比	35.88	85.34	9.24
	Lib	每百人公共图书数（本）	每百人公共图书数	43.49	1438.59	9.24
	Spop	每百万人中小学生所占人数（%）	每百人中小学生数	14.011	44.524	2.222
	Hos	人均医院床位数（张）	人均医院床位数	0.00336	0.169	0
	Phone	人均电话数（部）	人均电话数	0.597	8.222	0.013

二　经验分析基本回归结果与讨论

（一）经济增长目标约束性特征对公共服务支出结构的影响结果

从表 8.3 的经济增长目标约束特征对公共服务支出结构的影响结果来看，不管是经济增长目标的硬约束特征还是经济增长目标的软约束特征，对公共服务支出结构的影响均不显著。

下面我们再分开来看，就科技支出而言，本部分所估计的经济目标的硬约束特征系数为负，且通过了 5% 的显著性检验，这表明经济目标的硬约束特征会明显降低科技的支出占比；相反，经济目标的软约束特征系数为正，且通过了 1% 的显著性检验，则可以认为经济目标的软约束特征会增加科技的支出占比；当考察两种经济目标约束特征对其影响时，发现经济目标的硬约束特征依然会降低科技的支出占比，虽然只通过了15%的显著性检验，但仍可以在一定程度上表明经济目标的硬约束特征对科技支出有负向影响；而经济目标的软约束则会提高科技支出的占比。可以说，各个地方政府在制定下年度经济目标时所采取的约束特征方式对科技支出占比的影响不同，当地方采取硬约束的方式时，会显著降低科技的支出占比，而软约束的经济目标设定方式会提高科技的支出占比。这很大程度上是因为在经济目标硬约束下，以 GDP 为核心的晋升体制会激励地方政府工作人员为了得到晋升，满足自身的政治需求，会不惜一切代价地去完成经济目标，其结果自然会降低科技这类公共服务的支出占比；经济目标的软约束会使地方政府在实现经济目标的同时，更关注本地居民的公共需求偏好，从而增加对科技的投资。就教育支出而言，虽然经济目标的软硬约束特征均会在一定程度上降低教育支出，但遗憾的是，系数并不显著。

表 8.3　　经济增长目标约束性特征对公共服务支出结构的影响结果

	（1）	（2）	（3）	（4）	（5）	（6）
	Scedu	Scedu	Scedu	Scedu	Scedu	Scedu
HCGDP	−0.0636 （0.209）	0.0498 （0.202）			−0.0337 （0.214）	0.0335 （0.207）
SCGDP			0.172 （0.271）	−0.0995 （0.263）	0.162 （0.277）	−0.0894 （0.269）
Agdp		0.154*** （0.0324）		0.154*** （0.0324）		0.154*** （0.0324）
Pop		0.0117*** （0.00423）		0.0118*** （0.00426）		0.0118*** （0.00426）
Popindens		−0.00151*** （0.000432）		−0.0015*** （0.0004）		−0.0015*** （0.0004）
Infras		0.148*** （0.0293）		0.149*** （0.0295）		0.149*** （0.0295）
Llib		0.0016 （0.0011）		0.0016 （0.0011）		0.0016 （0.001）
Sopo		0.0245** （0.0103）		0.0246** （0.0103）		0.0246** （0.0103）
Hos		−13.26 （13.69）		−13.39 （13.70）		−13.39 （13.71）

续表

	（1）	（2）	（3）	（4）	（5）	（6）
	Scedu	*Scedu*	*Scedu*	*Scedu*	*Scedu*	*Scedu*
Phone		−0.289**		−0.289**		−0.290**
		（0.144）		（0.144）		（0.144）
时间固定	YES	YES	YES	YES	YES	YES
地区固定	YES	YES	YES	YES	YES	YES
N	2990	2990	2990	2990	2990	2990
R−squared	0.000	0.081	0.000	0.081	0.000	0.081

注：***、**和*分别表示在1%、5%和10%的显著性水平下通过了系数显著性检验。括号内为稳健性标准误，下同。

（二）经济增长目标"层层加码"对公共服务结构的影响

周黎安等（2015）提出在中国的各级政府之间存在明显的"层层加码"现象，因此，本部分将研究层层加码现象对公共服务支出结构的影响，选择地级市经济增长目标与所在省经济增长目标之间的差额衡量加码的程度。结果如表8.4所示。

表8.4   经济增长目标"层层加码"对公共服务的影响结果

	（1）	（2）	（3）	（4）
	Scedu	*Scedu*	*Scedu*	*Scedu*
	2002—2014 年	2002—2014 年	2006—2014 年	2006—2014 年
CPGDP	−0.0725	−0.0947*	−0.193***	−0.163**
	（0.0619）	（0.0566）	（0.0580）	（0.0635）
Agdp		0.159***		0.0697***
		（0.0324）		（0.0262）
Pop		0.0118***		0.0045
		（0.0041）		（0.0035）
Popindens		−0.0015***		−0.0012***
		（0.0004）		（0.0003）
Infras		0.141***		0.0676**
		（0.0290）		（0.0269）
Lib		0.00166		0.0015
		（0.00114）		（0.0013）

续表

	（1）	（2）	（3）	（4）
	Scedu	*Scedu*	*Scedu*	*Scedu*
	2002—2014 年	2002—2014 年	2006—2014 年	2006—2014 年
Sopo		0.0240 **		0.0243 *
		（0.0102）		（0.0138）
Hos		−13.71		10.44
		（13.70）		（42.02）
Phone		−0.284 **		−0.328 *
		（0.142）		（0.176）
时间固定	YES	YES	YES	YES
地区固定	YES	YES	YES	YES
N	2990	2852	2070	1975
R−squared	0.001	0.083	0.012	0.035

　　从表 8.4 的结果来看，整体上经济目标的"层层加码"对社会保障性公共服务的影响是负向的，且通过了 10% 水平的显著性检验，表明地级市"层层加码"的力度越大，地级市之间竞争的越激烈，地级市政府对社会保障性公共服务的支出越低。再从经济增长指标"层层加码"的时间特征来分析，发现经济增长目标"层层加码"现象越来越严重，尤其是在 2005 年以后，有数据表明在 2002—2005 年，地级市面临的经济增长目标与其所在省份总目标的差额为 1.5% 左右，而在 2005 年以后则高达 2.3% 左右。因此，本部分选取 2005 年为时间分割点，再对 2006—2014 年经济增长目标"层层加码"现象对社会保障性公共服务支出的影响进行研究，研究显示，2006—2014 年，各级政府间的经济目标"层层加码"现象对地方政府对社会保障性公共服务的影响系数仍为负，且通过了 5% 的显著性检验，而且与 2002—2014 年相比，其系数的绝对值变大，这表明在 2005 年以后，伴随着我国各级政府间"层层加码"现象越来越严重，其对社会保障性公共服务支出的抑制作用也越来越大。

　　在科技支出方面，无论是在"层层加码"现象不太严重的 2005 年以前还是在较为严重的 2005 年后，各级政府间"层层加码"现象都与科技支出呈负相关关系，且其系数均通过了 1% 水平的显著性检验，这说明政府间的层层加码现象会显著降低科技的支出比重，再通过对比其系数，我们可以发现，2006—2014 年的系数较大，这说明较为严重的"层层加码"

现象会在更大程度上降低科技的支出比重。在教育支出方面，与科技支出相同，"层层加码"现象会在一定程度上显著降低地方政府的教育支出比重，但稍有不同的是，在我们以全部样本进行回归时，虽然显示"层层加码"现象会在一定程度上降低教育支出比重，但是在统计意义上并没有通过显著性检验。而在我们以"层层加码"现象比较严重的 2005 年后为样本时，结果显示其系数通过了在 5% 水平下的显著性检验，表明"层层加码"现象会显著降低地方政府的教育支出比重，同时，两个系数的大小则说明"层层加码"现象越严重，教育支出占比越低。

（三）经济增长目标完成情况对公共服务支出的影响

从表 8.5 的结果可知，地方政府超额完成计划设定的经济增长目标对社会保障性公共服务支出的影响是负向的，且系数通过了 5% 水平的显著性检验，我们可以认为当地方政府能够超额完成计划设定的经济增长目标时，地方政府会降低对社会保障性公共服务的投入。为了进一步考察经济增长目标对公共服务的影响，我们加入了经济增长目标约束方式与地方政府超额完成情况的交互项，结果发现无论地方政府在制定经济增长目标约束时是采取软约束方式还是硬约束方式，如果地方政府能够超额完成其计划设定的经济增长目标的情况，那么都会在一定程度上降低社会保障性公共服务的支出比重，但是其系数并没有通过显著性检验。

表 8.5　　　　　　经济增长目标完成情况对公共服务的影响结果

	（1）	（2）	（3）	（4）	（5）	（6）
	Scedu	*Scedu*	*Scedu*	*Scedu*	*Scedu*	*Scedu*
CCGDP	-0.160 *** (0.0318)	-0.0761 ** (0.0296)				
CCGDP×HCGDP			-1.257 ** (0.614)	-0.180 (0.533)		
CCGDP×SCGDP					-1.418 * (0.791)	-0.366 (0.760)
Agdp		0.137 *** (0.0320)		0.153 *** (0.0326)		0.153 *** (0.0323)
Pop		0.0111 *** (0.00413)		0.0117 *** (0.00423)		0.0117 *** (0.00423)
Popindens		-0.0015 *** (0.0004)		-0.0015 *** (0.0004)		-0.0015 *** (0.0004)
Infras		0.142 *** (0.0288)		0.148 *** (0.0294)		0.148 *** (0.0293)

续表

	（1）	（2）	（3）	（4）	（5）	（6）
	Scedu	*Scedu*	*Scedu*	*Scedu*	*Scedu*	*Scedu*
Lib		0.0016 （0.0011）		0.0016 （0.0011）		0.0016 （0.0011）
Sopo		0.0249** （0.0104）		0.0244** （0.0103）		0.0245** （0.0103）
Hos		−14.27 （13.65）		−13.28 （13.69）		−13.14 （13.68）
Phone		−0.294** （0.145）		−0.287** （0.144）		−0.289** （0.144）
时间固定	YES	YES	YES	YES	YES	YES
地区固定	YES	YES	YES	YES	YES	YES
N	2990	2852	2990	2852	2990	2852
R−squared	0.020	0.085	0.002	0.081	0.001	0.081

（四）分地区回归检验

由于资源禀赋、地理条件及气候条件等不同，中国的经济发展存在不平衡性与不协调性，在区域间表现得最为明显：东部临海地区地理位置优越，对外贸易规模相对于中西部地区较大，经济水平相对较高，中西部地区的经济发展水平与东部地区相比差异较大。而不同经济水平影响着地区对经济增长目标的制定以及政府工作着手的重点方向。为此，本部分将样本中的230个城市分为东部、中部、西部区域三个组别，借以研究经济发展不同的区域经济目标对公共服务结构的异质性差异。

马斯格雷夫的经济支出增长理论指出，经济的发展水平会影响当地政府的投资行为，并且在经济发展水平较高的地区，公共服务设施也相对完善，政治环境较为优越，政府在公共服务和社会保障中投资的边际效用低于欠发达地区。从而在经济发展水平较高的地区，政府对公共服务建设的投资占总投资比重较低，而在经济欠发达的中西部地区，政府更加关注当地的经济增长，资金多用于生产性投资，压缩了公共服务和社会保障的建设资金。本部分的实证结果证明了上述论述，表8.6报告了东部、中部和西部地区经济增长目标层层加码的力度和经济增长目标完成情况对公共服务支出的影响，结果表明，就各级政府间存在的"层层加码"现象来说，在东部地区，其对社会保障性公共服务有着明显的正向作用，而对于中西部地区，经济增长目标的"层层加码"现象越严重，政府的公共服务占比则越低。其中的原因可能有以下几点：一是上文中提到的马斯格雷夫的经济支出增长理论；二是在经济水平较高的东部地区经济基础较好，在面临经济增长目标时所承担的压力相对较弱，"层层加码"的程度与中西部地区相比更小。另外，结果中显示中部地区的回归系数的绝对值小于西部地区，表明西部地区地方政府为在短期内追求经济的发展制定了较高的经济目标，在经济社会建设中更倾向基础设施这类具有投资性的建设，而忽视了对公共服务和社会保障的改善。从地方政府实际完成计划经济增长目标来看，在东部地区，其会显著降低对社会保障性公共服务的支出占比，而在中部、西部地区，这种负向影响并不显著。

表8.6　　　　　　分地区的经济目标"层层加码"与完成情况
对公共服务的影响结果

	（1）	（2）	（3）	（4）	（5）	（6）
	Scedu	*Scedu*	*Scedu*	*Scedu*	*Scedu*	*Scedu*
	东部	中部	西部	东部	中部	西部
CPGDP	0.170 ** (0.0685)	−0.245 *** (0.0740)	−0.430 * (0.254)			
CCGDP				−0.162 *** (0.0547)	0.0119 (0.0324)	−0.0478 (0.0880)
控制变量	YES	YES	YES	YES	YES	YES
时间固定	YES	YES	YES	YES	YES	YES
地区固定	YES	YES	YES	YES	YES	YES
N	1235	1163	454	1235	1163	454
R−squared	0.183	0.088	0.041	0.189	0.075	0.017

第四节　主要结论与政策启示

在中国式财政分权体制下，以 GDP 为核心的绩效考核体制必然会对地方政府的公共支出结构产生重要的影响。为此，本书以 2002—2014 年我国 230 个地级市的面板数据为研究样本，实证检验了地方政府经济增长目标约束特征对地方政府公共服务支出结构的影响效应。研究结果表明：①从经济增长目标的约束特征来看，在地方政府的经济增长目标制定中，虽然无论是采用"之上""确保""力争"等硬约束词汇还是采用"左右""上下""区间"等软约束词汇，其对教育、科技等社会保障性公共服务的支出并没有显著影响。但却发现，经济增长目标的硬约束会显著降低科技的支出占比，经济增长目标的软约束会显著提高科技的支出占比。而在教育支出方面，经济增长目标的软硬约束都会在一定程度上降低教育支出比重。②从经济增长目标的"层层加码"来看，各级政府间的"层层加码"现象显著降低了社会保障性公共服务的支出。考虑到时间特征，研究发现这种情况在"层层加码"现象较为严重的 2005 年以后更为明显。地级市制定的经济增长目标与所在省所制定的经济增长目标的差距越大，社会保障性公共服务的支出比重就越低。再从对各项社会保障性公共服务的影响结果来看，无论是教育支出占比还是科技支出占比都出现了明显的下降，这说明，经济增长目标的层层加码显著降低了各项社会保障性公共服务的支出比重。③从经济增长目标完成情况来看，地方政府超额完成计划设定的经济增长目标对社会保障性公共服务支出的影响是负向的，当地方政府能够超额完成计划设定的经济增长目标时，地方政府会减少对社会保障性公共服务的投入。分开来看，地方政府超额完成计划设定的经济增长目标不仅仅会显著降低科技支出占比，而且会在一定程度上降低教育支出占比。此外，无论经济增长目标采用何种约束特征，地方政府超额完成计划设定的经济增长目标都在一定程度上降低了对社会保障性公共服务的投资。④对于不同地区，就各级政府间存在的"层层加码"现象来说，在发展水平较高的中东部地区，其对社会保障性公共服务的负向作用不显著，而在经济发展水平较低的西部地区，则显著降低了社会保障性公共服务的支出比重。相对于经济发展水平相对较高的中东部地区，西部地区经济发展水平较低，而为在短期内发展当地经济，政府更倾向于建设当地的基础设施以拉动 GDP 的增长，社会保障性公共服务的投资占比因此被削弱。但就地方政府实际完成计划经济增长目标来看，反而经济发展水平相对较高的中东部地区会显著降低对社会保障性公共服务的支出占比，相对经济发展水平较低的西部地区对社会保障性公共服务支出比重的负向影响却并不显著。⑤从经济增长目标对公共服务影响的中间机制的检验结果来看，本书的研究结论不仅集中体现了中国地方政府经济增长目标约束对公共服务支出结构的影响，更重要的是为中国公共服务出现明显扭曲提供了新的解释。

　　基于上文的研究结论，为继续完善社会保障制度，增加社会保障性公共服务的供给，提升居民对公共服务的满意度，促进社会保障性公共服务的均衡协调发展，本部分提出以下四点政策建议：①改革现有的政绩考核机制。从上文的分析中可知，地方政府在公共服务支出结构中有着明显的偏向性，尽管近年来政府的公共服务支出在不断增加，对公共服务的关注度也在不断增强，但地方政府在公共服务支出中仍存在不平衡、不协调的问题。在 GDP 竞争锦标赛体制下，地方政府为发展当地经济，达到或超额完成既定的经济增长目标，难以平衡经济发展与民生的关系，社会保障性公共服务支出和生产性公共服务支出结构扭曲现象未能得到较大的改善。因此，完善官员考核体制，"唯 GDP 论"的考核方式影响了政府工作人员对公共服务的建设方式，对官员的任期考核应涵盖多方面，如医疗、科教等方面。建立更加全面的考核方式，减轻 GDP 考核压力的同时，改善公共服务供给支出结构。通过新的考核体制，逐步引导地方官员放弃追求超额完成经济目标。②改变经济增长目标的约束方式。各级政府在制定下年度经济增长目标的过程中，要留有余地，采取"左右""上下"等软约束词汇，这样在实现经济增长目标的过程中，地方官员会有更多的选择性，进而更加关注本地居民的公共需求偏好，增加公共服务供给，进而实现公共服务均等化。③结合自身的实际经济发展状况制定相应的经济增长目标。在经济增长目标的制定过程中，上级政府应避免制定过高的初始目标，将"层层加码"的现象考虑在内，这样可以改变地方政府对经济增长目标的预期，防止地方官员在制定经济增长目标的过程中出现过激的经济行为，从而更加合理地利用自身要素禀赋，努力实现社会保障性公共服务的均等化。④改善财政支出结构。一方面，政府要适当减弱经济职能，加强公共服务职能，继续增加公共服务财政支出。另一方面，建立合理的利益补偿机制。在现行分权体制下，地方政府掌握的财权与事权不对等，尤其是欠发达地区，政府缺少足够的资金用于当地的经济和公共服务建设。因此，上级政府应加大对地方政府的财政扶持，完善对欠发达地区转移支付的体系，确保地方政府有足够的财政支持以改善社会保障性公共服务，缩小东部与中部、西部的差距，促进各地区公共服务的均衡协调发展。

第九章　适宜性经济增长目标约束下经济高质量发展的路径

第一节　经济增长目标约束下中国经济增长动能重塑

一　新旧动能转换的"S"形曲线

在经济学中，常用"S"形曲线来解释国民经济发展中新旧动能的转化。"S"形曲线是指地区经济增长所依赖的技术从出现到衰落的过程所呈现的趋势。当一项技术诞生时，它的增长速度很慢；而当进入成长期时，速度将呈几何增长，对经济增长的作用将继续增强；随着技术的成熟，它往往会放缓，缺乏增长动力。当旧技术进入成熟阶段时，以其为代表的旧动能对经济增长的带动作用将越来越弱，如果能在此时的旧技术曲线下方找到一项新技术，将重复"S"形的发展轨迹，新技术在原有技术的基础上取代旧技术，以新的动能促进地区经济增长，支持经济进一步发展。因此，"S"形曲线描述了一个地区或国家新旧动能的转化过程。只有不断探索新技术，为地区经济增长提供新动力，才能提高区域生产水平，促进经济长期健康地发展。反之，如果经济增长的动能长期固化，新旧技术无法正常交替，那么受到要素制约和外部冲击的影响，地区的经济发展就可能出现放缓甚至停滞。

"S"形曲线理论对于我国处于经济新常态下的新旧动能转换具有十分重要的理论和实践意义。一方面，中国经济正迈向高质量发展，传统的旧动能已经无法再支撑中国的经济发展。过去中国的经济增长主要依靠以要素积累和技术引进为代表的旧动能，实现了国内生产总值年均近10%的高速增长。然而，随着国内人口红利和资源红利见底、环境承载能力的下降，旧动能已经进入了"S"形曲线的顶端，继续维持旧动能推动经济高速增长将伴随着发展效率的损失，与高质量发展背道而驰。因此，旧动能已经不适合中国当下的经济发展要求。另一方面，中国经济结构转型升级正值关键时期，亟须更多新的技术来成为推动未来经济发展的新动能。从"S"形曲线中可以看出，一种技术在其成长期发展最快、对经济增长的贡献最大，所以保证中国经济长远发展的关键就是依托新技术来培育新动能，从而获得新的增长动力。面对传统发展要素的制约，只有通过加大对新技术的投入，在旧的技术曲线下方找到一条新的陡峭的"S"形曲线，才能实现经济发展的换挡升级，在不影响经济发展效率的情况下，使中国经济进入新的发展阶段。

二　经济增长目标约束与传统动能固化

完成新旧动能的转换是实现中国经济高质量发展的必要手段，其中关键性的一步是要实现传统动能的淘汰，以此来为新动能的发展腾出要素和政策空间。然而，在较强的经济增长目标约束下，传统动能反而出现了被进一步固化的迹象。

第一，经济增长目标约束加强，地方政府更加重视短期经济增长目标，从而使传统动能固化。经济增长目标长期以来都是作为短期目标每年进行考核，同时由于政府工作人员任期和异地交流的制度限制，地方政府工作人员总是希望在最短的时间内实现经济的快速增长。新动能从诞生到对地方经济形成实际的推动作用需要经历一个成长过程，而传统动能由于已经发挥着对经济的支撑作用，因此更加受到地方政府的青睐。为了快速实现经济增长的短期目标，地方政府往往会采用短视的经济政策，利用自己在要素领域的支配地位和扩张性财政政策扶持传统动能的发展，从而加强了传统动能的固化。

第二，经济增长目标约束加强，造成了地方政府在发展模式上的路径依赖，使旧动能进一步固化。在以经济增长为主要指标的绩效考核体制下，地方政府过度重视经济的稳定和增长，形成了对传统企业和产业结构的"锁定"。一方面，地方政府通过补贴维持当地的"僵尸企业"。"僵尸企业"往往与地方税收和就业有关，短时间内的集体退出会对经济增长不利。因此，在经济增长目标的约束下，地方政府往往对这些企业给予"父爱主义"的补贴（邵敏、包群，2011），仍对这些企业进行大量投资，从而使这些本应被淘汰的"三高一低"企业仍在运营。另一方面，在传统产业结构中，资本密集型产业占据主要地位，政府可以利用财政资源通过投资拉动使经济快速增长。而创新型行业具有"投资周期长、见效慢、风险高、不确定性大"的特点（吴延兵，2017），推动产业结构高级化的过程中势必会导致经济增速放缓，因此在经济增长目标约束下，地方政府往往会坚持原有的产业结构，以避免经济出现波动。

第三，经济增长目标约束加强，会造成各地政府在经济发展模式上相互模仿，进一步加强了旧动能的固化。在经济增长目标约束的外部压力中，既有上级政府工作人员的压力，也有同级政府工作人员的压力。从经济增长目标的"层层加码"可以看出，地方政府工作人员根据上级政府所制定的经济增长目标，结合同级政府工作人员的加码程度，来确定自身经济增长目标的加码幅度；同时，同级政府工作人员会根据既定的经济增长目标展开"兑现竞争"，存在较强的超额完成动力。两者都可以看作来自上级和同级的压力传递，因此，经济增长目标的约束具有明显的外部导向特征，而来自外部的约束往往会带来"模仿"和"恐慌"的发展模式。因为新旧动能在转换的过程中必定会出现经济增速暂时下滑的现象，所以在经济增长目标约束下，绝大多数地方政府工作人员会采取保守的做法坚持旧动能，并通过各地的互相模仿，使旧动能在更大的范围内被固化。

三　经济增长目标约束与新动能培育

经济增长目标约束下，地方政府为了追求短时间内经济的快速增长，从而固化了旧动能，加之培育新动能所需的成本较高，新动能的产生更加困难。

首先，由于存在经济增长目标约束，导致旧动能长期挤占大量要素和政策资源，限制了新动能的发展。为了完成经济增长目标甚至超额完成，政府在要素领域和财政领域都会制定出带有偏向性的政策。一方面，为了地方 GDP 的增长，政府会尝试对土地、资本、资源、劳动力等要素进行干预和控制，政府的这种干预行为会扭曲资源配置，具体表现为要素市场在价格和配置上的扭曲。要素市场的扭曲引发的高融资成本，会降低企业的创新积极性，导致企业研发支出减少，进而抑制技术创新水平的提升。要素市场扭曲还不利于培养人力资本，劳动者难以获得合理的回报，劳动积极性降低的同时还会挤压自身及后代的教育投入，不利于形成和培养人力资本，从而抑制技术进步（毛其淋，2013）。另一方面，地方政府会强化建设型的财政支出结构，基础设施建设、房地产等传统行业占用了大量财政资金，而科教文卫等社会性事业获得的财政支持减少，进一步限制了人力资本和技术进步的提升，从而对新动能的培育形成了掣肘。

其次，在经济增长目标约束下，经济增长成为地方政府最为重视的目标，而培育新动能带有较长的"阵痛期"，且具有巨大的沉没成本，因此受到限制。由于经济增长是政府工作人员考核体系中的主要指标，因此地方政府的首要任务就是保证地区的经济增长。能否在短期内促进经济增长，成为政府在考虑投资时的选择标准，能够在短期内产生收入的项目将成为优先事项。人力资本和科研创新投资具有周期长、风险高的特点。虽然从长远来看，它们对地方经济的发展有着积极的促进作用，但在短期内，它们无法获得大量利润，进而成为地方政府的显性政绩，因此很难从政府获得大规模投资。政府在经济增长目标的约束下收紧对人力资本的投资，势必影响地区创新活动的发展。

第二节　适宜性经济增长目标约束下
政府体制机制改革

一　制定适宜性的经济增长目标

高质量的经济发展意味着生产要素投入低、资源配置效率高、资源环境成本低、经济效益和社会效益好，而实现高质量发展的根本途径是进行供给侧结构性改革，完成"三去一降一补"的改革任务。适宜性经济增长目标为实现供给侧结构性改革提供了可能。

第一，适宜性经济增长目标弱化了经济增速的约束，加快了过剩产能的淘汰和房地产库存的化解。一些高耗能高污染的传统产业通过投资刺激，可以在短时间内实现对经济增长的拉动，因此在经济增长目标约束较强的情况下很难被化解。但是随着经济增长速度被调低，这就为去除过剩产能腾出了空间。地方政府在制定产业政策时更多地考虑民营企业和新兴产业，财政补贴也向其倾斜，从而加速了过剩产能的淘汰。同样，土地财政一直是地方政府进行招商引资和实现经济增长的重要手段，由于经济增长不再是政府绩效考核的主要指标，政府在土地资源的配置过程中也会更加注重市场调控的因素、减少行政干预，从而使房地产市场稳定运行，加快了库存的化解。

第二，适宜性经济增长目标改变了政府财政的收支结构，减少了企业的制度性交易成本和税费负担。由于政府更加注重新兴产业的培育，在财政收入方面，将会加快推进落实各类减税降费政策，包括在能源、物流等领域也推出了相关减免政策。同时，由于适宜性经济增长目标中包含了社会事业领域的要求，加快了建设型政府向服务型政府的转变，简政放权为企业减轻了行政负担，提高了市场效率，企业的经营成本被进一步降低。

第三，适宜性经济增长目标中民生、社会事业等目标被放到了突出位置，完善了基础设施建设和民生建设。社会事业目标要求财政支出中提高对科教文卫等项目的支出，对于城市公共设施、产业结构优化、金融服务、科技服务等方面的不足有显著的改善作用，同时弥补了城乡统筹发展的薄弱环节。在民生方面，随着教育、医疗、卫生、文化、就业、社会保障等方面财政投入的不断增加，公共服务体系越来越完善，公共服务不平等现象也有所改善，民生保障体系越来越完善。

通过上述分析，适宜性经济增长目标一方面通过弱化经济增长目标约束，打破了原来依靠旧动能实现经济高速增长的发展模式，从根源上解决了发展路径依赖的问题，破解了旧动能固化的难题。另一方面通过完善政绩考核体系，增加了民生类、社会类、生态类指标，起到了补发展短板的作用，使经济、社会能够实现同步发展。此外，适宜性经济增长目标还通过调整政府职能的目标，加快了由建设型政府向服务型政府的转变，从而实现了为企业降成本的目标。

二　创新政府绩效考核机制实现经济高质量发展

中国经济正在向高质量发展。它正处于换档升级的关键阶段。它承担着确保经济持续健康发展、缓解贫困和改善民生、预防污染和治理环境的特殊历史使命。在不同的发展阶段，经济指标体系的建立和调整必须适应特定时期的现实基础，以发挥其指导资源配置方式、促进经济社会高质量发展的作用。合适的经济增长指标体系应该包括三个方面：量化高低、权重结构和时间水平。具体如下：

首先，在量化高低方面，适当降低经济增长目标，弱化其约束，从硬约束转向弹性约束，尽量采用区间预置法，增强其灵活性。经济增长目标是经济目标体系中最明确的目标，它不仅反映了市场主体对未来经济发展的预期，而且对市场要素的流动起着导向作用。第一，我们不应该把经济增长目标定得太低，以免削弱经济活力。设定经济增长目标可以稳定市场预期。作为未来经济发展的总体指标，如果总量设定过低，必然会动摇经济社会发展的预期，对微观主体的投资和消费产生负面引导，这与经济目标引导的动机背道而驰。与此同时，经济增长目标与就业高度相关。中国是一个人口大国，就业水平不仅关系到民生，也关系到国家稳定。低经济增长目标必然会对就业水平产生负面影响。第二，经济增长目标不宜过高，以避免产生刺激性政策造成的经济效益损失。过高的经济增长目标将使其限制性更强，扭曲生产要素配置和政府政策，限制市场活力，阻碍经济结构转型升级和经济社会全面发展。第三，经济增长目标的设定可以适当稀释总量控制，并采用预设范围。中国经济正逐步从高速增长向高质量发展过渡，经济目标的指导模式也应从"保持增长"转向"保持稳定增长"。我们既要充分发挥经济增长目标稳定预期的作用，又要使其更加灵活，为经济转型留下空间。也就是说，在设定经济增长目标时，要逐步摒弃过去的"绝对量化"，采取"区间预设"的上下限设定方法，稳定预期，把信心恢复到下限。同时，要调整范围内的资源配置，促进经济结构转型，以新动能取代旧动能。

其次，在权重结构上，要权衡各经济目标的权重顺序，适当前置和强化与社会、民生、生态相关的目标。在以往的政府工作报告中，各种经济目标的顺序和权重往往不同，这不仅反映了当前政府对各个经济和社会领域的不同重视，更重要的是反映了未来经济工作的重点和要素配置偏向。第一，经济目标的权重次序上，促进就业、结构升级、污染防治和环境保护等类型的目标的权重次序需应适当前置，而经济增长、固定投资等类型的增长目标应相对后置。一直以来，中国都是以经济建设型目标为主，在经济增长目标约束下，导致了社会事业、生态环境发展的长期滞后。因此，适宜性经济增长目标的调整必须充分考虑社会、民生和生态目标的重要性，提高其在经济目标中的权重；第二，在宏观政策目标设计上，"稳增长"依然需要摆在相对重要的位置。目标引领一直是中国式分权体制下促进中国经济发展的重要制度安排，其最大优势就在于保障了中央任务在地方能够得到有效落实。而经济增长目标长期都是作为地方政府的指导性目标，具有统一政策方向的作用。因此，在实现高质量发展的过程中，依然需要"稳增长"目标来把握发展的大方向。

最后，在时间层面上，短期目标和长期战略应"激励相容"，短期目标设计应确保长期战略规划的实现。从长远来看，提高全要素生产率是促进高质量经济发展的关键。因此，合理安排不同目标的时间维度，有助于经济高质量发展的稳步推进。第一，长期目标应该侧重于经济结构调整和经济增长。推动经济结构的转型升级是一个漫长且复杂的过程，旧动能的淘汰需要循序渐进，以避免经济增长失速；而新动能从诞生到完全释放对经济增长的推动作用并不是一蹴而就的，需要一定的时间。同时，创新存在很大的风险，需要随时面对创新过程中的失败。因此在经济转向创新驱动、消费驱动的过程中，中国的经济增长必定会出现趋势性的下滑。经济换挡升级是一个长期过程，只有将经济增长作为一个长期目标来看待，才符合新旧动能转换的时间规律，才能使经济结构转型的过程与目标相适应。第二，短期目标应该侧重以民生、社会事业、污染防治和生态保护等为主。短期目标具有及时性，并且能最大限度调动市场要素和政策资源，在目标约束的作用下，有利于被落实和完成。因此，将民生、社会和生态等目标作为短期目标的重点，是实现经济社会全方位发展的必要手段。

与适宜性经济增长目标的调整相适应，政府绩效考核也应该做出相应的调整。

第一，政府绩效考核应当避免以绝对量化的经济增长目标作为考核的主要指标，应适当降低其在考核体系中的地位。以经济增长为主要考核指标的政绩考核体系是经济增长目标约束加强的重要原因，由于量化的经济增长目标是决定晋升的最重要依据，各地政府出现了经济增长目标"层层加码"、超额完成、兑现竞争的现象，造成了重复建设、产能过剩、产业结构钝化等问题。因此，要弱化经济增长目标的约束性，就必须增加考核的弹性，允许略低于目标的情况出现，不以是否完成经济增长目标作为决定政绩的唯一标准。

第二，政府绩效考核应当增加考核指标，实现考核体系的多元化、差异化。多元化的绩效考核指标可以引导地方政府关注经济社会的各个领域，避免只重视经济增长而忽视其他经济社会目标。由于各个地区的资源禀赋不同、发展阶段不同，造成了各个地区在发展任务上存在差异，因此进行政绩考核时不能以一个标准来衡量，需要充分结合地方实际，制定差异化的考核体系。

第三，要注重长、短期的绩效考核。由于许多经济政策的影响并不会在第一时间充分显现，因此要通过落实终身责任制来实现对于政府工作人员的全面考核，就是要将政府工作人员离开主政地后产生的遗留影响一并纳入日后的政绩考核中，从而避免政府工作人员因为追求短期的经济增长而采取短视的行为。

第四，扩大政府绩效考核信息的来源，多采纳基层的评价。随着中国社会主要矛盾的改变，人民群众关心的问题如民生、环保成为高质量发展的核心要求，因此在对政府的考核中，来自基层的声音应该更加被重视。以基层评价作为政府绩效考核的一部分，可以改善政府工作人员"对上负责"带来的弊端，让更多的社会性目标成为政府的工作重点，从而实现经济社会的全面健康发展。

三 创新政府运行机制实现经济高质量发展

在进行了适宜性经济增长目标的调整后,通过目标引领机制,政府的行为也会根据调整过后的目标有所变化,具体从财政收支、资源配置和产业政策三个方面进行讨论。

首先,政府的财政收支结构将做出调整,以促进财政体系向社会消费和企业创新倾斜。从财政收入来看,由于适宜性经济增长目标中突出了对经济转型升级的要求,提高市场活力、促进企业创新成为政府工作的重点,对于创新型企业,政府应该进一步减免税费,以此减轻企业负担,促使企业增加在创新领域的投入。从财政支出来看,一方面,政府在科教文卫等社会事业领域的开支需要进一步增加,通过提高对人力资本和技术进步的投入来促进创新的产生。另一方面,财政补贴应该进一步向市场主体下沉,重点提高对困难人群和中小微企业的补贴力度,从而提高社会消费和带动民间投资,进一步培育经济新动能。

其次,政府将减少对要素配置的干预,推动要素分配的市场化改革。政府应该转变土地配置模式,缓解土地资源错配产生的矛盾。政府过去长期利用土地财政来拉动地方经济快速增长,随着经济增长目标的约束性被弱化,政府应该减少对于土地市场的干预,推动土地资源配置的市场化进程,促进工业用地和商业用地的价格回归正轨。一方面增强用地成本对于工业企业提高生产效率的倒逼机制,另一方面减轻服务业用地成本,促进服务业的发展。此外,为了支持地方中小企业的发展、帮助地方中小企业融资,地方政府应当减少对地方融资平台的干预。

最后,政府应当重新制定产业政策,将扶持重点转向科技型企业、新兴产业,减少对传统产业、过剩产能的扶持。经济增长目标的约束性被弱化后,地方政府不必再以短期内实现经济高速增长作为主要发展目标,这样就能为产业结构升级腾出空间。在新的产业政策下,民营企业、新兴产业将获得更多发展空间,市场活力被进一步激发,为技术创新的产生提供了条件。

第三节 中国经济高质量发展的基本路径

一 以创新驱动作为推动经济高质量发展的第一动力

创新是引领发展的第一动力,是建设现代经济体系的战略支撑。创新驱动战略的有效实施和实施，对促进经济增长方式转变、建立现代经济体系、实现经济高质量发展具有重要作用。学者从以下四个方面提出了相关政策建议。

第一，继续加大对高校和企业的研发支持力度，使其掌握核心技术。中国研发支出占 GDP 比重与发达国家相比仍然较低。因此，政府应该在资金、人才和税收方面为企业和高校提供更多的支持和补贴。尤其是加大对基础性学科的投入。同时完善政府对企业和高校研发的资助系统（白俊红、卞元超，2016；杨以文等，2017；吴延兵，2006）。

第二，确保专利质量，提高创新效率。加快建立企业专利申请质量评估机制（申宇等，2018），除考察企业拥有的专利外，更要考核企业商业化、市场化的产品数量，新的市场开拓、新的组织形式、新的供应来源等（杨以文等，2017），同时加强知识产权保护（张杰、郑华，2018），避免"专利陷阱"和"专利泡沫"，增加专利申请数量。

第三，促进产学研紧密合作，加快成果转化应用。孟令权（2012）认为，政府应积极投入，广泛开放渠道，为产学研合作提供多形式、多层次的资金支持，组织企业与具有强大研发能力的大学和科研机构建立长期战略合作关系，加快产学研一体化平台建设（沈纪云，2010），形成"科研—转化—效益—科研"的科研产业链。黄明东等（2017）认为，应加快科研机构体制改革步伐，构建与中国特色自主创新体系相适应的现代科研机构体系。南志涛（2014）认为，应该改革高校教师的评价体系，将教师在企业、社区、产学研和地方合作方面的工作纳入正常的评价体系。

第四，完善科研支撑体系，营造良好的科研氛围。科研人员应努力提高专业水平，努力工作，发扬工匠精神，弘扬爱国主义精神，实现自我价值。应加强中央对高校、科研院所等基础研究的财政支持，由于科研成功率平均不到10%，失败率超过90%，应倡导追求真理、容忍失败的创新精神（孟庆金等，2010），鼓励研究人员大胆探索，挑战未知。

二　以市场化改革作为推动经济高质量发展的主要抓手

党的十九大报告指出，必须加快完善社会主义市场经济体制，必须以完善产权制度和要素市场化配置为重点，实现产权有效激励、要素自由流动、价格反应灵活、竞争公平有序、企业优胜劣汰。学者主要从以下三个方面提出政策建议来推动市场化改革。

第一，继续推进要素市场化改革。樊刚等（2011）和白俊红、卞元超（2016）认为，进一步深化利率市场化改革，打破国有商业银行主导的垄断金融体系，可以恢复和加强市场机制在资本市场中的决定性作用。在市场供求关系下，金融机构决定其资源的配置和使用。加强资本市场、土地市场和矿产资源管理，提高要素市场交易的公开透明程度，制定资源性产品市场化价格。张义博、付明卫（2011）认为，在劳动力市场方面，应该建立一个有竞争力的劳动力市场，打破行业进入壁垒，促进人才流动。实施户籍制度改革，促进劳动力自由流动和城乡人口转移安置，打破城乡二元发展体制（陈聚芳等，2018）。

第二，防止垄断，深化国有企业改革。张义博、付明卫（2011）建议，应积极鼓励和支持私营部门发展，减少对竞争性行业的垄断和干预，鼓励民营企业进入重点垄断行业，以提高效率，加强对垄断行业的公共监管，继续推进资源税和国有企业股利分配制度改革。孙健、周浩（2003）认为，应通过产权改革和公司治理结构的建立和完善，解决产权清晰、所有者缺位的问题，使企业能够从内部机制上约束投资行为。

第三，转变政府职能，建设服务型政府。在市场化改革中，要转变政府职能，着力重塑政府与市场的关系，勇于割断自己的手臂，深化"下放监管、提供服务"的改革，消除国有企业发展的体制性障碍（刘颜、杨德才，2016；张旭，2014）。建立健全反馈机制和听证制度，在重大决策中广泛征求各方意见，减少利益集团的干扰，让更多人的意见得到反映。

三　以新一轮对外开放作为推动经济高质量发展的重要手段

党的十九大报告指出，努力推动形成全面开放新格局，要以"一带一路"建设为重点，坚持引进来和走出去并重，遵循共商共建共享原则，加强创新能力开放合作，形成陆海内外联动、东西双向互济的开放格局。扩大对外贸易，培育新的贸易形式和模式，把中国建设成为贸易强国。

第一，完善关键设备和先进技术稳定进口机制。关键设备和先进技术仍然是中国经济发展的"瓶颈"。因此，国家政府还应鼓励国内企业大幅增加先进机械设备等高科技商品的进口，开展新一轮大规模技术改造（魏浩等，2016）。涂远芬（2011）认为，我们不仅要努力突破西方发达国家对中国关键设备和先进技术的控制和限制，同时适当降低此类产品的进口关税，并敦促美国和欧洲等发达国家放宽对中国高科技产品的出口限制（张旭宏，2008）。同时，要大力促进和鼓励国内企业的消化吸收和自主创新活动，逐步实现高新技术产品的进口替代。

第二，提高出口产品质量，提高"中国制造"的声誉。施炳展等（2013）认为，在吸收技术溢出的同时，应加大企业的研发力度和人力资本投入，以增强当地企业的原始创新能力和品牌竞争力。同时，应建立积极的激励机制和反向惩罚机制。以出口质量安全示范区和示范企业为例，充分发挥示范带动作用，加大对诚信企业的政策倾斜；严厉打击假冒伪劣产品非法出口，加强对不诚信企业的监管和处罚，提高"中国制造"的声誉。

第三，提高产品技术含量，优化出口结构。企业要加大技术创新投入，大力培养工人组装和深加工能力，对传统产业进行技术改造。在资源节约和环境保护的原则下，适度发展加工贸易产业集群，高效配置资源，促进加工贸易企业转型。政府要大力发展高新技术产业，提高高新技术产业的自主出口程度，实现商品结构由粗放型、数量型向集约型、质量型的转变。同时，采取相应的激励措施，鼓励企业研发高科技产品，提高产品附加值，树立品牌竞争意识，培育国际化品牌，从根本上优化产业结构。

四　以提高人民生活质量作为推动经济高质量发展的主要目标

党的十九大报告指出，我们必须坚持以人民为中心的发展理念，始终与人民同呼吸、共命运、心连心，始终把人民对美好生活的渴望作为我们的目标，确保经济发展成果为人民共享。提高人民生活质量，既是全面建成小康社会的必然要求，也是促进经济高质量发展、建设现代化大国的重要目标。针对提高人民生活质量面临的困难和困境，学者从以下几个方面提出了解决方案和政策建议。

第一，加强环境监测，建设生态文明。作为一种公共物品，环境保护需要通过制度和国家法律来规范企业行为，对外商投资企业和私营企业加强监管，制定更有效可行的环境监管方案（杨帆等，2016），激励相容性政策的设计（石光等，2016），从企业激励机制的利益出发，实现了环境保护与制造业发展的良性互动（闫逢柱等，2011）。刘星、聂春光（2007）认为，在产业规模扩大的同时，应在产业结构调整范围内，逐步淘汰污染性产业，以低碳经济发展模式取代传统的高排放发展模式，加快新能源领域的创新（李伟娜等，2010），重点发展高附加值产业和环保产业，优化升级产业结构。

第二，进一步推进基本公共服务均等化。学者从户籍制度、财税制度、政绩考核制度等方面提出了政策建议。一是消除阻碍人口自由流动的体制机制，特别是基于户籍制度的歧视性公共服务供给机制（刘秉宇等，2018），彻底改革城乡二元体制，建立城乡一体化的基本公共服务体系（陈菊芳等，2018）。二是完善地方财税体制，赋予地方财政一定的税收权力，完善地方税制不完善的方面，明确中央和地方政府的权力和支出责任（玲梅，2016；刘冰玉等，2018），同样是针对地方政府"融资难"的问题，刘正丽（2018）认为，应鼓励企业和个人投资农村公共服务，搭建农村公共服务资金管理平台。陈聚芳等（2018）认为，在提高公共服务占政府支出比重的同时，完善支出结构，优先发展农村教育和医疗。三是改革绩效考核体系，建立"公共服务型"绩效考核体系。玲梅（2016）和李斌（2018）认为，应该引导地方政府更多关注其管辖范围内民众的公共需求，同时关注提高地方公共物品供给的效率和质量。

第三，改革收入分配制度，缩小地区收入差距。打赢扶贫攻坚战，实现精准扶贫。通过税收和转移支付等财政政策工具在不同群体和地区之间进行国民收入二次分配，以缩小收入差距，提高低收入人群的收入（周启良、范红忠，2017；夏万军，张懿佼，2017），增加特殊群体和弱势群体的福利项目（李实，2018）。在鼓励一些地区先富起来的同时，政策支持的重点应放在落后地区，以增强其自身的"造血"功能（孙居涛、魏自涛，1998）。陈宗胜和高玉伟（2015）认为，在提高低收入人群收入水平的同时，要继续深化收入分配制度改革，加快培育中等收入阶层。加快二元经济转型，大力完善城乡分明的户籍制度，推进高质量城镇化。支持农村农业发展，降低低收入群体比重。完善税制，增加遗产税、赠与税、财产税等税种（何辉、樊丽卓，2016），防止个人财富过度集中，促进我国收入分配格局从"哑铃型"向"橄榄型"转变。

参考文献

安体富、任强：《政府间财政转移支付与基本公共服务均等化》，《经济研究参考》2010 年第 47 期。

安同良等：《R&D 补贴对中国企业自主创新的激励效应》，《经济研究》2009 年第 10 期。

白俊红、卞元超：《要素市场扭曲与中国创新生产的效率损失》，《中国工业经济》2016 年第 11 期。

白永秀、王颂吉：《我国经济体制改革核心重构：政府与市场关系》，《改革》2013 年第 7 期。

白重恩等：《地方保护主义及产业地区集中度的决定因素和变动趋势》，《经济研究》2004 年第 4 期。

包群、彭水军：《经济增长与环境污染：基于面板数据的联立方程估计》，《世界经济》2006 年第 11 期。

蔡冬青、刘厚俊：《中国 OFDI 反向技术溢出影响因素研究——基于东道国制度环境的视角》，《财经研究》2012 年第 5 期。

蔡昉：《人口转变、人口红利与经济增长可持续性——兼论充分就业如何促进经济增长》，《人口研究》2004 年第 3 期。

蔡晓陈：《中国二元经济结构变动与全要素生产率周期性——基于原核算与对偶核算 TFP 差异的分析》，《管理世界》2012 年第 6 期。

蔡晓慧、茹玉骢：《地方政府基础设施投资会抑制企业技术创新吗？——基于中国制造业企业数据的经验研究》，《管理世界》2016 年第 11 期。

曹广忠等：《土地财政、产业结构演变与税收超常规增长——中国"税收增长之谜"的一个分析视角》，《中国工业经济》2007 年第 12 期。

曹俊文、罗良清：《转移支付的财政均等化效果实证分析》，《统计研究》2006 年第 1 期。

曹裕等：《城市化、城乡收入差距与经济增长——基于我国省级面板数据的实证研究》,《统计研究》2010 年第 3 期。

钞小静、任保平:《中国的经济转型与经济增长质量:基于 TFP 贡献的考察》,《当代经济科学》2008 年第 4 期。

陈斌开、林毅夫:《重工业优先发展战略、城市化和城乡工资差距》,《南开经济研究》2010 年第 1 期。

陈斌开等:《住房价格、资源错配与中国工业企业生产率》,《世界经济》2015 年第 4 期。

陈德球等:《政府质量、终极产权与公司现金持有》,《管理世界》2011 年第 11 期。

陈丰龙、徐康宁:《本土市场规模与中国制造业全要素生产率》,《中国工业经济》2012 年第 5 期。

陈刚:《FDI 竞争、环境规制与污染避难所——对中国式分权的反思》,《世界经济研究》2009 年第 6 期。

陈红蕾、陈秋峰:《经济增长、对外贸易与环境污染:联立方程的估计》,《产业经济研究》2009 年第 3 期。

陈建军等:《新经济地理学视角下的生产性服务业集聚及其影响因素研究——来自中国 222 个城市的经验证据》,《管理世界》2009 年第 4 期。

陈聚芳等:《以基本公共服务均等化助力乡村经济振兴》,《经济论坛》2018 年第 7 期。

陈凯华、寇明婷:《中国高技术产业"高产出、低效益"的症结与对策研究——基于技术创新效率角度的探索》,《管理评论》2012 年第 4 期。

陈抗等:《财政集权与地方政府行为变化——从援助之手到攫取之手》,《经济学(季刊)》2002 年第 1 期。

陈克禄:《我国自主创新效率评价研究》,《生产力研究》2009 年第 9 期。

陈诗一、张军:《中国地方政府财政支出效率研究:1978—2005》,《中国社会科学》2008 年第 4 期。

陈思霞、卢盛峰:《分权增加了民生性财政支出吗?——来自中国"省直管县"的自然实验》,《经济学(季刊)》2014 年第 4 期。

陈璋、黄伟:《中国式经济增长:从投资与强制性技术变迁角度的一种解释》,《经济理论与经济管理》2009 年第 12 期。

陈志勇、陈莉莉:《财税体制变迁、"土地财政"与经济增长》,《财贸经济》2011 年第 12 期。

陈宗胜、高玉伟:《论我国居民收入分配格局变动及橄榄形格局的实现条件》，《经济学家》2015 年第 1 期。

成力为、孙玮：《市场化程度对自主创新配置效率的影响——基于
Cost—Malmquist 指数的高技术产业行业面板数据分析》，《中国软科学》
2012 年第 5 期。

程大中：《中国服务业的增长与技术进步》，《世界经济》2003 年第
7 期。

程大中：《中国生产性服务业的水平、结构及影响——基于投入—产
出法的国际比较研究》，《经济研究》2008 年第 1 期。

程培堭等：《FDI 对国内投资的挤出入效应：产业组织视角》，《经济
学（季刊）》2009 年第 4 期。

程涛、邓一星：《后发国家技术进步的陷阱：从后发优势到自主创
新》，《南方经济》2007 年第 10 期。

程雁、李平：《创新基础设施对中国区域技术创新能力影响的实证分
析》，《经济问题探索》2007 年第 9 期。

池仁勇等：《我国东西部地区技术创新效率差异及其原因分析》，《中
国软科学》2004 年第 8 期。

楚尔鸣、鲁旭：《基于 SVAR 模型的政府投资挤出效应研究》，《宏观
经济研究》2008 年第 8 期。

楚明钦：《产业发展、要素投入与我国供给侧改革》，《求实》2016 年
第 6 期。

褚敏、靳涛：《为什么中国产业结构升级步履迟缓——基于地方政府
行为与国有企业垄断双重影响的探究》，《财贸经济》2013 年第 3 期。

崔旭、邢莉：《我国产学研合作模式与制约因素研究——基于政府、
企业、高校三方视角》，《科技管理研究》2010 年第 6 期。

戴魁早：《技术市场发展对出口技术复杂度的影响及其作用机》，《中
国工业经济》2018 年第 7 期。

单豪杰：《中国资本存量 K 的再估算：1952—2006 年》，《数量经济技
术经济研究》2008 年第 10 期。

邓剑伟等：《超大城市公共服务质量评价研究——以北京市为例》，
《华东经济管理》2018 年第 8 期。

邓力群、周应恒：《自主创新、技术模仿与产业技术进步》，《南京农
业大学学报》（社会科学版）2010 年第 1 期。

邓路、高连水：《研发投入、行业内 R&D 溢出与自主创新效率——基
于中国高技术产业的面板数据（1999—2007）》，《财贸研究》2009 年第

5 期。

邓明：《财政支出、支出竞争与中国地区经济增长效率》，《财贸经济》2013 年第 10 期。

丁焕峰、李佩仪：《中国区域污染与经济增长实证：基于面板数据联立方程》，《中国人口资源与环境》2012 年第 1 期。

丁湘城、罗勤辉：《试论我国的技术引进与自主创新的关系》，《科技与经济》2006 年第 1 期。

杜春林、张新文：《乡村公共服务供给：从"碎片化"到"整体性"》，《农业经济问题》2015 年第 7 期。

樊霞等：《企业产学研合作的创新效率及其影响因素研究》，《科研管理》2012 年第 2 期。

范建勇等：《居住模式与中国城镇化——基于土地供给视角的经验研究》，《中国社会科学》2015 年第 4 期。

范子英：《土地财政的根源：财政压力还是投资冲动》，《中国工业经济》2015 年第 6 期。

范子英、张军：《财政分权与中国经济增长的效率——基于非期望产出模型的分析》，《管理世界》2009 年第 7 期。

范子英、张军：《转移支付、公共品供给与政府规模的膨胀》，《世界经济文汇》2013 年第 2 期。

费洪平：《当前我国产业转型升级的方向及路径》，《宏观经济研究》2017 年第 2 期。

冯锋等：《外部技术来源视角下我国高技术产业创新绩效研究》，《中国科技论坛》2011 年第 10 期。

冯宗宪等：《政府投入、市场化程度与中国工业企业的技术创新效率》，《数量经济技术经济研究》2011 年第 4 期。

付文林、沈坤荣：《均等化转移支付与地方财政支出结构》，《经济研究》2012 年第 5 期。

傅道忠：《实现基本公共服务均等化的财政思考》，《现代经济探讨》2007 年第 5 期。

傅勇：《分权治理与地方政府合意性：新政治经济学能告诉我们什么?》，《经济社会体制比较》2010 年第 4 期。

傅勇、张晏：《中国式分权与财政支出结构偏向：为增长而竞争的代价》，《管理世界》2007 年第 3 期。

傅元海：《技术引进影响自主创新能力的实证检验》，《当代财经》

2012 年第 9 期。

　　干春晖等：《地方官员任期、企业资源获取与产能过剩》，《中国工业经济》2015 年第 3 期。

　　干春晖等：《中国产业结构变迁对经济增长和波动的影响》，《经济研究》2011 年第 5 期。

　　耿焕侠、张小林：《基于熵值法的江苏省经济增长质量定量分析》，《地理与地理信息科学》2014 年第 1 期。

　　龚锋、雷欣：《中国式财政分权的数量测度》，《统计研究》2010 年第 10 期。

　　龚锋、卢洪友：《财政分权与地方公共服务配置效率》，《经济评论》2013 年第 1 期。

　　辜胜阻、刘江日：《城镇化要从"要素驱动"走向"创新驱动"》，《人口研究》2012 年第 6 期。

　　谷成等：《腐败、经济寻租与公共支出结构——基于 2007—2013 年中国省级面板数据的分析》，《财贸经济》2016 年第 3 期。

　　顾乃华：《城市化与服务业发展：基于省市制度互动视角的研究》，《世界经济》2011 年第 1 期。

　　郭春野、庄子银：《知识产权保护与"南方"国家的自主创新激励》，《经济研究》2012 年第 9 期。

　　郭俊华等：《新时代新常态视角下中国产业结构转型与升级》，《当代经济科学》2018 年第 6 期。

　　郭庆旺、贾俊雪：《地方政府行为、投资冲动与宏观经济稳定》，《管理世界》2006 年第 5 期。

　　郭庆旺、贾俊雪：《政府公共资本投资的长期经济增长效应》，《经济研究》2006 年第 7 期。

　　郭庆旺、贾俊雪：《中国全要素生产率的估算：1979—2004》，《经济研究》2005 年第 6 期。

　　郭熙保、文礼明：《WTO 规则与大国开放竞争的后发优势战略》，《经济理论与经济管理》2008 年第 8 期。

　　郭志勇、顾乃华：《制度变迁、土地财政与外延式城市扩张——一个解释我国城市化和产业结构虚高现象的新视角》，《社会科学研究》2013 年第 1 期。

　　韩海燕：《改革开放 40 年我国城镇居民财产性收入不平等状况的演进分析》，《上海经济研究》2018 年第 9 期。

韩君：《中国区域环境库兹涅茨曲线的稳定性检验——基于省际面板数据》，《统计与信息论坛》2012 年第 8 期。

韩先锋等：《信息化能提高中国工业部门技术创新效率吗》，《中国工业经济》2014 年第 12 期。

何帆、朱鹤：《僵尸企业的识别与应对》，《中国金融》2016 年第 5 期。

何嘉鑫：《经济增长目标、官员特质和官员晋升》，清华大学出版社 2015 年版。

何庆元：《对外开放与 TFP 增长：基于中国省际面板数据的经验研究》，《经济学（季刊）》2007 年第 7 期。

何树全：《中国服务业在全球价值链中的地位分析》，《国际商务研究》2018 年第 5 期。

胡鞍钢、过勇：《公务员腐败成本与收益的经济学分析》，《北京观察》2002 年第 9 期。

胡凯、邓毅：《高校人才培养模式改革研究综述》，《湖北经济学院学报》（人文社会科学版）2013 年第 12 期。

胡晓珍、杨龙：《中国区域绿色全要素生产率增长差异及收敛分析》，《财经研究》2011 年第 4 期。

华尔诚：《论服务业在国民经济发展中的战略性地位》，《经济研究》2001 年第 12 期。

黄玖立、李坤望：《出口开放、地区市场规模和经济增长》，《经济研究》2006 年第 6 期。

黄莉芳、杨向阳：《中、美现代服务业内部结构演变趋势比较——来自投入产出表的经验证据》，《世界经济研究》2015 年第 3 期。

黄茂兴、林寿富：《污染损害、环境管理与经济可持续增长——基于五部门内生经济增长模型的分析》，《经济研究》2013 年第 12 期。

黄明东等：《中国产学研合作发展现状及对策研究》，《科技进步与对策》2017 年第 19 期。

黄群慧：《改革开放 40 年中国的产业发展与工业化进程》，《中国工业经济》2018 年第 9 期。

黄少卿、陈彦：《中国僵尸企业的分布特征与分类处置》，《中国工业经济》2017 年第 3 期。

黄速建：《创新是国企发展壮大必由之路》，《国企管理》2018 年第 1 期。

黄忠华等：《房地产投资与经济增长——全国及区域层面的面板数据分析》，《财贸经济》2008 年第 8 期。

纪晓丽：《市场化进程、法制环境与技术创新》，《科研管理》2011 年第 5 期。

纪志宏：《我国产能过剩风险及治理》，《新金融评论》2015 年第 1 期。

贾康、苏京春：《中国正面临"上中等收入陷阱"的考验》，《中国经济周刊》2016 年第 43 期。

江飞涛、李晓萍：《当前中国产业政策转型的基本逻辑》，《南京大学学报》（哲学·人文科学·社会科学）2015 年第 3 期。

江飞涛、李晓萍：《直接干预市场与限制竞争：中国产业政策的取向与根本缺陷》，《中国工业经济》2010 年第 9 期。

江明融：《实现公共服务均等化目标的政策思考》，《特区经济》2006 年第 8 期。

江艇等：《城市级别、全要素生产率和资源错配》，《管理世界》2018 年第 3 期。

江小涓：《利用外资与经济增长方式的转变》，《管理世界》1999 年第 2 期。

江小涓、李辉：《服务业与中国经济：相关性和加快增长的潜力》，《经济研究》2004 年第 1 期。

蒋殿春、夏良科：《外商直接投资对中国高技术产业技术创新作用的经验分析》，《世界经济》2005 年第 8 期。

蒋伏心等：《环境规制对技术创新影响的双重效应——基于江苏制造业动态面板数据的实证研究》，《中国工业经济》2013 年第 7 期。

蒋亚飞：《对外开放、产业集聚与技术创新》，博士学位论文，浙江大学，2014 年。

金碚：《以创新思维推进区域经济高质量发展》，《区域经济评论》2018 年第 7 期。

金碚：《中国产业发展的道路和战略选择》，《中国工业经济》2004 年第 7 期。

靳涛：《中国改革开放 30 年经济增长模式特点及存在主要问题——对"中国式增长"的再认识》，《中国经济问题》2008 年第 5 期。

赖明勇等：《外商直接投资与技术外溢：基于吸收能力的研究》，《经济研究》2005 年第 8 期。

赖雄麟、于彦宾：《新发展格局下需求侧管理的困境与出路》，《理论探讨》2021 年第 3 期。

李变花：《经济增长质量指标体系的设置》，《理论新探》2004 年第 1 期。

李宾、曾志雄：《中国全要素生产率变动的再测算：1978—2007 年》，《数量经济技术经济研究》2009 年第 3 期。

李光泗、沈坤荣：《中国技术引进、自主研发与创新绩效研究》，《财经研究》2011 年第 11 期。

李红：《我国地方财政支出结构问题研究》，《财政研究》2003 年第 6 期。

李华：《城乡公共品供给均等化与转移支付制度的完善》，《经济研究》2005 年第 11 期。

李郇等：《中国土地财政增长之谜——分税制改革、土地财政增长的策略性》，《经济学（季刊）》2013 年第 3 期。

李佳佳、罗能生：《税收安排、空间溢出与区域环境污染》，《产业经济研究》2016 年第 6 期。

李江帆、朱胜勇：《"金砖四国"生产性服务业的水平、结构与影响——基于投入产出法的国际比较研究》，《上海经济研究》2008 年第 9 期。

李婧：《基于动态空间面板模型的中国区域创新集聚研究》，《中国经济问题》2013 年第 6 期。

李敬涛、陈志斌：《财政透明、晋升激励与公共服务满意度——基于中国市级面板数据的经验证据》，《现代财经》2015 年第 11 期。

李静等：《中国经济稳增长难题：人力资本错配及其解决途径》，《经济研究》2017 年第 3 期。

李坤望等：《中国出口产品品质变动之谜：基于市场进入的微观解释》，《中国社会科学》2014 年第 3 期。

李力行等：《土地资源错配与中国工业企业生产率差异》，《管理世界》2016 年第 8 期。

李力行等：《土地资源错配与中国工业企业生产率差异》，《管理世界》2016 年第 8 期。

李玲、陶锋：《中国制造业最优环境规制强度的选择——基于绿色全要素生产率的视角》，《中国工业经济》2012 年第 5 期。

李平、随洪光：《三种自主创新能力与技术进步：基于 DEA 方法的经验分析》，《世界经济》2008 年第 2 期。

李平等：《中国生产率变化与经济增长源泉：1978—2010 年》，《数量经济技术经济研究》2013 年第 1 期。

李茜等：《中国生态文明综合评价及环境、经济与社会协调发展研究》，《资源科学》2015 年第 7 期。

李实：《当前中国的收入分配状况》，《学术界（月刊）》2018 年第 3 期。

李实：《中国个人收入分配研究回顾与展望》，《经济学（季刊）》2003 年第 2 期。

李实等：《中国离退休人员收入分配中的横向与纵向失衡分析》，《金融研究》2013 年第 2 期。

李四能：《"绿色+创新"推动经济高质量发展》，《企业文明》2018 年第 9 期。

李晓华、王怡帆：《未来产业的演化机制与产业政策选择》，《改革》2021 年第 2 期。

李晓钟、张小蒂：《江浙基于 FDI 提高区域技术创新能力的比较》，《中国工业经济》2007 年第 12 期。

李雪：《外商直接投资的产业结构效应》，《经济与管理研究》2005 年第 1 期。

李永宁：《基于因子聚类分析的江苏省区域经济效益评价》，《统计与决策》2016 年第 9 期。

李永友、沈坤荣：《辖区间竞争、策略性财政政策与 FDI 增长绩效的区域特征》，《经济研究》2008 年第 5 期。

李永友、沈玉平：《转移支付与地方财政收支决策——基于省级面板数据的实证研究》，《管理世界》2009 年第 11 期。

李勇刚、罗海艳：《土地资源错配阻碍了产业结构升级吗？——来自中国 35 个大中城市的经验证据》，《财经研究》2017 年第 9 期。

梁超：《贸易结构、人力资本与技术创新效率——基于大中型企业动态面板的研究》，《国际商务研究》2012 年第 1 期。

梁若冰：《财政分权下的晋升激励、部门利益与土地违法》，《经济学（季刊）》2010 年第 1 期。

廖树育：《我国专利泡沫现象及其发展现状》，《时代经贸》2017 年第 27 期。

林伯强、蒋竺均：《中国二氧化碳的环境库兹涅茨曲线预测及影响因素分析》，《管理世界》2009 年第 4 期。

林毅夫、刘培林：《中国的经济发展战略与地区收入差距》，《经济研究》2003 年第 3 期。

林毅夫、刘志强：《中国的财政分权与经济增长》，《北京大学学报》（哲学社会科学版）2000 年第 4 期。

林毅夫、张鹏飞：《适宜技术、技术选择和发展中国家的经济增长》，《经济学（季刊）》2006 年第 4 期。

林勇、张宗益：《中国经济转型期技术进步影响因素及其阶段性特征检验》，《数量经济技术经济研究》2009 年第 7 期。

玲梅：《关于我国地方政府基本公共服务均等化的问题研究》，《劳动保障世界》2018 年第 12 期。

刘本义：《党政领导干部交流的实践与探索》，《组织人事学研究》1998 年第 6 期。

刘秉镰等：《技术进步、结构变迁与中国铁路运输业生产率增长——基于 Hicks-Moorsteen 生产率指数的实证分析》，《当代财经》2012 年第 3 期。

刘秉镰等：《交通基础设施与中国全要素生产率增长——基于省域数据的空间面板计量分析》，《中国工业经济》2010 年第 3 期。

刘成奎、王朝才：《财政支出结构与社会公平的实证分析》，《财政研究》2008 年第 2 期。

刘德吉：《阿玛蒂亚·森的能力平等观与公共服务均等化》，《上海经济研究》2009 年第 11 期。

刘凤朝、孙玉涛：《基于过程的政府 R&D 投入绩效分析》，《研究与发展管理》2008 年第 5 期。

刘佳：《地方政府财政透明对支出结构的影响——基于中国省级面板数据的实证分析》，《中南财经政法大学学报》2015 年第 1 期。

刘金林、杨成元：《基于私人投资视角的政府债务挤出效应研究——来自中国的证据》，《投资研究》2013 年第 12 期。

刘励敏：《信息化条件下中国农业技术创新对策分析——基于诱导农业技术变革模型》，《系统工程》2012 年第 12 期。

刘瑞明、白永秀：《晋升激励、宏观调控与经济周期：一个政治经济学框架》，《南开经济研究》2007 年第 10 期。

刘守英：《土地制度变革与中国经济发展》，《新金融》2017 年第 6 期。

刘书瀚等：《出口导向型经济：我国生产性服务业落后的根源与对策》，《经济社会体制比较》2011 年第 6 期。

刘小鲁：《我国创新能力积累的主要途径：R&D，技术引进，还是 FDI?》，《经济评论》2011 年第 3 期。

刘英基等：《走向新常态的新兴经济体产业转型升级路径分析》，《经济体制改革》2015 年第 1 期。

刘志彪：《实体经济与虚拟经济互动关系的再思考》，《学习与探索》2015 年第 9 期。

刘志彪：《为什么我国发达地区的服务业比重反而较低？——兼论我国现代服务业发展的新思路》，《南京大学学报》（哲学·人文科学·社会科学版）2011 年第 3 期。

陆长平、聂爱云：《制度环境、FDI 与产业结构调整——基于 ESCP 框架的分析》，《江西财经大学学报》2012 年第 4 期。

陆铭、陈钊：《城市化、城市倾向的经济政策与城乡收入差距》，《经济研究》2004 年第 6 期。

陆铭、欧海军：《高增长与低就业：政府干预与就业弹性的经验研究》，《世界经济》2011 年第 12 期。

陆铭等：《收益递增、发展战略与区域经济的分割》，《经济研究》2004 年第 1 期。

陆铭等：《因患寡，而患不均——中国的收入差距、投资、教育和增长的相互影响》，《经济研究》2005 年第 12 期。

吕炜、王伟同：《发展失衡、公共服务与政府责任——基于政府偏好和政府效率视角的分析（英文）》，《中国社会科学（英文版）》2008 年第 4 期。

罗知、张川川：《信贷扩张、房地产投资与制造业部门的资源配置效率》，《金融研究》2015 年第 7 期。

马草原、李成：《国有经济效率、增长目标硬约束与货币政策超调》，《经济研究》2013 年第 7 期。

马光荣、杨恩艳：《打到底线的竞争——财政分权、政府目标与公共品的提供》，《经济评论》2010 年第 6 期。

马骏：《实现政治问责的三条道路（英文）》，*Social Sciences in China* 2002 年第 9 期。

马亮：《官员晋升激励与政府绩效目标设置——中国省级面板数据的实证研究》，《公共管理学报》2013 年第 2 期。

马明：《网络基础设施的两面性与区域创新能力非均衡发展》，《福建论坛》（人文社会科学版）2016年第7期。

毛晖、汪莉：《工业污染的环境库兹涅茨曲线检验——基于中国1998—2010年省际面板数据的实证研究》，《宏观经济研究》2013年第3期。

毛其淋：《要素市场扭曲与中国工业企业生产率——基于贸易自由化视角的分析》，《金融研究》2013年第2期。

毛文峰、陆军：《土地要素错配如何影响中国的城市创新创业质量——来自地级市城市层面的经验证据》，《产业经济研究》2020年第3期。

毛蕴诗等：《基于核心技术与关键零部件的产业竞争力分析——以中国制造业为例》，《经济与管理研究》2014年第1期。

孟斌等：《空间分析方法在房地产市场研究中的应用——以北京市为例》，《地理研究》2005年第6期。

孟东晖等：《核心技术解构与突破；"清华—绿控" AMT技术2000—2016年纵向案例研究》，《科研管理》2018年第6期。

孟令权：《我国高校产学研合作存在的问题及对策》，《吉林师范大学学报》（人文社会科学版）2012年第1期。

孟庆金等：《改善科研环境、促进科研人员潜心研究》，《科技管理研究》2010年第5期。

苗长青、张满林：《中国出口贸易结构的特征及优化对策》，《改革与战略》2014年第2期。

苗圩：《加强核心技术攻关　推动制造业高质量发展》，《现代企业》2018年第7期。

南志涛：《产学研合作的制约因素及对策建议》，《中国高校科技》2014年第9期。

倪洪福、夏杰长：《区域生产性服务业发展水平、结构及其与制造业关系研究——基于中国省级投入产出表的分析》，《山东财经大学学报》2015年第1期。

聂辉华等：《我国僵尸企业的现状、原因与对策》，《宏观经济管理》2016年第9期。

欧阳婉桦：《能源环境约束下中国省份工业全要素生产率的差异分析》，《现代工业经济和信息化》2016年第6期。

潘士运、金戈：《发展战略、产业政策与产业结构变迁——中国的经验》,《世界经济文汇》2008 年第 1 期。

攀纲等:《中国市场化进程对经济增长的贡献》,《经济研究》2011 年第 9 期。

庞凤喜、潘孝珍:《财政分权与地方政府社会保障支出——基于省级面板数据的分析》,《财贸经济》2012 年第 2 期。

彭国华:《中国地区收入差距、全要素生产率及其收敛分析》,《经济研究》2005 年第 9 期。

彭秀丽、刘茂松:《基于竞争优势的内生型技术创新路径》,《软科学》2009 年第 10 期。

彭玉冰、白国红:《谈企业技术创新与政府行为》,《经济问题》1999 年第 7 期。

彭镇华等:《城乡收入差距、政府发展战略与空间溢出效应——基于长江经济带的实证研究》,《江西社会科学》2018 年第 9 期。

皮建才:《中国地方政府间竞争下的区域市场整合》,《经济研究》2008 年第 3 期。

平新乔、白洁:《中国财政分权与地方公共品的供给》,《财贸经济》2006 年第 2 期。

钱敏、芮振:《高校产学研合作现状与发展对策——以江苏省为例》,《中国高校科技》2013 年第 8 期。

乔宝云等:《中国的财政分权与小学义务教育》,《中国社会科学》2005 年第 6 期。

丘海雄、徐建牛:《产业集群技术创新中的地方政府行为》,《管理世界》2004 年第 10 期。

任保平:《经济增长质量:理论阐释、基本命题与伦理原则》,《学术月刊》2012 年第 2 期。

任保平:《新时代中国经济从高速增长转向高质量发展:理论阐释与实践取向》,《学术月刊》2018 年第 3 期。

任保平、李禹墨:《新时代我国高质量发展评判体系的构建及其转型路径》,《陕西师范大学学报》(哲学社会科学版)2018 年第 3 期。

任靓:《特朗普贸易政策与美对华"301"调查》,《国际贸易问题》2017 年第 12 期。

任亚飞:《OFDI 逆向技术溢出影响创新能力的实证研究:经济开放度的调节效应》,博士学位论文,东华大学,2016 年。

任志成等:《财政分权、地方政府竞争与省级出口增长》,《财贸经济》2015 年第 7 期。

邵朝对等：《房价、土地财政与城市集聚特征：中国式城市发展之路》，《管理世界》2016 年第 2 期。

邵敏、包群：《地方政府补贴企业行为分析：扶持强者还是保护弱者?》，《世界经济文汇》2011 年第 1 期。

申广军：《比较优势与僵尸企业：基于新结构经济学视角的研究》，《管理世界（月刊）》2016 年第 12 期。

申纪云：《激活产学研结合的问题与对策研究》，《中国高等教育》2010 年第 2 期。

申朴、刘康兵：《FDI 流入、市场化进程与中国企业技术创新——基于 systemGMM 估计法的实证研究》，《亚太经济》2012 年第 3 期。

申宇等：《地方政府"创新崇拜"与企业专利泡沫》，《科研管理》2018 年第 4 期。

沈坤荣、付文林：《中国的财政分权制度与地区经济增长》，《管理世界》2005 年第 1 期。

盛丹、王永进：《基础设施、融资依赖与地区出口比较优势》，《金融研究》2012 年第 5 期。

盛丹、王永进：《中国企业低价出口之谜——基于企业加成率的视角》，《管理世界》2012 年第 5 期。

师博、任保平：《中国省际经济高质量发展的测度与分析》，《经济问题》2018 年第 4 期。

施炳展：《中国出口产品的国际分工地位研究——基于产品内分工的视角》，《世界经济研究》2010 年第 1 期。

施炳展：《中国出口产品品质测度及其决定因素》，《世界经济》2013 年第 9 期。

石明明、张小军：《流通产业在国民经济发展中的角色转换：基于灰色关联分析》，《财贸经济》2009 年第 2 期。

石奇：《基于要素供给条件变化的产业发展成本研究——以"外资代工模式"的长三角制造业为例》，《中国工业经济》2010 年第 8 期。

石绍宾：《城乡基础教育均等化供给研究》，博士学位论文，山东大学，2007 年。

史乐陶：《落实十九大精神探讨中国居民收入分配现状与问题——中国收入分配 50 人论坛》，《南开经济研究》2018 年第 2 期。

史乐陶：《中国居民收入分配现状与问题——"中国收入分配 50 人论

坛"会议综述》，《经济学动态》2018 年第 2 期。

舒元：《中国经济增长分析》，复旦大学出版社 1993 年版。

宋涛等：《基于面板协整的环境库兹涅茨曲线的检验与分析》，《中国环境科学》2007 年第 4 期。

宋小宁、葛锐：《地方基建投资热的财政转移支付原因——基于纵向税收竞争理论的分析》，《武汉大学学报》（哲学社会科学版）2014 年第 4 期。

宋则等：《流通业影响力与制造业结构调整》，《中国工业经济》2010 年第 8 期。

苏丹妮等：《产业集聚与企业出口产品质量升级》，《中国工业经济》2018 年第 11 期。

苏永伟等：《湖北省供给侧结构性改革绩效评价》，《统计与决策》2018 年第 3 期。

孙犇、宋艳伟：《官员晋升、地方经济增长竞争与信贷资源配置》，《当代经济科学》2012 年第 1 期。

孙景宇、何淳耀：《论对外开放与分权改革的互动》，《当代经济科学》2008 年第 11 期。

孙军、梁晓：《基于关键链的动态多项目资源配置优化》，《经济论坛》2008 年第 8 期。

孙婷等：《金融中介发展、政府干预与企业技术创新——来自我国转轨经济的经验证据》，《科技进步与对策》2011 年第 20 期。

孙玮、刘栋：《FDI 技术来源渠道与高技术产业自主创新效率》，《中国科技论坛》2010 年第 5 期。

孙玮等：《技术来源与高技术产业创新生产率——基于典型相关分析的中国数据实证研究》，《科学学研究》2010 年第 7 期。

孙秀林、周飞舟：《土地财政与分税制：一个实证解释》，《中国社会科学》2013 年第 4 期。

孙早、席建成：《中国式产业政策的实施效果：产业升级还是短期经济增长》，《中国工业经济》2015 年第 7 期。

谭洪波：《中国服务业发展水平及其结构特征分析——基于世界各国和主要经济体的对比研究》，《扬州大学学报》（人文社会科学版）2017 年第 6 期。

唐保庆等：《中国服务业增长的区域失衡研究——知识产权保护实际强度与最适强度偏离度的视角》，《经济研究》2018 年第 8 期。

唐荣、黄抒田：《产业政策、资源配置与制造业升级：基于价值链的视角》，《经济学家》2021 年第 1 期。

陶长琪、周璇：《环境规制与技术溢出耦联下的省域技术创新能力评价研究》，《科研管理》2016 年第 9 期。

陶长琪等：《新中国成立 70 年中国工业化进程与经济发展》，《数量经济技术经济研究》2019 年第 8 期。

陶然等：《经济增长能够带来晋升吗？——对晋升锦标赛理论的逻辑挑战与省级实证重估》，《管理世界》2010 年第 12 期。

陶勇：《对调整我国地方财政支出结构的思考》，《财经论丛》2001 年第 4 期；

田军华：《基础设施对技术进步的影响效应研究》，博士学位论文，西南财经大学，2012 年。

田伟：《晋升激励与中国经济增长研究综述》，《华东经济管理》2011 年第 11 期。

田伟：《考虑地方政府因素的企业决策模型——基于企业微观视角的中国宏观经济现象解读》，《管理世界》2005 年第 5 期。

汪建新等：《国际生产分割、中间投入品进口和出口产品质量》，《财经研究》2015 年第 4 期。

汪伟等：《人口老龄化的产业结构升级效应研究》，《中国工业经济》2015 年第 11 期。

王定祥等：《财政分权、银行信贷与全要素生产率》，《财经研究》2011 年第 4 期。

王汉生、王一鸽：《目标管理责任制：农村基层政权的实践逻辑》，《社会学研究》2009 年第 2 期。

王鹤：《基于空间计量的房地产价格影响因素分析》，《经济评论》2012 年第 1 期。

王华：《更严厉的知识产权保护制度有利于技术创新吗?》，《经济研究》2011 年第 2 期。

王九云、叶元煦：《加入 WTO 后的技术创新对策选择》，《管理世界》2002 年第 12 期。

王珺红、张磊：《财政分权、公众偏好与社会保障支出——基于省际面板数据的实证研究》，《财贸研究》2014 年第 4 期。

王立新、刘松柏：《经济增长、城镇化与环境污染——基于空间联立方程的经验分析》，《南方经济》2017 年第 10 期。

王林辉、袁礼：《资本错配会诱发全要素生产率损失吗》，《统计研究》2014 年第 8 期。

王玲、涂勤：《中国制造业外资生产率溢出的条件性研究》，《经济学（季刊）》2008 年第 1 期。

王恕立、胡宗彪：《中国服务业分行业生产率变迁及异质性考察》，《经济研究》2012 年第 4 期。

王万珺、刘小玄：《为什么僵尸企业能够长期存在》，《中国工业经济》2018 年第 10 期。

王文春、荣昭：《房价上涨对工业企业创新的抑制影响研究》，《经济学（季刊）》2014 年第 2 期。

王文剑、覃成林：《地方政府行为与财政分权增长效应的地区性差异——基于经验分析的判断、假说及检验》，《管理世界》2008 年第 1 期。

王贤彬、徐现祥：《地方官员晋升竞争与经济增长》，《经济科学》2010 年第 6 期。

王贤彬、徐现祥：《中国地方官员经济增长轨迹及其机制研究》，《经济学家》2010 年第 11 期。

王贤彬、徐现祥：《转型期的政治激励、财政分权与地方官员经济行为》，《南开经济研究》2009 年第 2 期。

王贤彬、周海燕：《中央财政转移支付与地方经济增长目标管理》，《经济管理》2016 年第 8 期。

王贤彬等：《地方政府土地出让、基础设施投资与地方经济增长》，《中国工业经济》2014 年第 7 期。

王小鲁：《中国经济增长的可持续性与制度变革》，《经济研究》2000 年第 7 期。

王永进等：《基础设施如何提升了出口技术复杂度?》，《经济研究》2010 年第 7 期。

王永莉等：《财政透明度、财政分权与公共服务满意度——中国微观数据与宏观数据的交叉验证》，《现代财经》2016 年第 1 期。

王永钦等：《僵尸企业如何影响了企业创新? ——来自中国工业企业的证据》，《经济研究》2018 年第 11 期。

王永钦等：《十字路口的中国经济：基于经济学文献的分析》，《世界经济》2006 年第 10 期。

王永钦等：《中国的大国发展道路——论分权式改革的得失》，《经济研究》2007 年第 1 期。

王志刚等：《地区间生产效率与全要素生产率增长率分解（1978—2003）》，《中国社会科学》2006 年第 2 期。

王子军、冯蕾：《外商直接投资与中国出口竞争力——对我国按不同技术类别细分的制成品出口的实证分析》，《南开经济研究》2004 年第 4 期。

王子君、张伟：《外国直接投资、技术许可与技术创新》，《经济研究》2002 年第 3 期。

魏浩：《中国进口商品技术结构的测算及其国际比较》，《统计研究》2014 年第 12 期。

魏浩等：《中国进口商品结构变化的估算：2000—2014 年》，《世界经济》2016 年第 4 期。

魏后凯、张燕：《全面推进中国城镇化绿色转型的思路与举措》，《经济纵横》2011 年第 9 期。

吴超鹏、唐菂：《知识产权保护执法力度、技术创新与企业绩效——来自中国上市公司的证据》，《经济研究》2016 年第 11 期。

吴敬琏：《中国应当走一条什么样的工业化道路?》，《管理世界》2006 年第 8 期。

吴军：《环境约束下中国地区工业全要素生产率增长及收敛分析》，《数量经济技术经济研究》2009 年第 11 期。

吴俊培、姚莲芳：《腐败与公共支出结构偏离》，《中国软科学》2008 年第 5 期。

吴延兵：《创新、模仿与企业效率——来自制造业非国有企业的经验证据》，《中国社会科学》2011 年第 4 期。

吴延兵：《自主研发、技术引进与生产率——基于中国地区工业的实证研究》，《经济研究》2008 年第 8 期。

武鹏：《改革以来中国经济增长驱动力转换》，《中国工业经济》2013 年第 2 期。

夏业良、程磊：《外商直接投资对中国工业企业技术效率的溢出效应研究——基于 2002—2006 年中国工业企业数据的实证分析》，《中国工业经济》2010 年第 7 期。

肖丁丁、朱桂龙：《产学研合作创新效率及其影响因素的实证研究》，《科研管理》2013 年第 1 期。

肖利平：《政府干预、产学联盟与企业技术创新》，《科学学与科学技术管理》2016 年第 3 期。

肖文、林高榜：《政府支持、研发管理与技术创新效率——基于中国工业行业的实证分析》，《管理世界》2014 年第 4 期。

肖兴志、谢理：《中国战略性新兴产业创新效率的实证分析》，《经济管理》2011 年第 11 期。

谢冬水：《土地供给的城乡收入分配效应——基于城市化不平衡发展的视角》，《南开经济研究》2017 年第 2 期。

徐冠华：《创新要主动利用全球科技资源》，《创新科技》2006 年第 6 期。

徐建荣、陈圻：《开放经济条件下我国制造业结构调整的效率评价——基于面板数据的实证分析》，《世界经济与政治论坛》2007 年第 8 期。

徐瑞慧：《高质量发展指标及其影响因素》，《金融发展研究》2018 年第 10 期。

徐涛：《信息不对称、关系型融资与新型的银企关系》，《产业经济评论》2003 年第 8 期。

徐现祥、王贤彬：《晋升激励与经济增长：来自中国省级官员的证据》，《世界经济》2010 年第 2 期。

徐现祥、王贤彬：《任命制下的官员经济增长行为》，《经济学（季刊）》2010 年第 4 期。

徐现祥等：《地方官员与经济增长——来自中国省长、省委书记交流的证据》，《经济研究》2007 年第 9 期。

徐现祥等：《中国区域发展的政治经济学》，《世界经济文汇》2011 年第 3 期。

徐瑛等：《中国技术进步贡献率的度量与分解》，《经济研究》2006 年第 8 期。

许冬兰、董博：《环境规制对技术效率和生产力损失的影响分析》，《中国人口·资源与环境》2009 年第 6 期。

许和连等：《贸易开放度、人力资本与全要素生产率：基于中国省际面板数据的经验分析》，《世界经济》2006 年第 12 期。

许宪春等：《房地产经济对中国国民经济增长的作用研究》，《中国社会科学》2015 年第 1 期。

严冀、陆铭：《分权与区域经济发展：面向一个最优分权程度的理论》，《世界经济文汇》2003 年第 6 期。

颜鹏飞、王兵：《技术效率、技术进步与生产率增长：基于 DEA 的实证分析》,《经济研究》2004 年第 12 期。

杨宝剑:《最优经济增长的地方财政支出结构优化研究》,《财经论丛》2012 年第 2 期。

杨海生等:《资源禀赋、官员交流与经济增长》,《管理世界》2010 年第 5 期。

杨俊等:《高等教育与我国地区经济发展关系的实证研究——从人力资本存量的角度》,《西北人口》2007 年第 6 期。

杨其静、郑楠:《地方领导晋升竞争是标尺赛、锦标赛还是资格赛》,《世界经济》2013 年第 12 期。

杨其静等:《工业用地出让与引资质量底线竞争——基于 2007—2011 年中国地级市面板数据的经验研究》,《管理世界》2014 年第 11 期。

杨以文等:《专利与创新:偏好、困境与陷阱》,《经济与管理研究》2017 年第 10 期。

姚洋、张牧扬:《官员绩效与晋升锦标赛——来自城市数据的证据》,《经济研究》2013 年第 1 期。

易杏花、卢现祥:《当前我国产业发展中的若干重大问题——基于制度和组织层面的视角》,《学习与实践》2017 年第 8 期。

尹恒、朱虹:《中国县级地区财力缺口与转移支付的均等性》,《管理世界》2009 年第 4 期。

尹振东、汤玉刚:《专项转移支付与地方财政支出行为——以农村义务教育补助为例》,《经济研究》2016 年第 4 期。

于长革:《中国式财政分权与公共服务供给的机理分析》,《财经问题研究》2008 年第 11 期。

于成永、施建军:《吸收能力、专用机制与研发边界开放度》,《统计研究》2008 年第 2 期。

于文超、何勤英:《辖区经济增长绩效与环境污染事故——基于官员政绩诉求的视角》,《世界经济文汇》2013 年第 2 期。

余东华:《以"创"促"转":新常态下如何推动新旧动能转换》,《天津社会科学》2018 年第 1 期。

余静文等:《房价高增长与企业"低技术锁定"——基于中国工业企业数据库的微观证据》,《上海财经大学学报》2015 年第 5 期。

余泳泽、杨晓章:《官员任期、官员特征与经济增长目标制定——来自 230 个地级市的经验证据》,《经济学动态》2017 年第 2 期。

余泳泽、张少辉:《城市房价、限购政策与技术创新》,《中国工业经济》2017 年第 6 期。

余泳泽、张先轸：《要素禀赋、适宜性创新模式选择与全要素生产率提升》，《管理世界》2015 年第 9 期。

袁江、张成思：《强制性技术变迁、不平衡增长与中国经济周期模型》，《经济研究》2009 年第 12 期。

袁真富：《中国专利竞赛：理性指引与策略调整——我国专利申请总量突破 300 万的沉思》，《电子知识产权》2006 年第 11 期。

岳书敬、刘朝明：《人力资本与区域全要素生产率分析》，《经济研究》2006 年第 4 期。

曾方：《技术创新中的政府行为——理论框架和实证分析》，博士学位论文，复旦大学，2003 年。

曾卫锋：《关于改善我国出口商品结构问题的探讨》，《财贸经济》1998 年第 6 期。

张长征等：《产业集聚与产业创新效率：金融市场的联结和推动——以高新技术产业集聚和创新为例》，《产业经济研究》2012 年第 6 期。

张二震：《中国外贸转型：加工贸易、"微笑曲线"及产业选择》，《当代经济研究》2014 年第 7 期。

张光、吴进进：《收入分配差距、腐败与政府经济支出的合法性》，《南京社会科学》2013 年第 12 期。

张海洋：《中国工业部门 R&D 吸收能力与外资技术扩散》，《管理世界》2005 年第 6 期。

张健华、王鹏：《中国全要素生产率：基于分省份资本折旧率的再估计》，《管理世界》2012 年第 10 期。

张杰、刘志彪：《需求因素与全球价值链形成——兼论发展中国家的"结构封锁型"障碍与突破》，《财贸研究》2007 年第 6 期。

张杰、郑文平：《创新追赶战略抑制了中国专利质量么》，《经济研究》2018 年第 5 期。

张杰等：《政府补贴、市场竞争与出口产品质量》，《数量经济技术经济研究》2015 年第 4 期。

张杰等：《专利能否促进中国经济增长——基于中国专利资助政策视角的一个解释》，《中国工业经济》2016 年第 1 期。

张捷等：《对外贸易对中国产业结构向服务化演进的影响——基于制造—服务国际分工形态的视角》，《财经研究》2013 年第 6 期。

张璟、沈坤荣：《地方政府干预、区域金融发展与中国经济增长方式转型——基于财政分权背景的实证研究》，《南开经济研究》2008 年第 12 期。

张军：《资本形成、工业化与经济增长：中国的转轨特征》，《经济研究》2002 年第 6 期。

张军、高远：《官员任期、异地交流与经济增长——来自省级经验的证据》，《经济研究》2007 年第 11 期。

张军、金煜：《中国的金融深化和生产率关系的再检测：1987—2001》，《经济研究》2005 年第 11 期。

张军、周黎安：《为增长而竞争：中国增长的政治经济学》，格致出版社、上海人民出版社 2008 年版。

张军等：《中国的工业改革与效率变化——方法、数据、文献和现有的结果》，《经济学（季刊）》2003 年第 10 期。

张军等：《中国上市公司资本结构：股权融资偏好、最优资本结构、还是过度融资?》，《世界经济文汇》2005 年第 12 期。

张军等：《中国省级物质资本存量估算：1952—2000》，《经济研究》2004 年第 10 期。

张军等：《中国为什么拥有了良好的基础设施?》，《经济研究》2007 年第 3 期。

张莉等：《地方官员的土地引资》，《经济研究》2010 年第 5 期。

张丽华、汪冲：《解决农村义务教育投入保障中的制度缺陷——对中央转移支付作用及事权体制调整的思考》，《经济研究》2008 年第 10 期。

张牧扬：《晋升锦标赛下的地方官员与财政支出结构》，《世界经济文汇》2013 年第 1 期。

张少辉、余泳泽：《土地出让、资源错配与全要素生产率》，《财经研究》2019 年第 2 期。

张曙霄、孙莉莉：《对我国出口商品结构问题的分析与思考》，《东北师大学报》2003 年第 3 期。

张松、章澎澎：《我国区际民生类公共服务投入力度比较及均等化对策研究》，《税务与经济》2011 年第 1 期。

张先恩等：《基础研究内涵及投入统计的国际比较》，《中国软科学》2017 年第 5 期。

张小蒂、李风华：《技术创新、政府干预与竞争优势》，《世界经济》2001 年第 7 期。

张小蒂、李晓钟：《我国出口商品结构变化的实证分析》，《数量经济技术经济研究》2002 年第 8 期。

张晓娣、石磊：《中国公共支出结构的最优调整方案研究——区域聚类基础上的梯度法求解》，《财经研究》2013 年第 10 期。

张晏、龚六堂：《分税制改革、财政分权与中国经济增长》，《经济学（季刊）》2005 年第 4 期。

张义博、付卫明：《市场化改革对居民收入差距的影响：基于社会阶层视角的分析》，《世界经济》2011 年第 3 期。

张义博、刘文忻：《人口流动、财政支出结构与城乡收入差距》，《中国农村经济》2012 年第 1 期。

赵红：《环境规制对产业绩效的影响研究综述》，《生产力研究》2008 年第 22 期。

赵华林：《高质量发展的关键：创新驱动、绿色发展和民生福祉》，《中国环境管理》2018 年第 8 期。

赵婷、陈钊：《比较优势与中央、地方的产业政策》，《世界经济》2019 年第 10 期。

赵文哲：《财政分权与前沿技术进步技术效率关系研究》，《管理世界》2008 年第 7 期。

赵细康等：《环境库兹涅茨曲线及在中国的检验》，《南开经济研究》2005 年第 3 期。

赵霄伟：《地方政府间环境规制竞争策略及其地区增长效应——来自地级市以上城市面板的经验数据》，《财贸经济》2014 年第 10 期。

赵英才等：《转轨以来中国经济增长质量的综合评价研究》，《吉林大学社会科学学报》2006 年第 3 期。

赵志耘、杨朝峰：《转型时期中国高技术产业创新能力实证研究》，《中国软科学》2013 年第 1 期。

郑京海、胡鞍钢：《中国改革时期省际生产率增长变化的实证分析（1979—2001 年）》，《经济学（季刊）》2005 年第 1 期。

郑磊：《财政分权、政府竞争与公共支出结构——政府教育支出比重的影响因素分析》，《经济科学》2008 年第 1 期。

郑世林等：《电信基础设施与中国经济增长》，《经济研究》2014 年第 5 期。

钟宁桦等：《我国企业债务的结构性问题》，《经济研究》2016 年第 7 期。

周飞舟：《分税制十年：制度及其影响》，《中国社会科学》2006 年第

6 期。

周克清等：《财政分权对地方科技投入的影响研究》，《财贸经济》2011 年第 10 期。

周黎安：《晋升博弈中政府官员的激励与合作——兼论我国地方保护主义和重复建设长期存在的原因》，《经济研究》2004 年第 6 期。

周黎安：《中国地方官员的晋升锦标赛模式研究》，《经济研究》2007 年第 7 期。

周黎安等：《"层层加码"与官员激励》，《世界经济文汇》2015 年第 1 期。

周勤、周绍东：《产品内分工与产品建构陷阱：中国本土企业的困境与对策》，《中国工业经济》2009 年第 8 期。

周世军、周勤：《中国中西部地区"集聚式"承接东部产业转移了吗？——来自 20 个两位数制造业的经验证据》，《科学学与科学技术管理》2012 年第 10 期。

周雪光：《"逆向软预算约束"：一个政府行为的组织分析》，《中国社会科学》2005 年第 2 期。

周训胜：《高校产学研合作的现状及对策》，《中国高校科技》2012 年第 11 期。

周亚虹等：《中国工业企业自主创新的影响因素和产出绩效研究》，《经济研究》2012 年第 5 期。

周业安：《县乡级财政支出管理体制改革的理论与对策》，《管理世界》2000 年第 5 期。

周业安、王曦：《中国的财政分权与教育发展》，《财政研究》2008 年第 11 期。

周业安、章泉：《财政分权、经济增长和波动》，《管理世界》2008 年第 3 期。

周振华：《经济高质量发展的新型结构》，《上海经济研究》2018 年第 9 期。

朱平芳等：《FDI 与环境规制：基于地方分权视角的实证研究》，《经济研究》2011 年第 6 期。

朱琪、李鸿玲：《技术创新型人力资本对工业产业竞争力作用研究：以广东省为》，《当代财经》2007 年第 7 期。

祝树金、奉晓丽：《我国进口贸易技术结构的变迁分析与国际比较：1985—2008》，《财贸经济》2011 年第 8 期。

祝树金、张鹏辉：《中国制造业出口国内技术含量及其影响因素》，《统计研究》2013 年第 6 期。

邹薇、代谦：《技术模仿、人力资本积累与经济赶超》，《中国社会科学》2003 年第 5 期。

左翔等：《财政收入集权增加了基层政府公共服务支出吗？以河南省减免农业税为例》，《经济学（季刊）》2011 年第 4 期。

Acemoglu, D. , Zilibotti, F. , "Productivity Differences", *Quarterly Journal of Economics*, Vol. 116, No. 2, 2001.

Andrew Mountford, Harald Uhlig, "What are the Effects of Fiscal Policy Shocks?", *Journal of Applied Econometrics*, Vol. 24, 2009.

Arrow, K. , "The Economic Implication of Learning by Doing", *The Review of Economic Studies*, Vol. 29, No. 3, 1962.

Baicker, K. , "The Spillover Effects of State Spending", *Journal of Public Economics*, Vol. 89, 2005.

Baron, R. , D. Kenny, "The Moderator-Mediator Variable Distinction in Social Psychological Research: Conceptual, Strategic, and Statistical Considerations", *Journal of Personality and Social Psychology*, Vol. 51, No. 6, 1986.

Basu, S. , Weil, D. N. , "Appropriate Technology and Growth", *Quarterly Journal of Economics*, Vol. 113, No. 4, 2000.

Baumont, C. , "Neighborhood Effects, Urban Public Policies and Housing Values: A Spatial Ecomometric Perspective", *Universite de Bourgogne Laboratoire d' Economie et de Gestion* (*CNRS*), 2007.

Bengt Holmstrom, Paul Milgrom, "Multitask Principal-Agent Analyses: Incentive Contracts, Asset Ownership, and Job Design", *The Journal of Law, Economics & Organization*, Vol. 7, 1991.

Bitter, C. et al. , "Incorporating Spatial Variation in Housing Attribute Prices: A Comparison of Geogrphically Weighted Regression and the Spatial Expansion Method", *Journal of Geographical System*, Vol. 9, No. 1, 2007.

Blanchard, O. , A. Shleifer, "Federalism with and without Political Centralization: China versus Russia", *IMF Economic Review*, Vol. 48, No. 1, 2001.

Blomstrom, M. , Kokko, A. , "The Economics of Foreign Direct Investment Incentives", *Social Science Electronic Publishing*, 2003.

Bosworth, B. P. , J. E. Triplett, "The Early 21st Century U. S. Productivity Expansion is Still in Service", *International Productivity Monitor*, Vol. 14, 2007.

Bucovetsky, S. , "Public Input Competition", *Journal of Public Economics*, Vol. 89, 2005.

Burtless, G. et al. , "Globaphobia: Confronting Fears about Open Trade", *Brookings Institution Press*, Vol. 112, No. 141, 1998.

Caballero, R. J. et al. , "Zombie Lending and Depressed Restructuring in Japan", *American Economics Review*, Vol. 98, No. 5, 2008.

Cassiman, B. et al. , "The Impact of M&A on the R&D Process: An Empirical Analysis of the Role of Technological and Market-relatedness", *Research Policy*, Vol. 34, No. 2, 2005.

Chang-Tai Hsieh, Peter J. Klenow, "Misallocation and Manufacturing TFP in China and India", MPRA Paper, Vol. 124, No. 4, 2007.

Charles M. Tiebout, "A Pure Theory of Local Expenditures", *Journal of Political Economy*, Vol. 64, No. 5, 1956.

Chen, Y. , Puttitanun T. , " Intellectual Property Rights and Innovation in Developing Countries", *Journal of Development Economics*, Vol. 78, No. 2, 2004.

Chirinko, R. S. , D. J. Wilson, "Tax Competition among U. S. States: Racing to the Bottom or Riding on a Seesaw? ", *Social Science Electronic Publishing*, Vol. 36, No. 4, 2017.

Choi, D. , et al. "Preoperative Detection of Hepatocellular Carcinoma: Ferumoxides-enhanced mr Imaging Versus Combined Helical CT during Arterial Portography and CT Hepatic Arteriography", *Ajr Am J Roentgenol*, Vol. 176, No. 2, 2001.

Chow, G. , Lin, A. , "Accounting for Economic Growth in Taiwan and Mainland China: A Comparative Analysis", *Journal of Comparative Economics*, Vol. 30, No. 3, 2002.

Coe, D. T. , Helpman, E. , "International R&D Spillovers", *European Economic Review*, Vol. 39, No. 5, 1993.

Czarnitzki, D. , Licht, G. , "Additionality of Public R&D Grants in a Transition Economy: The Case of Eastern Germany", *Economics of Transition*, Vol. 14, No. 1, 2005.

Dale W. Jorgenson, Peter J. Wilcoxen, "Environmental Regulation and

U. S. Economic Growth", *The RAND Journal of Economics*, Vol. 21, No. 2, 1990.

Drine, I., "Institutions, Governance and Technology Catch-up in North Africa", *Economic Modelling*, Vol. 29, No. 6, 2011.

Ekatherina, Z., "Incentives to Provide Local Public Goods: Fiscal Federalism, Russian Style", *EERC Working Paper Series*, Vol. 76, No. 3, 2000.

Eric Bartelsman et al., "Cross-Country Differences in Productivity: The Role of Allocation and Selection", *The American Economic Review*, Vol. 103, 2013.

Faguet, Jean-Paul, "Does Decentralization Increase Government Responsiveness to Local Needs? Evidence from Bolivia", *Journal of Public Economics*, Vol. 88, No. 3-4, 2004.

Fontagné, L. et al., "Specialization across Varieties and North – South Competition", *Economic Policy*, Vol. 23, No. 53, 2008.

Furman, J. L. et al., "The Determinants of National Innovative Capacity", *Research Policy*, Vol. 31, No. 6, 2000.

George J. Stigler, "Perfect Competition, Historically Contemplated", *Journal of Political Economy*, Vol. 65, No. 1, 1957.

Gereffi Gary, Frederick Stacey, "The Global Apparel Value Chain, Trade and the Crisis : Challenges and Opportunities for Developing Countries", *Policy Research Working Paper*, No. 1, 2010.

Gollop, Frank M., Roberts, Mark J., "Environmental Regulations and Productivity Growth: The Case of Fossil – fueled Electric Power Generation", *Journal of Political Economy*, Vol. 91, No. 4, 1983.

Gorg, H., "Much Ado About Nothing? Do Domestic Firms Really Benefit From Foreign Direct Investment?", *World Bank Research Observer*, Vol. 19, No. 2, 2004.

Grossman, G. M., Helpman, E., "Quality Ladders in the Theory of Growth", *Review of Economic Studies*, Vol. 58, No. 1, 1991.

Grossman, G. M., A. B. Krueger, "Economic Growth and Environment", *Quarterly Journal of Economics*, Vol. 110, No. 2, 1995.

Guo, G., "China's Local Political Budget Cycles", *American Journal of Political Science*, Vol. 53, No. 3, 2009.

Hall, B. H. et al., "The Impact of Corporate Restructuring on Industrial

Research and Development", *Brookings Papers on Economic Activity*, 1990 (2), pp. 85-135.

Harris, John R., Todaro, Michael P., "Migration, Unemployment & Development: A Two-Sector Analysis", *American Economic Review*, Vol. 60, No. 1, 1970.

Hausmann, Rodrik, D., "Economic Development as Self-discovery", *Journal of Development Economics*, Vol. 72, No. 2, 2003.

Heald, David, "The Global Revolution in Government Accounting: Introduction to Theme Articles", *Public Money and Management*, Vol. 23, No. 1, 2003.

Hienerth, C. et al., "User Community vs. Producer Innovation Development Efficiency: A First Empirical Study", *Research Policy*, Vol. 43, No. 1, 2011.

Himmelberg, C. P., Petersen, B. C., "R&D and Internal Finance: A Panel Study of Small Firms in High-Tech Industries", *Review of Economics & Statistics*, Vol. 76, No. 76, 1994.

Hsu, P. H. et al., "Financial Development and Innovation: Cross-country Evidence", *Journal of Financial Economics*, Vol. 112, No. 1, 2014.

Huang, Y., "Managing Chinese Bureaucrats: An Institutional Economics Perspective", *Political Studies*, Vol. 50, No. 1, 2002.

Hung, S. C., "Institutions and Systems of Innovation: An Empirical Analysis of Taiwan's Personal Computer Competitiveness", *Technology in Society*, Vol. 22, No. 2, 2000.

Jaffe, Adam B., Palmer, Karen, "Environmental Regulation and Innovation: A Panel Data Study", *Review of Economics and Statistics*, Vol. 79, No. 4, 1997.

Javorcik, B. S., "Does Foreign Direct Investment Increase the Productivity of Domestic Firms? In Search of Spillovers through Backward Linkages", *American Economic Review*, Vol. 94, No. 3, 2004.

Jeanjacques Dethier, "Governance and Economic Performance: A Survey", *Zef Discussion Paper on Development*, 1999.

Jin, H. et al., "Regional Decentralization and Fiscal Incentives: Federalism, Chinese Style", *Journal of Public Economics*, Vol. 89, 2005.

Jože P. Damijan et al., "The Role of FDI, R&D Accumulation and Trade in Transferring Technology to Transition Countries: Evidence from Firm Panel Data for Eight Transition Countries", *Economic Systems*, Vol. 27, No. 2, 2003.

János Kornai, "Innovation and Vitality: Interaction between Institution and Technological Progress", *Wider Working Paper*, Vol. 18, No. 4, 2010.

Kai-yuen Tsui, "Local Tax System, Intergovernmental Transfers and China's Local Fiscal Disparities", *Journal of Comparative Economics*, Vol. 33, No. 1, 2005.

Kane, E. J. , "Dangers of Capital Forbearance: The Case of the FSLIC and 'Zombie', Contemporary Economic Policy", *Contemporary Economic Policy*, Vol. 5, No. 1, 2010.

Keen, M. , M. Marchand, "Fiscal Competition and the Pattern of Public Spending", *Journal of Public Economics*, Vol 66, No. 1, 1997.

Keller, W. , "Absorptive Capacity: On the Creation and Acquisition of Technology in Development", *Journal of Development Economics*, Vol. 49, No. 1, 2004.

Kippenberg, E. , "Sectoral Linkages of Foreign Direct Investment Firms to the Czech Economy", *Research in International Business & Finance*, Vol. 19, No. 2, 2005.

Koizumi, T. , Kopecky, K. J. , "Economic Growth, Capital Movements and the International Transfer of Technical Knowledge", *Journal of International Economics*, Vol. 7, No. 1, 1977.

Kolko, J. , "Urbanization, Agglomeration, and Coagglomeration of Service Industries", *NBRE Chapters*, 2010.

Krüger, J. J. , "The Global Trends of Total Factor Productivity: Evidence from the Nonparametric Malmquist Index Approach", *Oxford Economic Papers*, Vol. 55, No. 2, 2003.

Kui-yin Cheung, Ping Lin, "Spillover effects of FDI on Innovation in China: Evidence from the Provincial Date", *China Economic Review*, Vol. 15, No. 1, 2004.

Kumbhakar, S. , Lovell, C. , *Stochastic Frontier Analysis*, New York: Cambridge University Press, 2000.

Landry, P. , "The Political Management of Mayors in Post-Deng China", *The Copenhagen Journal of Asian Studies*, Vol. 17, No. 17, 2003.

Latham, P. et al., "Goal Setting and Performance Management in the Public Sector", *International Public Management Journal*, Vol. 11, No. 4, 2008.

Lazear, E., S. Rosen, "Rank - Ordered Tournaments as Optimal Labor Contracts", *Journal of Political Economy*, Vol. 89, 1981.

Li, C., Ji, X., "Innovation, Licensing, and Price vs. Quantity Competition", *Economic Modelling*, Vol. 27, No. 3, 2010.

Li, H. B., L. A. Zhou, "Political Turnover and Economic Performance: the Incentive Role of Personnel Control in China", *Journal of Public Economics*, Vol. 89, No. 9–10, 2005.

Li, L., X. Wu, "Housing Price and Entrepreneurship in China", *Journal of Comparative Economics*, Vol. 42, No. 2, 2014.

Lü, Xiaobo, Landry, Pierre F., "Show Me the Money: Inter-jurisdiction Political Competition and Fiscal Extraction in China", *Social Science Electronic Publishing*, Vol. 108, No. 3, 2014.

Magnus Blomstrom, Ari Kokko, "Foreign Direct Investment and Spillovers of Technology", *Int. J. of Technology Management*, Vol. 22, No. 5/6, 2001.

Martinez-Vazquez, Jorge, R. M. McNab, "Fiscal Decentralization and Economic Growth", *World Development*, Vol. 31, No. 9, 2003.

Mauro, P., "Corruption and the Composition of Government Expenditure", *Journal of Public Economics*, Vol. 69, No. 2, 1998.

Melitz, M. J., "The Impact of Trade on Intra-Industry Reallocations and Aggregate Industry Productivity", *Econometrica*, Vol. 71, No. 6, 2003.

Miao, J., P. Wang, "Sectoral Bubbles, Misallocation, and Endogenous Growth", *Journal of Mathematical Economics*, Vol. 53, No. 8, 2014.

Michaels, G. et al., "Urbanization and Structural Transformation", *Social Science Electronic Publishing*, Vol. 127, No. 2, 2008.

Molero-Simarro, Ricardo, "Inequality in China Revisited. The Effect of Functional Distribution of Income on Urban Top Incomes, the Urban-rural Gap and the Gini Index, 1978–2015", *China Economic Review*, 2016.

Moser, Petra, "How do Patent Laws Influence Innovation? Evidence from Nineteenth-Century World's Fairs", *The American Economic Review*, Vol. 95, No. 4, 2005.

Moses Abramovitz, "Thinking about Growth", *Cambridge Books*, Vol. 46, No. 2, 1956.

Naotaka, S. , "Technology Gap Matters on Spillover", *Review of Development Economics*, Vol. 14, No. 1, 2010.

Nathan, N. , N. Qian, "US Food Aid and Civil Conflict", *American Economic Review*, Vol. 104, No. 6, 2014.

Oates, W. E. , *Fiscal Federalism*, NY: Harcourt Brace Jovanovich, 1972.

Olley, G. S. and A. Pakes, "The Dynamics of Productivity in the Telecomunnications Equipment Industry", *Econometrica*, Vol. 64, No. 6, 1992.

Parente, S. L. , Prescott, E. C. , " Barriers to Technology Adoption and Development", *Journal of Political Economy*, Vol. 102, No. 2, 1994.

Peter Brimble, Richard F. Doner, "University – Industry Linkages and Economic Development: The Case of Thailand", *World Development*, Vol. 35, No. 6, 2007.

Poncet, S. , Felipe, S. D. W. , "Export Upgrading and Growth: The Prerequisite of Domestic Embeddedness", *World Development*, Vol. 51,2013.

Porter, M. , S. Stern, "National Innovative Capacity", *Research Policy*, Vol. 31, No. 6, 2002.

Qian, Y. , Roland, G. , "Federalism and the Soft Budget Constraint", *American Economic Review*, Vol. 77, 1998.

Radosevic, S. , "Understanding Patterns of Innovative Activities in Countries of CEE", A Comparison with EU Innovation Survey, 2002.

Rattsø, J. , Stokke, H. E. , "Trade Policy in a Growth Model with Technology Gap Dynamics and Simulations for South Africa", *Journal of Economic Dynamics & Control*, Vol. 36, No. 7, 2012.

Raustiala, K. , Sprigman, C. J. , "The Knockoff Economy: How Imitation Sparks Innovation (Intro) ", *Social Science Electronic Publishing*, Vol. 43, No. 2, 2012.

Richard Blundell et al. , "Report of the Editors", *Econometrica*, Vol. 69, No. 1, 2001.

Robert E. Hall, Charles I. Jones, "Why do Some Countries Produce So Much More Output Per Worker than Others?", *The Quarterly Journal of Economics*, 1999.

Rodden, J. , "Reviving Leviathan: Fiscal Federalism and the Growth of Government", *International Organization*, Vol. 57, No. 4, 2003.

Romer, P. M. , "Endogenous Technological Change", *Journal of Politi-

cal Economy, Vol. 98, No. 2, 1990.

R. A. Musgrave, "The Theory of Multi-level Public Finance", *Proceedings of the Annual Conference on Taxation under*, Vol. 52, 1959.

Seabright, P., "Accountability and Decentralization in Government: An Incomplete Contracts Model", *European Economic Review*, Vol. 40, No. 1, 1996.

Simon, C. J., C. Nardinelli, "Human Capital and the Rise of American Cities, 1900-1990", *Regional Science and Urban Economics*, Vol. 32, No. 1, 2002.

Sinn, H. W., Oche, L. W., "Social Union, Convergence and Migration", *Journal of Common Market Studies*, Vol. 41, No. 5, 2003.

Spencer, R. W., Yohe, W. P., "The 'Crowding Out' of Private Expenditures by Fiscal Policy Actions", *Federal Reserve Bank of St. Louis Review*, 1970.

Stigler, George J., "Perfect Competition, Historically Contemplated", *Journal of Political Economy*, 1957.

Stiglitz, J. E., "Capital Market Liberalization, Economic Growth, and Instability", *World Development*, Vol. 28, No. 6, 2000.

Stiglitz, J. E., "Conclusions: The East Asian Crisis: Lessons for Today and Tomorrow", *Economic Notes*, Vol. 28, No. 3, 2000.

Stock, J. H., M. Yogo, "Testing for Weak Instruments in Linear IV Regression", *National Bureau of Economic Research*, Vol. 14, No. 1, 2002.

Tiebout, C., "A Pure Theory of Local Expenditure", *Journal of Political Economics*, Vol. 64, No. 5, 1956.

Timothy Besley, Anne Case, "Does Electoral Accountability Affect Economic Policy Choices? Evidence from Gubernatorial Term Limits", *The Quarterly Journal of Economic*, Vol. 110, No. 3, 1995.

Tom Broekel, "Collaboration Intensity and Regional Innovation Efficiency in Germany—A Conditional Efficiency Approach", *Industry and Innovation*, Vol. 19, No. 2, 2012.

Tsui, K. Y., Y. Q. Wang, "Between Separate Stoves and a Single Menu: Fiscal Decentralization in China", *Journal of China Quarterly*, Vol. 177, No. 177, 2004.

Vinish Kathuria, Thomas Sterner, "Monitoring and Enforcement: Is

Two-tier Regulation Robust? — A Case Study of Ankleshwar", *India Ecological Economics*, Vol. 57, No. 3, 2006.

Wallace E. Oates, "An Essay on Fiscal Federalism", *Journal of Economic Literature*, Vol. 5, No. 2, 1999.

Wallace E. Oates, "The Theory of Public Finance in a Federal System", *The Canadian Journal of Economics/Revue*, Vol. 1, No. 1, 1968.

Wang, B., "Effects of Government Expenditure on Private Investment: Canadian Empirical Evidence", *Empirical Economics*, Vol. 30, No. 2, 2005.

Weingast, B. R., "The Economic Role of Political Institutions: Federalism, Markets, and Economic Developments", *Journal of Law Economics*, Vol. 11, No. 1, 1995.

Wheeler, D., "Racing to the Bottom? Foreign Investment and Air Pollution in Developing Countries", *The Journal of Environmental Development*, Vol. 10, No. 3, 2001.

William J. Baumol, "Macroeconomics of Unbalanced Growth: The Anatomy of Urban Crisis", *The American Economic Review*, Vol. 57, No. 3, 1967.

Wright, M., G. Sandleris, "The Costs of Financial Crises: Resource Misallocation, Productivity, and Welfare in the 2001 Argentine Crisis", *The Scandinavian Journal of Economics*, Vol. 116, No. 1, 2014.

Wu, Y., "The Role of Productivity in China's Growth: New Estimates", *Journal of Chinese Economic and Business Studies*, Vol. 6, No. 2, 2008.

Xu, B., "Measuring China's Export Sophistication", *China Europe International Business School Working Paper*, 2007.

Yang, G., Maskus, K. E., "Intellectual Property Rights, Licensing, and Innovation in an Endogenous Product-cycle Model", *Journal of International Economics*, Vol. 53, No. 1, 2001.

Zhang, H. Y., X. Y. Yang, "Intellectual Property Rights and Export Sophistication", *Journal of International Commerce, Economics & Policy*, Vol. 7, No. 3, 2016.

Zweimüller, J., Brunner, J. K., "Innovation and Growth with Rich and Poor Consumers", *Metroeconomica*, Vol. 56, No. 2, 1998.